当代中国农村改革论丛

主　编　张德元
副主编　陈　勇　贾艳敏

萧县郭庄研究

1964—1984

XIAO XIAN GUO ZHUANG YAN JIU

贾艳敏　姚瑞丽　著

当代中国出版社
Contemporary China Publishing House

图书在版编目（CIP）数据

萧县郭庄研究：1964–1984 / 贾艳敏，姚瑞丽著 .
北京：当代中国出版社，2024. 9. -- ISBN 978-7-5154-1417-1

Ⅰ. K295.44

中国国家版本馆 CIP 数据核字第 2024UQ4967 号

出 版 人　王　茵
责任编辑　战盈彤
责任校对　康　莹
印刷监制　刘艳平
封面设计　宋　涛
出版发行　当代中国出版社
地　　址　北京市地安门西大街旌勇里 8 号
网　　址　http://www.ddzg.net
邮政编码　100009
编 辑 部　（010）66572154
市 场 部　（010）66572281　66572157
印　　刷　中国电影出版社印刷厂
开　　本　710 毫米 ×1000 毫米　1/16
印　　张　14.25 印张　1 插页　210 千字
版　　次　2024 年 9 月第 1 版
印　　次　2024 年 9 月第 1 次印刷
定　　价　88.00 元

目　录

第一章　安徽农业学大寨运动的开展

第一节　大寨典型的树立

大寨本是山西省晋中市昔阳县大寨镇一个不起眼的小山村。从 1964 年开始的一场持续 16 年的“农业学大寨运动”闻名全国，名扬世界。当年，全国农业战线都要学大寨。对于大寨这样的样板，全国各地都有自己的大寨，各省有“大寨”，各县有“大寨”，等等。

大寨之所以能够在 1964 年成为全国学习的典型，主要原因有三点：一是大寨人依靠集体组织的力量和艰苦奋斗的精神取得了较好的成绩；二是大寨坚持集体经济的管理模式以及先国家、再集体、最后个人的集体主义精神；三是干部参加劳动。

大寨本是一个贫穷落后的小山村，民国初期还不是一个行政村。到民国三十四年（1945 年）解放时，只有 64 户、190 多人。人少、土薄，自然条件十分恶劣。全村 800 多亩地，分成 4700 多块，零星散落在“七沟八梁一面坡”上。且有 40% 的耕地掌握在 4 户地主富农手中。1945 年，大寨先后成立了党小组、党支部。1946 年开始组织互助组，1953 年办起了初级农业生产合作社，1956 年成立高级社。① 农业合作化兴起时，已经担任大寨村党支部书记的陈永贵兼任大寨初级农业生产合作社社长。陈永贵出身贫苦，1948 年加入中国共产党，他响应党的号召，积极走合作化的道路，带领大寨人把粮食产量由亩产 50 多公斤提高到亩产 125 公斤。

---

① 王俊山主编：《大寨村志》，山西人民出版社 2003 年版，第 2—3 页。

由于互助合作搞得好，集体化就有吸引力。到1955年，大寨除一户地主外，其他农户全部加入了农业生产合作社。从1953年到1964年大寨先后成为晋中地区、山西省和全国学习的典型，这11年是陈永贵带领大寨人艰苦奋斗的11年，是大寨人依靠集体互助的力量改造大寨山水的11年。正如《大寨之路》中所说：

> 十一年后的今天，这一切都变了。七条大沟，几十条小沟，在大寨人手里变成了肥沃的洼地。零块土地被大寨人连成了两千九百块。“沟沟壑壑种地，坡坡凹凹打粮”，人们在土地上得到的报酬，比当年提高了四倍。
>
> 十一年，大寨变得家大业大，骡马成群了。仓库里储备着七万多斤粮，畜圈里拴着十二匹大马，九头骡子，十一头驴和三十二头牛，另外还有一百二十多口肥猪，二百四十多只羊。
>
> 十一年，大寨十年受灾，大寨只借过国家一次钱，却向国家交售了一百七十五万八千斤粮。每户平均二万二千斤。
>
> 十一年，大寨人用双手把贫困交给了历史，用两肩担来了幸福！①

对于农民来说，土地是生存的根本。对于大寨的农民来说，将穷山恶水治理成良田才是过上好日子的根本。大寨11年的奋斗史也是一部治理山水的历史，这就是大寨“十年造地计划”。大寨的800多亩地，多是土薄石厚的坡梁地，是典型的“三跑田”（跑土、跑肥、跑水）。陈永贵任农业生产合作社社长后，制订了一个“十年造地计划”，誓把“三跑田”（跑水、跑肥、跑土）改为“三保田”（保土、保肥、保水）。为了这个“十年造地计划”，1953年冬陈永贵带领大寨人开始了艰苦的创业历程。

因为大寨地处山区，地少是农业发展的最大障碍。大寨的创业是从造

---

① 沙荫、范银怀：《大寨之路》，《人民日报》1964年2月10日。

地开始的。

“全村七条大沟之一的白驼沟是他们要征服的第一个对象。白驼沟全长一里半，三丈多宽，需要打二十多道石坝。”①

大寨人在滴水成冰的冬天挥汗如雨，连续干了一个半月，把白驼沟变成一块一块的耕地。深沟变良田，大寨人高兴得合不拢嘴。给白驼沟起了个名字叫“合作沟”。大寨人佩服了集体，看到了自己的力量。②

大寨人改造白驼沟的事迹引起了中共昔阳县委和晋中地委的重视。1953 年底，陈永贵被评为晋中地区劳动模范，出席了晋中劳模会并作典型发言。陈永贵虽然只上过几天扫盲班，文化水平低，但口才很好，懂辩证法。他不仅讲得实在、客观，还口齿伶俐，具有一定的逻辑性。他的发言受到晋中地委的重视。地委书记在会议总结时说：“大寨的陈永贵很有头脑，是个很好的人才。希望其他合作社也像大寨那样，不仅要搞好当年的生产，而且也要搞好农田基本建设。这样，集体经济才能发展壮大，社会主义的优越性才能逐步发展出来！”③

1954 年冬至 1955 年春，大寨又闸住了后底沟、赶牛道沟、念草沟和小北峪沟。1955 年冬，他们开始改造最难治理的狼窝掌沟。

狼窝掌，是大寨大队最大的一条沟。社员们叫它“黑老山沟”。三里长，两丈多宽。每到暴雨季节，山洪就像脱缰的野马，肆虐横行。

1955 年冬至 1956 年春，大寨人把狼窝掌变成了一层层簸箕形的梯田。但被 1956 年夏天的一场洪水冲了个干干净净。1956 年冬大寨人二战狼窝掌，不仅扎深了坝基，还修了一个水库。但 1957 年夏天的雨更大，山洪更猛，把水库冲垮了，把石坝冲了个精光。1957 年冬，大寨人第三次治理狼窝掌终获成功。④这就是大寨人“三战狼窝掌”的创业史。

除了造地外，大寨还通过加工改造耕地，提高粮食产量。

大寨是土石山，山头是石山，山梁和山坡有较厚的土层，年降水量不

① 沙荫、范银怀：《大寨之路》，《人民日报》1964 年 2 月 10 日。
② 沙荫、范银怀：《大寨之路》，《人民日报》1964 年 2 月 10 日。
③ 李静萍：《陈永贵传》，当代中国出版社 2009 年版，第 44 页。
④ 沙荫、范银怀：《大寨之路》，《人民日报》1964 年 2 月 10 日。

少，但梁地和坡地存不住水，不保水，不保土，也不保肥。只有提高耕地蓄水保墒、抗旱、抗涝的能力，才能提高农业产量。大寨改造土壤的办法有：一是改坡地、梁地为梯田。经过几年改成了水平梯田。二是闸山沟。节节打坝，拦洪淤地，把沙石沟变成一层层的梯田。三是深耕。加厚活土层。四是改良土壤。大寨的耕地，一般是黏土，也有一部分沙土。他们采取土掺沙，沙掺土的办法，相互调剂，改良土壤。此外，每年有 20 万公斤左右的玉米秆沤肥还田，不仅增加了肥料，还增加了土壤中的腐殖质，使土壤变得很松软，1 尺多厚的活土层，保水保墒能力非常高。五是深耕、深刨。秋收后深耕，利用 1 尺多厚的活土层，储蓄冬季的雨雪，抗御春旱。玉米第一遍锄草时，实行"深刨"，即在每株玉米根的旁边四五寸的地方，用镢头深刨 6 寸到 8 寸，在玉米行间和株间挖成一个一个的小鱼鳞坑。降雨前有利于蹲苗，降雨时则把雨水储蓄到土壤里面，既抗旱，又防涝。①

经过加工改造，大寨的耕地保住了水，也保住了土和肥，大大提高了耕地蓄水保墒的能力，充分发挥土壤对于水分供应的调节作用，做到了旱涝保收。

大寨的土地加工改造是大寨人在冬季冒着风雪严寒苦干出来的。从 1953 年到 1963 年 11 年的时间里，用工 10 万个，平均每亩地用工 120 多个，每人每年为土地的加工改造出工 80 多个。②

大寨在土地加工改造的基础上，综合实施"八字宪法"采取技术措施，实现高产稳产。一是增施肥料。主要是农家肥，其余就是化肥，平均每亩地 25 斤氮肥和 40 多斤磷肥。还有沤制作物秸秆肥。二是扩大玉米的种植面积。大寨的气温、土壤温度、湿度和雨量适合玉米生长。玉米种植面积由过去的 30% 扩大到 65%，亩产量达到 900 斤。三是合理密

---

① 《廖鲁言关于报送〈大寨大队调查报告〉的信》(1964 年 5 月 25 日)，黄道霞、余展等编：《建国以来农业合作化史料汇编》，中共党史出版社 1992 年版，第 795 页。

② 《廖鲁言关于报送〈大寨大队调查报告〉的信》(1964 年 5 月 25 日)，黄道霞、余展等编：《建国以来农业合作化史料汇编》，中共党史出版社 1992 年版，第 795—796 页。

植。大寨的耕地，山梁地多，地块很小，地边多，通风透光好，有利于合理密植。再加上肥料增加了，为密植提供了条件，已由过去的每亩800到1200株，增加到每亩1600到2200株。四是充分利用土地，“四不专种”“三不空”。“四不专种”是指豆子、高粱、麻籽、瓜菜不专种，而是在玉米地和谷子地里带种。“三不空”是指地边、地头、墙根都不空，种满种足。五是玉米“三深种植法”。“三深”是指“深耕”“深种”“深刨”。六是谷子、玉米育苗移栽法。为了弥补石鸡、獾子等鸟兽害和其他原因所造成的缺苗断垄，大寨利用间苗时拔出的苗，移栽补缺，保证全苗。此后，在冬小麦收割时，在谷子地间苗，随时将间出的谷子苗移栽到麦茬地里。①

大寨1949年粮食亩产仅87.5公斤，总产7.2万公斤；1953年亩产125公斤，总产超过10万公斤；1964年亩产跨“长江”（超过800斤），达404.8公斤，总产28.5万公斤。②

1958年开始的“大跃进”和人民公社化运动，使当时的中国进入了过热状态，试图以政治运动的方式实现生产力的大发展与生产关系的重大变化，却使农业生产遭到严重的破坏，粮食产量下降，城乡人民生活陷入困难，一些地方发生了饥荒和人口非正常死亡的现象。大寨也曾狂热蛮干，但终究保持了相当的冷静。

1958年8月24日，昔阳县第一个人民公社——以大寨为中心的“红旗人民公社”成立。随后制订了“3年赶平川，9年超江南”的跃进规划，即1959年亩产要达到800斤，1962年增加到1333斤，1967年要达到2400斤。但是，大寨没有跟“一大二公”“平调”“共产”的风，而是坚持按劳分配原则，在分配方面，初步提出实行工资制和供给制相结合的办法，1959年实现基本口粮免费供应，1962年供应制范围扩大到伙食供给制，1967年要实现基本生活需要的供给制，如衣服、食品、日用品都

---

① 《廖鲁言关于报送〈大寨大队调查报告〉的信》（1964年5月25日），黄道霞、余展等编：《建国以来农业合作化史料汇编》，中共党史出版社1992年版，第796—797页。

② 王俊山主编：《大寨村志》，山西人民出版社2003年版，概述第2页。

搞供给制。[①]

1959 年庐山会议之后，全国开展批判右倾机会主义的斗争。在这种形势下，大寨虽然在所有制形式上也制订了跃进计划。曾开始筹划从大队所有制向公社所有制过渡。还于 1960 年形成了一个过渡计划草案，打算向公社所有制过渡，认为在人民公社的“大家庭”中，可以有效地实现各队资金、劳动力的协调，做到“全面规划，按比例发展”。[②]

在当时全国过热的大背景下，大寨虽然制订了粮食跃进计划和所有制形式的过渡计划，但继续保持了相对冷静的头脑，没有加入“浮夸风”的行列，在过渡向上也很慎重。

1958 年夏收之后，农业高产“卫星”满天飞，一些地方上报的亩产几万斤到几十万斤，不一而足，而大寨上报的粮食产量是亩产 574 斤。为此山西省委领导很不满意，派人做陈永贵的工作，因为陈永贵早在 1952 年就是山西省劳动模范，山西省委领导就以去北京参加新中国成立十周年的庆典为交换条件，让陈永贵虚报产量。据当时受山西省委委派去做陈永贵工作的雷震一回忆，面对省委工作组，陈永贵说：“宁肯不上天安门，产量一斤也不多报。”[③]1958 年全民大炼钢铁时，大寨没有出现高炉林立的场面，只是派了一个人到别的村帮着运铁矿。据郭凤莲说，陈永贵对大炼钢铁不感兴趣，他常说，农民就是管种地的，别的事有别人管。[④] 办公共食堂是“大跃进”和人民公社化运动的重要标志，当时被称为是“社会主义的阵地”，公共食堂初期吃饭不要钱，敞开肚皮吃。大寨的公共食堂也实行过这种方式。两个月后，一算账，不行，这样太糟蹋粮食。于是改变为基本口粮和按劳动日分配相结合，人劳比例二八开；基本口粮按人定成，全村 1959 年平均口粮 405 斤，指标到户，按月分发粮票，多吃不补，剩余归己。“大跃进”期间大寨没有发生饥荒，更没有人浮肿、饿

① 孙启泰、熊志勇：《大寨红旗的升起与坠落》，河南人民出版社 1990 年版，第 19 页。

② 孙启泰、熊志勇：《大寨红旗的升起与坠落》，河南人民出版社 1990 年版，第 19—20 页。

③ 谭成健：《大寨：中国名村纪实》，中原农民出版社 1998 年版，第 50 页。

④ 谭成健：《大寨：中国名村纪实》，中原农民出版社 1998 年版，第 48 页。

死。1959 年到 1961 年，大寨的粮食总产量逐年提高：1959 年为 47 万斤，1960 年为 48.5 万斤，1961 年为 48.6 万斤，平均每年向国家卖粮 20 多万斤。① 不仅如此，大寨还慷慨解囊，帮助兄弟社队渡过困难。而且，大寨在所有制形式上，仍保持在大队一级，实际上没有向人民公社所有制过渡。

1959 年 12 月，晋中地委在昔阳召开社会主义思想教育运动现场会，陈永贵在会上作了典型发言，晋中地委对大寨党支部的工作经验和大寨农业生产管理经验进行了概括，号召全地区推广大寨经验，并向中共山西省委写了报告。会议期间，晋中地委书记处第一书记贾俊深入大寨调查研究，看到大寨的土地和庄稼后连连叫好，说大寨是晋中的好榜样，陈永贵是基层党支部书记学习的楷模。②

1960 年 6 月，中共晋中地委作出《关于开展学习陈永贵和大寨党支部领导方法的决定》。随后，贾俊写了一篇题为《学习大寨党支部和陈永贵的领导作风》的文章，发表在 8 月 6 日的《山西日报》上。1961 年 3 月 26 日，中共昔阳县委作出《关于认真推广大寨经验的决定》。《决定》指出，大寨生产大队几年来，在领导农业生产上积累了一整套丰富的经验，都值得我们学习，但就目前来说，最需要和最有价值学习和推广的经验有：整修土地，增施肥料，因地制宜进行土地基本建设；认真执行党的各项基本政策，调动社员劳动积极性，认真坚持生产队的基本所有制和生产小队的小部分所有制，妥善处理生产大队和生产小队之间的关系；树立正确作风，密切党群关系。1962 年，晋中地委号召在全区推广陈永贵和大寨干部“参加生产和领导生产相结合、革命干劲和科学态度相结合，以农田基本建设为中心，运用农业‘八字宪法’高速度地发展农业生产”的经验。1963 年 5 月，中共昔阳县委号召全县党员干部把大寨大队党支部书记陈永贵作为一面旗帜，做“陈永贵”式的干部。不久，中共晋中地委又发通知，要求各级党委学习陈永贵同志领导大寨人民进行阶级斗争、生产斗争和科学实验的模范事迹，学习他的无产阶级革命战士的高贵品德，

---

① 谭成健：《大寨：中国名村纪实》，中原农民出版社 1998 年版，第 53 页。
② 李静萍：《陈永贵传》，当代中国出版社 2009 年版，第 90—91 页。

把自己的共产主义觉悟提到新的高度。①

大寨和陈永贵在昔阳县、晋中地区成为先进典型的同时，也成为山西省的先进典型。1960 年 2 月，中共山西省委批转了中共晋中地委的报告，发出了“学习模范支部书记陈永贵的号召”。在《山西日报》上发表了《陈永贵——党支部书记的好榜样》的社论。之后，山西省委又于 1963 年 3 月请陈永贵在全省劳模会上介绍大寨的经验，引起与会者的强烈反响。同年 11 月 9 日，省委向全省农村、城市的各级党组织发出向大寨学习的通知。②

让大寨成为全国典型的是 1963 年 8 月的一场特大水灾。

1963 年 8 月 2 日至 8 日，大寨下了七天七夜的暴雨，降雨量超过了大寨 1962 年全年的降雨总量。大雨导致山洪暴发。大寨这场百年不遇的大水造成了重大的损失，辛苦十年修建的 100 多条大石坝，除了狼窝掌外，都被冲垮了，层层梯田被冲成了大沟壑，土地也被冲成了红石板，庄稼毁的毁，倒的倒。山上的土流走了，路断了。全村 140 孔窑，塌了 113 孔；125 间房，塌了 77 间。③大寨遭受特大水灾受到公社、县、省和中央等各级政府的关怀和帮助。但陈永贵决心带领大寨人自力更生战胜困难，靠大寨人自己的双手恢复生产，重建家园。陈永贵领导的大寨党支部确定了“三不要”的原则，即不要国家的救济款，不要救济粮，不要救济物资。在此基础上，陈永贵又进一步提出了“三不少”的口号，即向国家卖粮不少，社员口粮不少，集体库存粮不少。在“三不要”的原则之下，大寨拒绝了公社拨下的 80 元医药补助费、100 元的安置金、50 领苇席，也拒绝了国家下拨的 1000 元救灾费，④拒绝了公社党委书记提出减少大寨征购任务的建议，并表示口粮和储备都不少。

陈永贵确定了先恢复生产，再重建家园的救灾步骤，即“先治坡，后治窝”。陈永贵领导大寨人艰苦努力，当年仍然收了 40 多万斤粮食，除

① 李静萍：《陈永贵传》，当代中国出版社 2009 年版，第 91 页。
② 陶鲁笳：《毛主席教我们当省委书记》，中央文献出版社 2003 年版，第 224 页。
③ 沙荫、范银怀：《大寨之路》，《人民日报》1964 年 2 月 10 日。
④ 宋连生：《农业学大寨始末》，湖北人民出版社 2005 年版，第 82—83 页。

了口粮、种子和饲料外，他们还把大部分余粮卖给了国家。大灾之后大寨人不仅恢复了生产，还重建了家园，而且在不到3个月的时间里，修了40间瓦房，砌起了20孔大石窑。

大寨人还立下宏伟志愿：拨出3万元现金，提取3万斤储备粮，凭着自己的双手，要在2年内把洪水冲坏的土地恢复原样！①

8月3日，《人民日报》刊登了燕凌的长篇通讯《在农村阵地上—记昔阳大砦公社大砦大队党支部和党支部书记陈永贵》。通讯记载了陈永贵的苦难家史和带领大寨人走集体化道路治山治水的奋斗史。这是中央级的报纸第一次专题推介宣传大寨和陈永贵。②

12月28日，《人民日报》刊登了《奋发图强、自力更生、以国为怀、顾全大局——大寨大队受灾严重红旗不倒》的报道，赞扬了大寨大队在大灾之后不要国家的救济，靠自己的力量恢复了生产，建设了家园，积极向国家交售余粮。“中共山西省委为此发出通知，号召全省农村和城市中的各级党组织学习大寨大队藐视困难敢于革命的英雄气概，学习他们奋发图强自力更生的坚强意志和以国为怀顾全大局的高尚风格。”③山西省委号召全省学大寨的通知向全国公布了。

1964年1月，水利部在北京召开全国水利会议。水利部长钱正英希望能够在兴修水利方面树立一个像大庆那样自力更生的典型。参会的山西省水利厅副厅长高进财便推荐了大寨这个自力更生战胜特大洪灾的典型。于是陈永贵被邀请向与会代表介绍大寨的事迹，得到一致好评。此时，北京市正在召开六级干部会议，决定邀请陈永贵作报告。1月19日，被邀请到人民大会堂的陈永贵作了《自力更生、奋发图强——依靠集体力量改变山区面貌》的报告，详细介绍了大寨大队抗灾夺丰收的事迹和建设山区的经验。报告会由北京市委、市人委举办，市委书记处书记、副市长万里

---

① 沙荫、范银怀：《大寨之路》，《人民日报》1964年2月10日。

② 燕凌：《在农村阵地上—记昔阳大砦公社大砦大队党支部和党支部书记陈永贵》，《人民日报》1963年8月3日。

③ 《奋发图强、自力更生、以国为怀、顾全大局——大寨大队受灾严重，红旗不倒》，《人民日报》1963年12月28日。

主持。参加报告会的有水利电力部、农业部、农垦部、粮食部、农业机械工业部、石油工业部的负责人和干部，北京市农业、林业、水利等有关部门的干部以及市郊区农村各公社、农场党委书记等共约一万余人。①

陈永贵的讲话引起了强烈的反响，会后，北京市委印发了陈永贵的讲话记录稿，并指出："大寨党支部坚持毛主席的自力更生思想，是我国人民处在当前国内外阶级斗争中的精神状态的一面镜子。"号召北京郊区的农村基层干部和广大社员向大寨人学习，在北京地区掀起了一个"学大寨志，长大寨风，走大寨路，建大寨田"的宣传热潮。②

陈永贵在京期间接二连三地接受了国务院七办、中央农工部、农业部和首都新闻媒体的专访，《北京日报》在 1964 年 1 月 24 日用一版半的篇幅刊登了《大寨——我们的一个好榜样》的文章，介绍了大寨人民的革命精神和自力更生、发奋图强建设山区的经验。1964 年 1 月 28 日至 2 月 9 日，由农业部长廖鲁言主持在北京召开全国农业工作会议，突出介绍了大寨自力更生建设稳产高产农田、战胜特大洪灾的事迹和经验，大寨经验受到了农业部的充分肯定。③

1964 年 2 月 10 日，《人民日报》发表了沙荫、范银怀写的长篇通讯《大寨之路》，同时，配发了题为《用革命精神建设山区的好榜样》的社论。通讯详细写了大寨的创业史，尤其是靠自力更生战胜 1963 年的特大洪水的事迹。社论高度肯定了大寨的"伟大的成绩"，并号召从四个方面学习"大寨的革命精神"：第一，远大的革命理想和对未来坚定不移的信心；第二，敢于藐视困难，敢于同困难作斗争的顽强精神，实干、苦干的优良作风；第三，自力更生、奋发图强的优良作风，严格要求自己、以整体利益为重的共产主义风格；第四，永远前进并且把伟大的革命精神和严格的科学态度结合起来的好作风。④

---

① 李静萍：《农业学大寨始末》，中央文献出版社 2011 年版，第 59—60 页。

② 孙启泰、熊志勇：《大寨红旗的升起与坠落》，河南人民出版社 1990 年版，第 43 页。

③ 李静萍：《农业学大寨始末》，中央文献出版社 2011 年版，第 61—62 页。

④ 《用革命精神建设山区的好榜样》，《人民日报》1964 年 2 月 10 日。

2 月，中央人民广播电台举办了“学大寨，赶大寨”的连续专题广播，宣传大寨的先进事迹和陈永贵在人民大会堂的讲话。

3 月 28 日至 29 日，毛泽东南下到达邯郸。在邯郸听取了中共山西省委负责人陶鲁笳及阴发祥等人汇报农村社会主义教育情况。① 陶鲁笳在汇报中详细介绍了陈永贵领导干部参加劳动和大寨的集体管理以及战胜特大洪灾的事迹。② 陶鲁笳回忆：“毛主席对大寨和陈永贵以肯定和赞赏的口气说：‘穷山沟里出好文章。’”“毛主席又高兴地问我，你们有他的材料没有?《人民日报》那篇文章我没有看。随即让他的秘书把《人民日报》那篇文章找来。我也把预先准备汇报的有关陈永贵和大寨的材料交给了他。”③

4 月 21 日，廖鲁言根据周恩来的指示，率领由国务院农村办、中国农科院作物所，以及山西省、晋中地委有关部门人员组成的调查组到大寨进行为期 21 天的考察。调查组于 5 月 12 日结束对大寨的考察，廖鲁言向党中央报送了《大寨大队调查报告》。④《调查报告》说：“大寨是全国农业战线的一面红旗。”⑤

通过这次调查，中央决定把大寨作为一面红旗树立起来。

5 月中旬，陶鲁笳参加中央在北京召开的工作会议，在讨论第三个五年计划时，听到毛泽东讲，农业主要靠大寨精神，自力更生。⑥

10 月 1 日，彭真在国庆讲话中指出：学大寨运动已在全国展开。⑦

---

① 逄先知、冯蕙主编：《毛泽东年谱（1949—1976）》（5），中央文献出版社 2013 年版，第 331—332 页。

② 陶鲁笳：《毛主席与农业学大寨》，陶鲁笳：《毛主席教我们当省委书记》，中央文献出版社 2003 年版，第 227—230 页。

③ 陶鲁笳：《毛主席与农业学大寨》，陶鲁笳：《毛主席教我们当省委书记》，中央文献出版社 2003 年版，第 231—232 页。

④ 《廖鲁言关于报送〈大寨大队调查报告〉的信》，黄道霞、余展等主编：《建国以来农业合作化史料汇编》（内部发行），中共党史出版社 1992 年版，第 794 页。

⑤ 《大寨大队调查报告》，黄道霞、余展等主编：《建国以来农业合作化史料汇编》（内部发行），中共党史出版社 1992 年版，第 799 页。

⑥ 陶鲁笳：《毛主席与农业学大寨》，陶鲁笳：《毛主席教我们当省委书记》，中央文献出版社 2003 年版，232 页。

⑦ 孙启泰、熊志勇：《大寨红旗的升起与坠落》，河南人民出版社 1990 年版，第 54 页。

12 月，在三届人大一次会议的《政府工作报告》中，周恩来在谈到我国自力更生的成就时举了大寨的例子："山西省昔阳县大寨公社大寨大队，是一个依靠人民公社集体力量，自力更生地进行农业建设、发展农业生产的先进典型。"① 并指出："大寨大队所坚持的政治挂帅、思想领先的原则，自力更生、艰苦奋斗的精神，爱国家爱集体的共产主义风格，都是值得大大提倡的。"②

陈永贵是三届人大代表，会议期间受到毛泽东、刘少奇、周恩来等中央领导人的接见，其中毛泽东接见陈永贵、钱学森的合影在《人民日报》（1964 年 12 月 30 日）头版头条显著位置刊出。12 月 26 日，陈永贵受邀参加了毛泽东的生日宴并与毛泽东同桌就座。

1965 年 1 月 5 日《人民日报》发表题为《革命的大会，民主的大会，团结的大会——庆祝第三届全国人民代表大会第一次会议的伟大成就》的社论。社论在谈到国内工作时指出："要进一步开展社会主义教育运动，学习解放军、学习大庆、学习大寨的革命精神，开展比、学、赶、帮和增产节约的群众运动，大力组织工农业生产的新高潮，完成和超额完成今年的国民经济计划，为一九六六年开始的第三个五年计划做好准备，保证和促进其他各项社会主义事业的顺利发展。"③

三届人大一次会议之后，大寨作为农业学习的典型旗帜树立起来了，全国农业学大寨运动从此展开。

第二节　安徽农业学大寨运动的开始

安徽省的农业学大寨运动早在 1964 年 3 月即开始了。学习大寨的具体内容是从学习《人民日报》通讯《大寨之路》开始的。1964 年春节之

① 周恩来：《政府工作报告》（1964 年 12 月 21 日、22 日），《建国以来重要文献选编》（第 19 册），中央文献出版社 1997 年版，第 468 页。

② 周恩来：《政府工作报告》（1964 年 12 月 21 日、22 日），《建国以来重要文献选编》（第 19 册），中央文献出版社 1997 年版，第 469 页。

③ 《革命的大会，民主的大会，团结的大会——庆祝第三届全国人民代表大会第一次会议的伟大成就》（社论），《人民日报》1965 年 1 月 5 日。

后，和县县委召开了四级干部会议，会议首先学习了《人民日报》社论《用革命精神建设山区的好榜样》和《人民日报》通讯《大寨之路》。通过学习找差距，联系实际对比，找出不如大寨的十个方面。①

3月11日，安徽省1963年度农业先进集体代表会议召开。② 安徽省委书记处书记李丰平作了题目为《鼓足干劲力争上游，开展比学赶帮运动，争取今年农业大丰收》的报告。报告指出，此次会议的目的是组织全省范围内的比、学、赶、帮运动，促进农业生产，进而争取今年农业大丰收。为顺利完成任务，必须要向大寨学习，学习大寨的自力更生精神，促进干部和群众的革命化，并把"革命化"概括为六个方面：坚定的革命意志；顽强的战斗精神；火热的阶级感情；严格的科学态度；高尚的道德品质；朴素的生活作风。③3月19日，会议闭幕。省委第一书记李葆华在闭幕会上的讲话中号召全省人民大学毛泽东著作、大学解放军、大学大寨和其他先进单位经验。④

3月18日，李葆华在地、市、县委书记会议上要求会议学习"愚公移山"的精神和《人民日报》关于大寨的几篇通讯稿及社论。同时，李葆

---

① 《和县"四干会"比先进、找差距、揭"盖子"》，《安徽日报》1964年3月10日第1版。

② 李丰平在3月11日《鼓足干劲力争上游，开展比学赶帮运动争取今年农业大丰收》的报告中提到的几个先进公社、大队有：怀宁县龙泉公社、桐城县徐河公社、南陵县太丰公社、休宁县屯光公社、涡阳县柳西公社柳西大队、临泉县邢塘公社韦庄大队椿树庄生产队、怀远县燕集公社丁集大队、蒙城县范集公社、宿县大秦公社黄家大队、宿松县复兴公社大兴大队、定远县拂晓公社小寺王大队、金寨县南溪公社余山大队、太平县甘棠公社民主大队、舒城县河棚公社胡冲生产队、枞阳县左岗公社横山大队、安庆市华中路蔬菜人民公社、凤阳县楼店公社前郢大队、黟县碧阳公社碧阳大队、六安县韩摆渡公社孙井大队、金寨县张冲公社苏口大队、青阳县沙桥公社沙堤大队。（李丰平：《鼓足干劲力争上游，开展比学赶帮运动争取今年农业大丰收》，《安徽日报》1964年3月12日第1–2版。）3月17日，涡阳县柳西大队的代表孙邦昌参加了五个专题座谈会中的"改变灾区面貌座谈会"，并作了发言："只有修好水利，才能做到稳产保收，修水利是自己的事，要自力更生，不能有依赖国家的思想。"（《省农业先进集体代表会议昨日下午分别举行了五个座谈会就五个专题交流经验》，《安徽日报》1964年3月18日第1版。）

③ 李丰平：《鼓足干劲，力争上游，开展比学赶帮运动争取今年农业大丰收》，《安徽日报》1964年3月12日第2版。

④ 《省农业先进集体代表会议胜利闭幕》，《安徽日报》1964年3月20日第1版。

华强调："在学习和应用别人经验时，要从本地区的实际情况出发，活学活用，有些还要经过试验，防止生搬硬套。"①

9 月 21 日，安徽省三届人代会开幕。23 日，省长黄岩代表安徽省人民委员会作政府工作报告。在谈到农业工作时，黄岩说："在大力抓好当前生产的同时，各地应该做好建设旱涝保收、稳产高产农田的规划，并要发扬大寨大队自力更生、苦干实干的革命精神，本着依靠集体、依靠群众、自己动手、集中力量打歼灭战的原则，在种好管好全部农田的基础上有计划地分期分批地实现这一规划。"②

1965 年 2 月 12 日至 20 日召开了安徽省贫下中农代表会议。会议通过了向全省贫下中农提出的倡议书。倡议书主要有五点内容。在其中第四点"争取农业更大丰收"中提出："要进一步学习大寨树立愚公移山的雄心壮志，发扬自力更生的革命精神，主要依靠社队自己的力量，艰苦奋斗，勤俭创业，发展生产改变面貌。"③ 同日，《安徽日报》发表题为《进一步发挥贫下中农的战斗作用》的社论。社论在谈到生产中面临的困难时说："贫下中农要带动大伙进一步地学习大寨大队，充分发扬艰苦奋斗、自力更生的革命精神，靠自己的智慧和力量去顽强地战胜各种困难，争取今年农业生产比去年更好。"④

为了更好地有针对性地学大寨，安徽日报社（农村版）写信给陈永贵，请他谈谈大寨的情况，陈永贵给安徽日报社写了长篇回信，介绍"大寨大队是怎样组织农业生产新高潮的"。回信包括六部分内容：第一，今年要更上一层楼；第二，有什么有利条件；第三，林业、牧业迎头赶上；第四，调整粮食种植比例；第五，作好准备再打硬仗；第六，抓思想抓技

① 李葆华：《地市县委书记会议总结要点》，1964 年 3 月 18 日，萧县档案馆馆藏，J001-WS-1964-C-002-0006。

② 《黄岩省长代表安徽省人民委员会在省三届人代大会上作政府工作报告》，《安徽日报》1964 年 9 月 24 日第 1 版。

③ 《安徽省贫下中农代表会议全体代表倡议书》，《安徽日报》1965 年 2 月 21 日第 1 版。

④ 《进一步发挥贫下中农的战斗作用——祝省贫下中农代表会议胜利闭幕》，《安徽日报》1965 年 2 月 21 日第 2 版。

术改革。全信刊登在 1965 年 3 月 14 日的《安徽日报》第 2 版，并加了编者按。编者按指出："这封信写得很好，从里面可以学到不少东西。我们不仅要学习他们坚持自力更生和不断革命的精神；还要学习他们那种处处以国家利益为重的全局观；学习他们既看到成绩又看到缺点，既看到顺利又看到困难的科学态度；学习他们以粮为纲，同时积极发展多种经营的长远观点。"编者按最后提出："社员同志们，让我们进一步发扬革命精神，象大寨大队那样扎扎实实地搞好备耕工作，掀起春季生产高潮，争取今年更大更全面的丰收。"① 陈永贵的回信在安徽农村引起了广泛影响。②

1966 年 1 月 5 日安徽省贫下中农代表和农业先进集体代表会议召开，李葆华作了题为《抓革命，促生产，建设社会主义新农村》的报告。报告对各位代表和全省人民公社社员提出了几点希望，要求"发扬大寨精神，坚持自力更生"，学大寨"最根本的，是要学习大寨人的革命精神"。"我们要把大寨精神学到手，就要像大寨人那样，有改天换地的革命理想，有实干、苦干、穷干、巧干的革命干劲，有不断前进的革命精神，紧紧依靠人民公社集体经济的力量，发挥广大社员的积极性，自力更生，艰苦奋斗，因地制宜，扎扎实实地进行治山、治水、改土、积肥等基本建设，不断改善生产条件，并积极革新耕作技术，推广良种。这样，我们就能较快地建设起稳产高产农田，就能较快地把农业生产搞上去。"③

1 月 7 日至 9 日，出席会议的贫下中农代表和农业先进集体代表参观了各地大寨式农业先进单位展览后，认识到"发展农业生产，必须依靠大寨精神。大寨精神是个宝，哪里用上哪里好。""大寨精神就是不断革命、彻底革命精神。有了这种精神才能不骄傲不自满，永远前进，去争取更多更大的成就。"怎样发扬大寨精神？代表们认为："大寨精神，是毛泽东

---

① 《大寨大队怎样组织生产新高潮？——陈永贵同志给我省农村人民公社社员的一封信》，《安徽日报》1965 年 3 月 14 日第 2 版。

② 《立大寨之志，兴大寨之风，走大寨之路——各地社队热烈讨论陈永贵同志给我省社员的信》，《安徽日报》，1965 年 4 月 6 日第 2 版。

③ 李葆华：《抓革命，促生产，建设社会主义新农村》，《安徽日报》1966 年 1 月 9 日第 2 版。

思想的产物。学习大寨精神，就必须坚持毛泽东思想挂帅。只有把学习毛主席著作放在第一位，学大寨才能学得快，学得好。”①

1月29日，全国大寨式农业典型展览在合肥展出。这个展览对安徽省农业学大寨起到了重大的推动作用，“学大寨、赶大寨、超大寨的群众运动在全省范围内更加广泛深入地开展起来。”②

1968年3月13日，安徽省“农业学大寨”政治工作会议召开。会议期间，省领导人李德生、宋佩璋、娄学政、梁祚荣等人接见了全体代表。梁祚荣作总结报告。

会后，全省各地立即开展了大宣传、大动员，各县一般都召开了三级或四级干部会议，不少公社、大队和生产队也召开了农业学大寨的群众誓师大会。各地、市、县都有计划地选派了一部分代表分批分期去大寨参观学习。各级革命委员会和抓革命促生产第一线指挥部，都把“农业学大寨”列入重要议事日程，确定专人抓这项工作。不少专区、市、县和公社还派人搞了试点，树立本地学大寨的样板，以点带面。经过层层宣传动员，“农业学大寨”和大寨精神深入人心，一个“学大寨人，走大寨路，立大寨志，兴大寨风，创大寨业”的群众运动开展起来了。③

全省各地在农业学大寨运动中，有50%左右的生产队推行了大寨的劳动管理制度。桐城、太和、涡阳、颍上等县已经取消定额包工制度，实现劳动管理大寨化。农村中的一些个体手工业，也大都纳入集体经济轨道。④

---

① 《走大寨道路，为革命种田》，《安徽日报》1966年1月11日第1版。

② 《学习大寨关键是学习大寨的革命精神—祝全国大寨式农业展览在安徽展出》（社论），《安徽日报》1966年1月31日第1版。

③ 《我省农业学大寨群众运动波澜壮阔》，《新安徽报》1968年12月6日第1版。

④ 《全省农村形势一片大好，大寨革命精神遍地开花》，《新安徽报》1968年12月28日第2版。

第二章　萧县农业学大寨运动的初兴

第一节　萧县农业学大寨运动的背景

一、萧县的自然地理环境

萧县古为萧国。秦朝推行郡县制时遂改为萧县，隶属于泗水郡。北齐天保七年（556年）改为承高，隋朝开皇三年（583年）改为龙城、临沛，大业年间又恢复“萧县”名称。唐宋元明时期划归徐州，清朝时属江苏省徐州府。辛亥革命后仍划归江苏省。1955年由江苏省划归安徽省。① 萧县地处安徽省淮北平原北部，黄淮平原南端。东、北部和江苏省铜山县、丰县接壤，西部与砀山县和河南省永城县毗邻，南部和淮北市、濉溪县交界，东南部和宿县相邻。面积约为1861.119平方公里，占安徽省总面积的1.33%，排全省第37位。②

从地形上看，萧县主属黄淮海冲积平原，地形由西北向东南倾斜。大致分为两个单元：东南部分布着一些低山丘陵，自东北向西南延伸，隶属于相山山脉，海拔180—350米，最高峰为永堌内的官山，海拔为395米。其余则是黄泛平原。其中山丘、谷地占总面积的22.2%，土质是山淤土或山淤黑土；余下77.8%为平原，多为沙土和沙质黏土，低洼处多为

---

① 萧县地方志编纂委员会主编:《萧县志·概述》，中国人民大学出版社1989年版，第1页。

② 萧县地方志编纂委员会主编:《萧县志》，中国人民大学出版社1989年版，第3页。

盐碱土或淤土。[①] 萧县属暖温带半湿润性季风气候区，四季分明。春季气温回升快，雨水较多；夏季炎热，多雷雨天气；秋季旱涝不定，或晴旱少雨，或洪涝成灾；冬季严寒，干旱少雨。易出现旱涝、霜冻和冰雹等自然灾害。萧县地处皖北平原，属淮河流域，受黄河侵扰，水系紊乱，多旱涝灾害，是个大雨大灾、小雨小灾、无雨旱灾的困难县。清朝嘉庆年间杨作栋有诗《奉檄履勘萧县灾荒有感》云："郭门一出尽春荒，地少炊烟屋也孤，野树皮荒新早死，井泉脉断泪同枯。"[②] 根据资料记载，1451—1950 年约 500 年时间，萧县共发生水灾 190 次，约 2.6 年一次，发生旱灾 108 次，约 4.6 年一次。[③] 萧县旱涝灾害频繁且严重，每遇暴雨、干旱，不仅田地里的农作物被冲毁、旱死，颗粒无收，村民房屋也会被暴雨冲垮。

中华人民共和国成立后，萧县大型水利工程得以兴修，抗御自然灾害的能力明显增强。但是，由于气候差异和年际降水量时空分布不均，加之部分水利工程质量较差、标准较低，河沟、水库的蓄水排泄能力不适应等因素[④]的影响，水旱灾害仍频繁发生。1949—1982 年，萧县发生大面积涝灾有 14 次，其中最严重的年份为 1963 年和 1982 年。1963 年的洪涝灾害就造成 160.1 万亩田地受灾；较大面积旱灾发生 11 次，最严重的是 1958 年和 1978 年。1958 年 6 月底至 7 月初，萧县先大旱，受灾面积达 47 万亩，到 8 月份又连降大雨，波及 9 万亩田地；旱涝灾害皆发生的共有 13 次。"建国以来水涝成灾面积为 1654.58 万亩，旱灾成灾面积为 413.56 万亩，涝灾面积是旱灾面积的四倍，涝灾每年平均受灾面积为 49.84 万亩，旱灾每年平均面积为 12.67 万亩，涝灾多于旱灾，涝灾重于

---

① 萧县地方志编纂委员会主编：《萧县志》，中国人民大学出版社 1989 年版，第 25—26 页。

② 萧县地方志编纂委员会主编：《萧县志》，中国人民大学出版社 1989 年版，第 47 页。

③ 萧县地方志编纂委员会主编：《萧县志》，中国人民大学出版社 1989 年版，第 53 页。

④ 河道水量枯丰差异大，下游排水出口小，在洪水顶托超过现有防洪能力时，内水无法排出，易于形成涝灾。

旱灾，涝灾的损失大于旱灾。”[①] 千百年来，水旱灾害成为阻碍萧县人民发展农业生产、实现温饱自足的绊脚石。

萧县是农业县，农业是该县经济收入的主体，但是旱涝灾害频发，土壤贫瘠，萧县农作物产量较低且不稳定，加之小农经济生产方式的脆弱性，使得萧县的农业生产不景气，农民的温饱也难以保障。面对这一境况，改造自然条件以寻求农作物高产稳产便成为现实需求。

二、1960 年代被否决的“责任田”

1958 年，“大跃进”和农村人民公社化运动开始后，安徽省“五风”[②] 盛行，同时安徽省也是全国自然灾害最严重的地区之一。根据资料记载，1958 —1961 年安徽省粮食产量持续下跌。1958 年，全省粮食产量为 176.9 亿斤，比 1957 年减少 28.1 亿斤；1959 年粮食产量降至 140.2 亿斤；1960 年再降至 134.8 亿斤；1961 年，安徽省全年粮食产量仅为 125.8 亿斤，安徽省粮食产量降至新中国成立以来的最低水平。[③] 由于粮食产量逐年下降，安徽农村出现粮食灾荒问题，劳动力开始外流，部分地区甚至出现人口非正常死亡现象。

面对“大跃进”以来安徽省所遭受的严重灾难，安徽省委第一书记曾希圣积极寻求解决办法。1960 年 12 月至 1961 年 1 月，安徽省委常委郑锐、张祚荫前往山东向曾希圣汇报工作时[④]，提到安徽各地所面临的饥饿、逃荒、非正常死亡等问题，曾希圣提出寻找地点进行“责任田”试点。1960 年 12 月，安徽省委在舒城县晓天公社做了“责任田”初步试验。1961 年 2 月，曾希圣从济南回到安徽。2 月 8 日，地、市委书记在蚌埠召开会议。会上张祚荫向曾希圣提到宿县农民刘庆兰上山开荒的事

① 萧县地方志编纂委员会主编：《萧县志》，中国人民大学出版社 1989 年版，第 54 页。

② “五风”是指“共产风”“浮夸风”“干部特殊化风”“强迫命令风”“生产瞎指挥风”。

③ 侯永：《当代安徽简史》，当代中国出版社 2001 版，第 230 页。

④ 新中国成立后，曾希圣先后担任中共安徽省委书记、第一书记；1960 年 10 月起，又兼任中共山东省委第一书记、原济南军区政委。

迹，[①] 曾希圣对此表现出很大兴趣，认为可以适当推广。2 月下旬，曾希圣派省委工作组前往合肥市蜀山公社井岗大队南新庄生产队开展“责任田”试点工作。3 月 6 日，省委书记处在南新庄召开会议。会上听取了南新庄社员关于“责任田”的看法和意见，社员对“责任田”基本上表示拥护。附近社队也纷纷表示对“责任田”的欢迎。安徽省委决定将责任制的名称定为“田间管理责任制加奖励”，简称“责任田”，同时扩大试行范围。安徽省委调研组组长陆德生根据南新庄的试点情况，整理出《关于定产到田、责任到人问题》。在此基础上，安徽省委起草了《关于推行包产到户、定产到田、责任到人办法的意见》。3 月 8 日，《意见》发往各地、市、县委，要求传达贯彻。萧县也随之贯彻推行。

1961 年 3 月 13 日至 14 日，萧县县委召开三级干部会议。会议以小组为单位对 1961 年农业生产和贯彻执行“包产到户，责任到人”问题展开讨论，大家认为实行“责任田”有十二条好处：第一，人人加强责任心；第二，保证作物管理安全；第三，农活保证质量，能精耕细作，颗粒归家；第四，对牲口、农具更加爱护；第五，提高劳动工效又能达到有劳有逸；第六，克服翘工监工，减少天天评分记工的麻烦；第七，更合理地

---

① 刘庆兰父子上山开荒的事迹大致是：宿县褚兰公社冯楼村村民刘庆兰生于 1898 年，经历清朝、民国、新中国。刘庆兰是个种田能手，土改时分到了 5 亩土地，日子过得红红火火。1956 年成立农业生产高级社时，土地入了股，牲畜、农具也被集中在一起归集体使用。但当看到自己膘肥体壮的牲口，被集体饲养后变得日益瘦弱，骨柴嶙峋，许多农户把积攒的肥料拼命往自留地里拉，社里的庄稼没在草丛里也不去锄地除草，连收到场上的山芋也有人想方设法往自己家里偷时，刘庆兰困惑、失望而愤慨。加上和大儿子相处不和睦，1958 年，刘庆兰决定脱离高级社，自己去了离村 4 华里的虎山，成了单干户。后来，二儿子刘自立因病不能参加集体劳动，也上了虎山。山上放养的几十只鸡为刘自立提供了充足的营养，刘自立的身体逐渐康复。从 1958 年到 1961 年近 3 年的时间里，刘庆兰父子在上山开了十几亩地，卖给国家的粮食超过了全生产队，还时不时下山将面粉和油料送回家，接济家人。相比之下，山下的生产队的集体生产却是另一番景象：社员干活“大呼隆”，出工不出力，在田里磨洋工；收割麦子时，田里丢下的麦穗一大片，谁也不心疼，谁也不去捡。结果是耕地因抛荒废耕而减少，产量下降，大食堂浪费粮食还吃不饱。到 1960 年，社员多面带饥色，有的患了浮肿病，还有的外出讨饭。山上山下，集体与单干形成了鲜明对比。（戴兴华：《刘庆兰父子首种责任田调查记》，屠筱武、陈文书：《农村改革风云实录》，中国文史出版社 1998 年版，第 114—118 页。）

实行按劳分配，多劳多得，制住懒汉和投机；第八，人人学习生产技术，加强大办农业，大办粮食，爱护粮食观念；第九，解决大集体和小自由之间的矛盾，社员可以统筹兼顾；第十，干部减少职务，更好地参加生产，与社员打成一片；第十一，提高土地利用率；第十二，更好发展社员饲养家畜家禽。少数社员也存在不同意见，如龙城公社姚楼大队吉村生产队反映，包产到户是单干，如若遇灾荒年，小农无力抵抗，可能会赔产。但多数社员持拥护态度。①

实行“责任田”后，可能面临的问题主要集中在以下几个方面：第一，耕、种、拉、打争先恐后；第二，争先施用集体的化肥；第三，部分社员干自己的活积极，干集体的活应付了事；第四，个别社员承包责任田后，仍不负责任；第五，部分社队干部放松领导；第六，部分社员承包的小麦被自己吃掉或被别人捡去。②

1961 年 3 月 15 日，安徽省委发出《关于全面推行包产到队、定产到田、责任到人的办法的通知》。《通知》强调：“这个办法既符合社会主义原则，又符合中央关于当前农村人民公社十二条政策，对调动广大群众的生产积极性，加强社员的责任心，恢复和发展农业生产有很大意义。”③同时，针对可能出现的“各顾各”“不照顾困难户”和“争先恐后”等问题，《通知》要求制定妥善方法予以制止。

1961 年 5 月 4 日至 9 日，萧县县委召开县、公社、大队三级干部会议。会上学习了《农村人民公社工作条例（草案）》，重点讨论了社队规模和包工包产责任制等问题，还听取了龙城公社姚楼大队姬西第三生产队和杜楼大队的调查报告。姬西生产队，27 户，100 人左右，341 亩田地，④

---

① 中共萧县县委办公室：《综合材料之四：1961 年农业生产和贯彻执行“包产到户，责任到人”问题》，1961 年 3 月 14 日，萧县档案馆馆藏，J001-WS-1961-Y-005-0005。

② 中共萧县县委办公室：《关于推行包工包产责任制的情况》，1961 年，萧县档案馆馆藏，J001-WS-1961-Y-020-0003。

③ 中共安徽省委：《关于全面推行包产到队、定产到田、责任到人的办法的通知》，1961 年 3 月 15 日，萧县档案馆馆藏，J001-WS-1961-C-006-0003。

④ 中共萧县县委：《会议文件之五：姬西第三生产队田间管理包到户后情况的调查》，1961 年 5 月 3 日，萧县档案馆馆藏，J001-WS-1961-Y-007-0005。

同年3月15日，生产队将已种植和计划种植的小麦、黄豆等13种农作物包给社员各户进行管理。实践证明，田间管理到户办法已见初步成效。杜楼公社杜楼大队共917户，3270人，耕地8146亩。① 为调动社员生产积极性，杜楼大队推行“包产到队、定产到田、责任到人”的办法，把大集体和小自由有效结合起来，更好地发挥了集体经济的优越性。1961年5月10日，针对部分群众对包工包产责任制的误解，安徽省委办公厅将安徽省委1961年4月27日上报“中央、主席并华东局”的《关于试行包工包产责任制情况的报告》印发给各地市县委，省委各部委，省直各党组，各大学党委，军区党委。“责任田”由包产、包工和奖赔共三部分组成，与“包产到户”或“分田”存在本质区别，而且与“六十条”原则是完全一致的。②

1961年9月7日至20日，萧县召开县、公社、大队三级干部会议。会上学习讨论了“田间管理责任制加奖励”办法并制订了实施的具体措施。关于包产和定产，建议先定产到田，后三包到队，上下结合一次搞下去，不要单独进行；关于包工和定工，首先确定生产队的包工数，其次确定每块田的定工数，最后采取逐块定工的包工方法；划分责任田方面，建议按社员的劳动底分划分责任田，采取民主协商、合理分配原则，必须注意远近地搭配，好孬地搭配，不能划分得过整或过碎，同时干部承包责任田要少于同等劳动力；奖赔方面，定产高于包产，定产超高产的部分作为大农活的奖励，定产数是承包责任田的社员应该完成的产量，超产全奖，减产分清原因，由社员民主讨论决定赔偿。截止到同年9月，萧县实行这个方法的生产队已增加到4308个，占生产队总数的70.7%。③

1961年12月，萧县三级干部会议召开。会上回顾了自3月起萧县实

① 中共萧县县委：《会议文件之八：关于杜楼大队推行“包工包产责任制”情况的报告》，1961年5月3日，萧县档案馆馆藏，J001-WS-1961-Y-007-0008。

② 安徽省委办公厅：《关于正确了解“试行包工包产责任制情况的报告”的解合》，1961年4月27日，萧县档案馆馆藏，J001-WS-1961-C-006-0005。

③ 中共萧县县委办公室：《三级干部会议文件之二：关于推行“田间管理责任制加奖励”办法的情况和意见》，1961年9月，萧县档案馆馆藏，J001-WS-1961-Y-009-0002。

行“田间管理责任制加奖励”方法的情况，总体而言好处多多。但也暴露了部分问题，如未执行“五统一”[①]原则，大小农活全部包产到户，庄稼自收自打生产计划被打破，对困难户照顾不够等。最终讨论决定，继续推行“田间管理责任制加奖惩”办法，同时调整具体做法。包括坚持“五统一”，大农活包产到组，加强对小农活的检查监督，耕畜专养专用，合理划分责任田，切实推行奖赔政策，定产力求准确，妥善照顾困难户八个方面。[②]

对于安徽省所推行的“责任田”，毛泽东开始时并无异议。1961 年 3 月广州会议时，曾希圣向毛泽东汇报了“责任田”情况；7 月，毛泽东南方考察途经蚌埠，曾希圣专门前往蚌埠向毛泽东汇报工作，再次谈到“责任田”问题。毛泽东表态说：“你们实验嘛！搞坏了检讨就是了，如果搞好了，能增产十亿斤粮食，那就是件大事。”[③]得到最高领导人的首肯后，曾希圣向安徽省委通报说：“现在已经通天了，可以搞。”[④]此后，“责任田”才在安徽省各地正式全面铺开。

“安徽省的包工包产到户责任田是在省委支持下，通过各级党政机构实行的，因此，也是在全国所有省份中实行的比例最大、影响最大的。”[⑤]但当安徽省“责任田”发展势头正旺时，却遭到了中央领导人的批判。1961 年 9 月，毛泽东给中央常委的信中表示：农村人民公社基本核算单位中的“队为基础”，此队即生产队。1961 年 10 月 7 日，中共中央发出《中共中央关于农村基本核算单位问题的指示》。《指示》指出：“就大多数的情况来说，以生产队为基本核算单位，是比较好的。”[⑥]12 月，毛泽东

---

① 即计划统一、分配统一、大农活和技术农活统一、农田水利建设和用水管水统一、抗灾统一。

② 中共萧县县委办公室：《三级干部会议文件之三：关于继续试行田间管理责任制加奖励办法的意见》，1961 年 12 月，萧县档案馆馆藏，J001-WS-1961-Y-012-0001。

③ 《毛泽东年谱》第 7 卷，中央文献出版社 2023 年版，第 558 页。

④ 《毛泽东年谱》第 7 卷，中央文献出版社 2023 年版，第 558 页。

⑤ 贾艳敏：《农业生产责任制的演变》，江苏大学出版社 2009 年版，第 165 页。

⑥ 《中共中央关于农村基本核算单位问题的指示》（1961 年 10 月 7 日），黄道霞、余展等主编：《建国以来农业合作化史料汇编》，中共中央党校出版社 1992 年版，第 659 页。

在无锡听取曾希圣汇报工作。谈话间，毛泽东询问曾希圣基本核算单位下放到生产队，推行“责任田”是否还有必要？曾希圣坚持推行，毛泽东则未明确表态。毛泽东第一次对“责任田”明确提出反对是在1961年11月13日下发的《中共中央关于在农村进行社会主义教育的指示》。《指示》表明：“目前在个别地方出现的包产到户和一些变相单干的做法，都是不符合社会主义集体经济的原则的，因而也是不正确的。”①1962年2月13日，中共中央又发出《关于改变农村人民公社基本核算单位问题的指示》，规定农村人民公社以生产队为基本核算单位。② 中央要求各地进行更正。

1962年3月20日，安徽省委通过关于改正“责任田”的决议。决议强调“责任田”办法实际上就是包产到户，与中央提出的“六十条”和农村人民公社基本核算单位问题指示背道而驰，各地争取在1962年内大部分改过来，其余部分在1963年内完成改正，并指责“责任田”推行后所出现的错误倾向：单干倾向、产生两极分化、削弱集体经济等。③

关于改正“责任田”的决议下发全省后，广大群众并不接受。1962年6月，太湖县委宣传部副部长钱让能给毛泽东写了一封信，以个人名义保荐责任田。钱让能在信中写道：“据我们调查摸底，拥护责任田起码占百分之八十以上，甚至占百分之九十以上。站在百分之九十以上的人民大众这一边同呼吸，就不能算是尾巴主义吧。”④8月，安徽省委召开一届十三次全委扩大会议。会上曾希圣针对安徽省一年多来实行“责任田”的

---

① 《中共中央关于在农村进行社会主义教育的指示》（1961年11月13日），中共中央文献研究室：《建国以来重要文献选编》（第14册），中央文献出版社1997年版，第767页。

② 《中共中央关于改变农村人民公社基本核算单位问题的指示》（1962年2月13日），中共中央文献研究室：《建国以来重要文献选编》（第15册），中央文献出版社1997年版，第176—192页。

③ 中共安徽省委：《中共安徽省委关于贯彻执行“省委关于改正责任田办法的决议”的通知》，1962年3月20日，萧县档案馆馆藏，J001-WS-1962-C-003-0015。

④ 中共安徽省委：《关于印发钱让能同志给毛主席的一封信》，1962年8月2日，萧县档案馆馆藏，J001-WS-1962-C-001-0004。

问题作检讨，[①] 与此同时省委再次督促各地尽快改正“责任田”。但截止到8月，安徽省改为集体经营的有36,595个生产队，占全省生产队总数的12.2%，仍有73.2%的生产队实行“责任田”经营办法，[②] 由此说明改正的推进速度非常缓慢。

安徽省委关于改正“责任田”的决议下发后，萧县县委也着手开展改正“责任田”工作。但截止到1962年10月，实行责任田并改正过来的生产队有906个，占总队数的15.1%。余下的4570个生产队，县委计划在1962年冬到1963年春基本改完。在时间上分两批进行。第一批，1962年11月底改好，约1700个生产队；1963年1月底前再改第二批，约有2400个队；约500个生产队需继续进行说服教育工作，逐步改正，最迟在1963年秋种时全部改完。[③]1963年3月4日至5日，萧县县委再次召集各区改正“责任田”试点干部座谈会，会上批评了部分公社重视程度不够，工作进程较慢，并提供了一系列指导方法，并要求各区在3月中旬完成第一批的改正工作。1963年9月10日，宿县地委发出《中共宿县地委关于继续做好改正“责任田”工作的通知》。根据通知，到7月底，萧县尚有51个生产队未改正过来，督促尽量在秋种前改正过来。[④] 随后，萧县改正“责任田”的步伐不断加快，推行将近两年时间的“责任田”便逐渐淡出了萧县人民的视线。

三、1963年的水灾

1963年萧县改正了“责任田”，又发生了严重的洪涝灾害。这场洪涝灾害号称“百年一遇”。1963年一年里，萧县平均降雨量为1320.2毫

---

① 曾希圣：《省委一届十三次全会文件十一：曾希圣同志的检讨》，1962年8月，萧县档案馆馆藏，J001–WS–1962–C–001–0004。

② 李葆华、李丰平：《省委一届十三次全会文件四：关于改正“责任田”情况的报告》，1962年8月16日，萧县档案馆馆藏，J001–WS–1962–C–001–0003。

③ 中共萧县县委办公室：《萧县实行责任田情况和今冬改正责任田办法的初步计划》，1962年10月10日，萧县档案馆馆藏，J001–WS–1962–Y–012–0007。

④ 中共宿县地委：《中共宿县地委关于继续做好改正“责任田”工作的通知》，1963年9月10日，萧县档案馆馆藏，J001–WS–1963–C–006–0003。

米，受灾面积为160.1万亩，倒塌房屋201,200间。[①] 自5月下旬起，萧县各地连降暴雨。5月16日至20日，平均降雨量达到324毫米，最大雨量370毫米。28日14时到29日8时又连降暴雨125毫米。致使10条主要河道除大沙河外，河道决口153处。满溢倒灌，一片汪洋。820个村庄被洪水浸泡，有25个村庄、2000多户社员被迫搬家。全县积水面积125.8万亩，占耕地面积的77%，[②] 其中麦田积水66.3万亩，占麦田面积的90%。倒塌房屋6.1万间，死28人伤127人。死、伤牲畜共10头；全县有8千多户、3万多人无处居住。朔里区共54个大队，有51个大队能行船，15.4万亩耕地中14.9万亩被泡在水中。死36人伤157人。[③]

7月初，再降暴雨。平地水深数尺。岱湖地区一片汪洋，全县受灾面积160.1万亩。7月8日至9日，大雨倾盆。全县平均降雨量均在200毫米左右。积水面积93万亩，被淹坏需要改种的农田达53.2万亩。农作物严重减产，村庄被雨水围困，公路被冲断，桥梁被冲毁，交通严重阻塞，不少地区粮、煤出现脱销情况，给萧县人民的生产和生活造成严重损失。7月28日至8月6日，全县平均又降雨398.4毫米，黄口区624毫米，全县积水面积为140多万亩，被水围困的村庄1100多个，占全县村庄的50%，倒塌房屋三万多间，死1人伤21人。自8月以来，灾民逐渐开始外流。截止到9月底，全县存在外流人口的达2995个生产队，13528户，总计外流人口28408人，绝大部分流入河南西部和南部，部分流入陕西省和皖南等地。[④]

受灾后，安徽省委、省人委分别于8月14日、8月22日发出生产救灾工作指示，宿县地委作出具体部署。萧县全年粮食产量6129.33万斤，

---

① 萧县地方志编纂委员会主编：《萧县志》，中国人民大学出版社1989年版，第51页。

② 萧县地方志编纂委员会主编：《萧县志·大事记》，中国人民大学出版社1989年版，第28页。

③ 萧县地方志编纂委员会主编：《萧县志·大事记》，中国人民大学出版社1989年版，第28页。

④ 萧县地方志编纂委员会主编：《萧县志》，中国人民大学出版社1989年版，第51—52页。

平均每个农业人口 91.6 斤，国家拨发救灾粮 1.4 亿斤，救灾款 350 万元。县委、县人委委派 40 多名干部前往皖南、吉林、河南、湖北、湖南、贵州、上海等地求援主副食品 1 亿多斤。全县动员 1 万多名干部、15 多万名民工奔赴前线，又组织 4000 多人到滁县地区割山草 4000 万斤，用作牲畜饲草和灾民盖房子。① 从全国各地采购了 20 多个品种代食品 2361 万斤。为鼓励全县人民，及时提出“午季减产秋季捞”和“力争明年午季大丰收”等口号，发动 30 多万人投入排水救苗、抢种、抢管工作，全县累计排水 500 多万亩，抢种各种作物 200 多万亩。保住了 40 多万亩秋收作物。与此同时，发动广大群众，大栽大种萝卜、菜和收晒干菜。全县共种秋菜 19 万多亩，越冬菜 4 万多亩，并收晒各种干菜 350 多万斤。秋季收获粮食 2000 多万斤。② 但是社员们的家底越来越薄，部分社员的情绪也不够稳定，“四病” ③ 人数有所增加；部分社队牲畜饲养管理不善，畜力弱，缺草、缺料严重，并有非正常死亡。从 1963 年 12 月至 1964 年 1 月，共有 442 头牲畜死亡；全县尚缺粮食作物种子 403.5 万斤。部分社队肥料少，治虫饵料缺乏。有些社队的种子烂、坏的情况十分严重，甚至出现吃种子、卖种子和偷盗现象。④

面对严重的自然灾害，中央和地方能够给予的救援和帮助是有限度的，萧县人民的基本温饱问题也未得到根本解决，萧县人民寻找新的出路，改变当前的落后面貌成为当务之急。

---

① 萧县地方志编纂委员会主编：《萧县志 · 大事记》，中国人民大学出版社 1989 年版，第 28 页。

② 中共萧县县委办公室：《萧县一年来生产救灾工作总结（初稿）》，1964 年 5 月 2 日，萧县档案馆馆藏，J001-WS-1964-Y-004-0005。

③ 四病：即浮肿、干瘦、小儿营养不良和妇女闭经四种因人民生活困难而引发的四种疾病。

④ 中共萧县县委：《春季农业生产情况和问题》，1964 年 3 月 27 日，萧县档案馆馆藏，J001-WS-1964-Y-010-0012。

第二节　萧县农业学大寨运动的发动及典型的培养

一、宣传大寨精神，开展“比、学、赶、帮”运动

自 1964 年 2 月 10 日，《人民日报》刊发《大寨之路》宣传大寨经验，并配发长篇社论《用革命精神建设山区的榜样》之后，中央领导层即把农业发展的希望寄托于大寨这个典型上，全国开始了长达 16 年之久的农业学大寨运动。安徽省的农业学大寨运动随之展开。

1964 年 3 月 18 日，安徽省委第一书记李葆华参加地、市、县委书记会议，会上学习了“愚公移山”的事迹和《人民日报》关于学习大寨的几篇通讯稿和社论。李葆华在会议总结讲话中谈道：会议对推动安徽全体党员、干部和全省人民学习毛主席著作，学习解放军、石油部和大寨的经验，实现革命化，必将发挥重大作用。并且强调“在学习和应用别人经验时，要从本地区的实际情况出发，活学活用，有些还要经过试验，防止生搬硬套。”“学习外地经验与总结自己的经验相结合。在学习外地经验的同时，还要善于发现和总结本地区、本单位的经验，树立标兵，加以推广。”①

1964 年 3 月 21 日，安徽省农业先进集体代表会议召开，安徽省委书记处书记李丰平作了题目为《鼓足干劲，力争上游，开展比学赶帮运动争取今年农业大丰收》的报告。报告指出此次会议的目的是“组织全省范围内的比学赶帮运动，促进农业生产，争取今年农业大丰收。”为顺利完成任务，必须要向大寨学习，学习大寨的自力更生精神，促进干部和群众的革命化，并把“革命化”概括为六个方面：坚定的革命意志；顽强的战斗精神；火热的阶级感情；严格的科学态度；高尚的道德品质；朴素的生活作风。②

---

① 中共安徽省委：《地市县委书记会议总结要点》，1964 年 3 月 27 日，萧县档案馆馆藏，J001-WS-1964-C-002-0006。

② 李丰平：《鼓足干劲，力争上游，开展比学赶帮运动争取今年农业大丰收》，1964 年 3 月 28 日，萧县档案馆馆藏，J001-WS-1964-C-002-0005。

两次会议之后，宿县地委迅速作出反应。1964 年 5 月 6 日，宿县地委四级干部会议召开。地委第一书记孟亦奇在会上作了题为《提高认识，积极行动，迎接农业生产新高潮！》的讲话。5 月 12 日，宿县地委办公室将讲话批转各县委，要求正在开三级或四级干部会议的县委，在会上传达，讨论。宿县地委四级干部会议提出要大学大寨，大学毛泽东著作，开展轰轰烈烈的比学赶帮运动。孟亦奇说："例如学习大寨，他们那种藐视困难、敢于革命的英雄气概，他们那种自力更生、奋发图强的坚强意志，他们那种顾全大局的崇高品格，是值得我们普遍学习的。"①

1964 年 5 月 1 日至 13 日，萧县四级干部会议召开。会上学习了毛泽东的《为人民服务》《纪念白求恩》《愚公移山》等 8 篇文章以及《大寨之路》的通讯，开展了"比、学、赶、帮"运动，树立了一批先进标兵。如治山治水标兵——永堌公社夹山套大队；治沙治水标兵——黄口公社朱庄大队马庄村；自力更生解决红芋秧苗的标兵——王寨公社；粮食连年增产的标兵——庄里公社蔡庄大队；自力更生办水利的标兵——丁楼公社周圩子大队等。②同时鼓舞全县人民学习大寨自力更生、艰苦奋斗精神，以革命精神改变落后面貌。继续开展"比、学、赶、帮"运动，树立本地区的先进单位、先进标兵。至此，萧县农业学大寨运动正式开始。

1964 年 7 月 10 日，安徽省委二届四次扩大会议召开。会上学习了《大寨大队调查报告》，提出在农业生产战线上，不仅要阶级斗争、生产斗争和科学实验同时抓，还要普遍学习大寨，克服依赖思想，发扬自力更生精神。9 月，萧县召开三级干部会议。县委副书记施道礼在讲话中谈到萧县长远规划问题时，提出贯彻自力更生的革命精神。施道礼从三个方面对"自力更生"进行了探讨：什么是自力更生、能不能自力更生以及如何自力更生的问题。施道礼解释说，所谓自力更生，从国家层面来讲，是独

① 孟亦奇：《提高认识，积极行动，迎接农业生产新高潮！——孟亦奇同志五月六日下午在宿县县委四级干部会议上的讲话》，1964 年 5 月 12 日，萧县档案馆馆藏，J001-WS-1964-C-002-0008。

② 中共萧县县委：《关于召开四干会议情况的报告》，1964 年 5 月 15 日，萧县档案馆馆藏，J001-WS-1964-Y-004-0001。

立自主问题；从某地区而言，是革命精神问题。能否实现自力更生，施道礼从萧县的自然条件、人民公社优越性和与自然灾害作斗争的经验等方面来说明萧县能够自力更生。萧县怎样做到自力更生呢？最重要的一点就是学大寨、赶大寨，促进思想工作革命化。大寨精神就是自力更生的革命精神，是坚持阶级斗争，将社会主义革命进行到底的革命精神，是坚持试验，实事求是的科学精神。一句话，大寨精神是时代精神，是被毛泽东思想武装起来的我国五亿农民伟大精神面貌的缩影。学大寨，第一，要学习大寨人的彻底革命精神；第二，学习大寨人远大的革命理想和对未来坚定不移的信心；第三，学习大寨敢于藐视困难，敢于同困难作斗争的顽强精神，学习他们实干、苦干的优良作风，学习他们天不怕地不怕的革命精神；第四，学习大寨自力更生、奋发图强的优良传统，学习他们严格要求自己，以整体利益为重，不怕吃亏，能吃大苦、耐大劳、出大力、流大汗的精神和共产主义风格；第五，学习大寨永远向前，并把伟大的革命精神和严格的科学态度相结合的好作风。总之，要把大寨这些精神学到手，必须以大寨的革命精神学习大寨，要经常地学，把它贯穿到日常工作、生产中去。要做到因地制宜，活学活用，学用结合。通过学习，要求达到：树雄心，立大志，以自力更生的精神，奋发图强的决心，改变萧县的贫困面貌，使大寨精神，在萧县开花结果。①

会上，县委书记韩九如批评了自力更生即“吃亏论”和依赖思想，把自力更生与国家必要支持相区分，对自力更生精神进一步补充。这也是萧县县委首次对大寨精神和自力更生进行归纳与总结。②

二、萧县培养大寨式典型

1964 年 12 月，宿县地委在《关于组织今冬明春农业生产新高潮的意

---

① 施道礼：《自力更生奋发图强再接再厉，为做好当前三秋工作、为争取尽快翻身而奋斗——施道礼同志在四级干部会议上的报告》，1964 年 9 月，萧县档案馆馆藏，J001-WS-1964-Y-005-0002。

② 韩九如：《韩九如同志在县委三级干部会议上的总结报告》（记录稿），1964 年 9 月 19 日，萧县档案馆馆藏，J001-WS-1964-Y-005-0002。

见》中提出，今冬明春的农业生产方针是：以社会主义教育运动为动力，以革命的精神，总结丰产经验，开展比学赶帮运动，发扬大寨精神，以农田基本建设和积肥为中心，做好麦田管理、冬耕、保种、保畜等工作。同时，还明确提出："高产的社队，要挖掘潜力，作出继续增产规划；低产和受灾的社队，要作出改变面貌的规划。并认真选出本地区单项的'大寨'或综合性的'大寨'，树立旗帜，开展一个以实现大面积稳产高产，争取明年农业丰收为目标的比学赶帮运动。"① 至此，宿县地委已要求各县委、区委、公社党委有意识地去培养本地区的单项"大寨"或综合性的"大寨"典型。

1965 年 2 月 6 日，萧县四级干部会议召开。会上重点讨论了组织农业生产新高潮问题，学习了"二十三条"，同时强调要实现农业生产任务，要学习大寨，以大寨的革命精神做好各项工作。大搞农田水利基本建设，全面组织和开展比学赶帮运动。"为了促进一九六五年的生产高潮更加深入地开展，各个地区都要有计划、有组织地定期开展比学赶帮活动，积极培养地区的、大面积的、单项的先进丰产典型，广树标兵。在此基础上，开展社与社、队与队，人与人的比学赶帮，开展学先进，比先进，赶先进，帮后进的社会主义劳动竞赛。"②

1965 年 2 月 15 日萧县县委发出《关于认真贯彻中央和省、地委指示，切实抓好面上社会主义教育运动和组织农业生产新高潮的通知》。要求在切实抓好社会主义教育运动的同时，组织好农业生产工作，以大寨为榜样去教育群众，树立奋发图强、自力更生的革命精神和改造自然的顽强意志，开展比学赶帮运动，实现农业增产稳产任务。③2 月 16 日，萧县县委和县人委联合发出《关于组织一九六五年农业生产新高潮的意见》。再

---

① 中共宿县地委：《关于组织今冬明春农业生产新高潮的意见》，1964 年 12 月 23 日，萧县档案馆馆藏，J001-WS-1964-C-003-0017。

② 中共萧县委员会、萧县人民委员会：《关于组织一九六五年农业生产新高潮的意见（初稿）》，1965 年 2 月 6 日，萧县档案馆馆藏，J001-WS-1965-Y-005-0002。

③ 中共萧县县委：《关于认真贯彻中央和省、地委指示，切实抓好面上社会主义教育运动和组织农业生产新高潮的通知》，1965 年 2 月 15 日，萧县档案馆馆藏，J001-WS-1965-Y-003-0006。

次要求学习大寨，以大寨的革命精神，做好各项生产工作。并强调，在各项生产工作中，必须以大寨为榜样，学习大寨人民的彻底革命精神，坚持自力更生的方针，依靠集体经济，去改造自然。为了促进1965年的生产高潮更加深入地开展，各个地区都要有计划、有组织地定期开展比学赶帮活动。要积极培养地区的、大面积的、单项的丰产先进典型，广树标兵，开展社与社、队与队的比学赶帮。①

此时萧县已开始着手培养各区、各公社的农业典型。3月12日，在萧县四级干部会议上，县委书记韩九如作了广播讲话，又在会议闭幕式上作了总结报告。韩九如谈到，大寨彻底改变贫困落后的面貌，成为全国农业生产上的一面标兵旗帜。贯彻党中央自力更生的方针，由穷变富，改变面貌的真理，不仅被山西省大寨大队的经验所证实，还被萧县许多先进单位明显证实。韩九如列举了萧县的一系列先进典型，如粮棉大幅度增产的芋集公社赵庄大队；粮林双丰收的永堌公社夹山套朱庄十队；低产变高产的腰庄公社郝新大队；学大寨，多种经济大发展的徐洼公社；贯彻自力更生实现牲口大发展的赵楼公社彭林大队；生猪超纲要的白土公社费村大队；多灾低产变无灾稳产高产的石林区崔口公社胡楼大队等。②其中赵庄大队，“1964年全大队粮食作物1045亩，总产42.89万斤，平均亩产410.3斤，接近实现纲要指标，棉花753亩，平均亩产皮棉106.1斤，比五七年至六三年平均亩产皮棉58.2斤增产82.4%，为历史上产量最高的一年，提前超额实现了农业发展纲要指标。”③韩九如还强调各地大搞农业科学实验，抓好三田，即样板田、试验田和种子田。从县到队，各地区、各单位都要培养典型，找出自己的样板，让大寨之花盛开在全县各地。④

① 中共萧县县委：《关于组织一九六五年农业生产新高潮的意见》，1965年2月16日，萧县档案馆馆藏，J001-WS-1965-Y-003-0001。

② 中共萧县县委：《广播讲话稿》，1965年3月12日，萧县档案馆馆藏，J001-WS-1965-Y-006-0001。

③ 中共萧县县委：《四干会议材料之一——粮棉并举，两翼齐飞，赵庄大队六四年粮棉双丰收》，1965年3月10日，萧县档案馆馆藏，J001-WS-1965-Y-016-0001。

④ 中共萧县县委：《广播讲话稿》，1965年3月12日，萧县档案馆馆藏，J001-WS-1965-Y-006-0001。

萧县进一步培养农业典型，在全县选出以上六个大队树为标兵。

在 3 月 15 日的总结讲话中，韩九如说："开展比学赶帮运动，是组织农业生产高潮的重要组织形式。首先要选好标兵，树好标兵，我们县里的标兵已经选出来了，他们的经验、方法可以学习。各个区、社也要根据自己地区的情况，把大寨式的社、队树立起来，作为本地区的标兵。"①

1965 年 5 月 22 日，宿县地委书记孟亦奇在宿县地委四级干部会议上，就工作作风和方法，强调各级领导要层层树立样板，大搞样板田。推行样板田，应当领导、群众和技术人员三结合，领导干部认真蹲点，进而不断总结和推广先进经验，将比学赶帮运动进一步开展起来。为进一步打开萧县学大寨局面，8 月 15 日，萧县召开"学毛著、学大寨、学临沂、学启东、彻底改变萧县农业生产面貌动员大会"，邀请了学习毛泽东著作积极分子、县样板田公社有关生产队队长、县样板田工作队干部等人员参加会议，主要任务是介绍和学习外地农业生产先进经验，以制订萧县农业生产的当前规划和长远规划。会上，县政府办公室主任王庆尧作汇报。6 月，王庆尧参加了安徽省组织的农业参观团，前往陕西、山西等省参观学习。在陕西主要学习了关中地区小麦丰产经验，在山西学习了曲沃县杨谈公社的麦棉双丰收和昔阳县大寨大队以及盂县学赶大寨的经验。归途中又学习了河南省新乡各地区改造低洼盐碱地的经验。王庆尧曾在萧县四级干部会议上汇报过。王庆尧把大寨红旗得以飘扬全国归功于大寨抓阶级斗争，进行社会主义革命；听党的话，坚持走社会主义道路；依靠集体力量与穷山恶水作斗争；生产上，每年都有"新套套"；大寨人的高尚品质等。②在动员大会上，他还特别提出要加强农村党支部建设，学习陈永贵

① 韩九如：《韩九如同志在四级干部会议上的总结报告》（记录稿），1965 年 3 月 15 日，萧县档案馆馆藏，J001-WS-1965-Y-006-0003。

② 王庆尧：《王庆尧同志在县委四级干部会议上关于参观大寨等地农业生产情况的汇报》，1965 年 8 月 13 日，萧县档案馆馆藏，J001-WS-1965-Y-017-0003。

带头参加集体生产劳动，进一步把党支部的五个制度[①]建立健全起来，尽快培养无产阶级革命事业接班人。[②]

1965 年 9 月，萧县县委批转了刘套公社和腰庄大队秋种准备情况的报告。县委的批语中说，“搞好秋种，是实现明年午季丰收的重要基础。”“搞好今年的秋种，也是为明年全年生产打基础，关系重大，意义深远，万万不可忽视。”“刘套公社和腰庄大队的秋种准备工作搞得很好。”[③]因受灾影响，萧县不少地区秋种准备工作不平衡。刘套公社在全公社开展以积肥为中心的秋种工作，全社秋种面积达 1.2 万亩，占总耕地面积的 47%；腰庄大队改造涝洼地，大搞台田[④]，全大队种小麦 1800 亩，占集体总耕地面积的 70%。[⑤]

12 月底，县委总结一年来农业生产经验时，肯定了萧县走大寨之路所取得的成绩：兴建了大量小型农田水利工程，疏浚了岱河、龙河、洪碰河和毛河四条干河，对排除内涝起到积极作用，虽发生洪涝灾害，全县粮食总产量仍达到 1 亿 9 千万斤，棉花 630 万斤，油料 183 万斤。同时提出，新的一年要进一步发扬大寨精神，深入开展小型农田水利建设，结合小型水利，改良盐碱地，领导蹲点，办好样板田。[⑥]

---

① 五个制度：（1）组织生活会制度（一月一次支部大会，一次支委会，一次小组会）；（2）党课教育制度；（3）政治思想工作制度；（4）党员联系群众制度；（5）群众监督党员、干部制度。（《大会材料之十：进一步加强农村党支部的建设，充分发挥农村党支部的战斗堡垒作用》，1965 年 8 月 15 日，萧县档案馆馆藏，J001-WS-1965-Y-017-0007。）

② 《大会材料之十：进一步加强农村党支部的建设，充分发挥农村党支部的战斗堡垒作用》，1965 年 8 月 15 日，萧县档案馆馆藏，J001-WS-1965-Y-017-0007。

③ 中共萧县县委：《中共萧县委员会批转刘套公社和腰庄大队秋种准备情况的两个报告材料》，1965 年 9 月 9 日，萧县档案馆馆藏，J001-WS-1965-Y-003-0003。

④ 台田：一种特殊耕作现象，主要分布于黄淮海平原。堆土成台在上耕作，被广泛应用于盐碱地区，挖沟为渠推土耕种，盐碱逐渐下渗而变为良田，沟渠也可放养水生生物，是有效利用土地的方法。

⑤ 中共萧县县委：《中共萧县委员会批转刘套公社和腰庄大队秋种准备情况的两个报告材料》，1965 年 9 月 9 日，萧县档案馆馆藏，J001-WS-1965-Y-003-0003。

⑥ 中共萧县县委：《中共萧县县委关于一九六五年农业生产的初步总结和争取明年增产的几点意见》，1965 年 12 月 23 日，萧县档案馆馆藏，J001-WS-1965-Y-003-0005。

第三章　萧县郭庄成为安徽省农业学大寨运动的典型

第一节　郭庄改碱治地

一、萧县郭庄的气候、土壤及学大寨前的农业生产简况

郭庄所在的萧县属于暖温带大陆性季风气候区。处于北亚热带和暖温带的过渡带，兼有南方和北方的气候特点。冬季受西伯利亚高压控制，盛刮偏北风，气候干冷、雪雨稀少；春季北方高压势力逐渐减退，太平洋副热带高压逐渐增强，气温回暖快，雨水增多，气候多变；夏季受太平洋副热带高压控制，多偏南风，炎热多雨，雨季一般从6月中旬到7月下旬，历时45天左右。秋季太平洋副热带高压衰退，北方冷高压增强，气温降低，雨水减少，常伴有秋旱。一年中总的气候特点是：冬季寒冷，夏季炎热，日照充足，雨量适中，无霜期长，四季分明。①

郭庄地处黄河故道南侧。黄河曾一度是历史上的害河，在下游平原地区多次改道，1949年以前的3000年间，黄河下游决口泛滥至少已有1500余次，较大的改道有近30次，其中最重大的改道有6次。洪水波及的范围，北至海河，南至淮河，有时还越过淮河向南影响苏北地区，纵横25

---

① 萧县地方志编纂委员会主编：《萧县志》，中国人民大学出版社1989年版，第32页。

万平方千米。[①] 淮北平原，黄河故道，地势低洼，黄河夹带的盐碱随水而来，地下盐碱随水而上，加上降雨量小于蒸发量，年久日深，水随汽走，留下盐碱，积聚而成盐碱滩。"安徽淮北地区历史上受黄河南泛的影响，也有盐碱地分布，尤其是 1938 年至 1947 年形成的黄泛区内次生盐碱化的现象十分显著。" [②]

郭庄大队位于黄河故道南侧，地处黄淮平原，离县城 30 里地。由大郭庄、小郭庄和常庄 3 个自然村组成，6 个生产队，包括四个农业队，一个机械、副业队和一个畜牧队。224 户，930 人，1751 亩耕地，盐碱地占 90% 以上。郭庄是历史上出了名的多灾低产、地薄人穷的老碱窝。盐碱地占 90% 以上，大部分地只长野草，有的连野草也不长；只有少数地能长庄稼，粮食产量很低，百姓生活极端困难。当地人用这样的民谣形容郭庄碱地："远看像白墙，近看白茫茫，一阵风吹起，遍地飞雪霜""秃子头，老碱瓢，十种九不苗，种一葫芦收半瓢。" [③] 郭庄 1751 亩土地，少数能长庄稼的地也是低产，粮食亩产不过百斤。大部分地只长观音柳、灰灰菜等。这里有出了名的"北大荒""老盐店""灰菜园""观柳行"。这些名字，反映了郭庄的严重碱荒。1000 斤表土能熬出 13 —14 斤盐碱，部分贫苦农民以扫硝淋碱熬制小盐谋生。

盐碱地形成原因：第一，由于黄泛沉积，在土壤母质和地下水中带来了一定的可溶性盐分。郭庄地势低洼，排水不畅，地下水位偏高（距离地表不过 2 米），盐分很容易随水上升积聚地表。第二，从气候上，郭庄的平均年降水量为 872.1 毫米，蒸发量为 1874.6 毫米，蒸发量超出降水量一倍以上，而且雨量分布很不均匀，主要集中在 6 —8 月，这三个月降水量占总降水量的 50%—60%，存在明显的干湿季节。春季蒸发量为 587.5 毫米，是同期降水量 152.2 毫米近四倍；冬季蒸发量为 186 毫米，是同期

① 葛剑雄、左鹏：《黄河》，江苏教育出版社 2006 年，第 43 页。
② 葛剑雄、左鹏：《黄河》，江苏教育出版社 2006 年，第 75 页。
③ 郭庄大队：《郭庄十年（送审稿）》，萧县党史办收藏资料，第 2 页。

降水量 45.1 毫米的四倍多。因而冬春少雨干燥，返盐重。[①]第三，从土壤条件上，郭庄的土壤质地疏松，有利于毛管水上升，但水体中有一层黏土层，影响了天然降雨和灌溉水的淋盐作用，积聚而成白花花的盐碱滩。盐碱地粮食产量低，郭庄农民的生活非常困苦，郭庄有“三多”：逃荒要饭的多，打长工短工的多，做小生意的多。这三种人占全大队劳动力的 60% 以上。[②]外村有顺口溜：“郭庄郭庄，一穷二光；地是盐碱，不收棉粮；冬无房住，夏无衣裳；年年累弯腰，吃糠菜稀汤；青年无妻，老年更遭殃；走投无路，讨饭离乡。”[③]临解放时，在郭庄贫下中农 30 岁以上的男人中，每 4 人中就有 1 人是娶不起老婆的“光汉条”（光棍）。

1951 年，郭庄进行了土改。1952 年，便开始了农业合作化，成立了 6 个互助组。“1952 年郭庄粮食亩产 123 斤，棉花亩产 13 斤。”[④]1953 年 12 月 16 日，中共中央正式通过《中共中央关于发展农业生产合作社的决议》。郭庄开始着手筹建初级社。为此，郭庄村主任崔公权前往乡政府申请建社，但乡干部特别强调要有“三员”（共产党员、共青团员和记工员）才能批准。但郭庄缺少识文断字的读书人，找不到记工员，此事便搁置下来。

1955 年夏天，15 岁的郭宏杰高小毕业回村，参加农业生产。崔公权立即邀请郭宏杰担任初级社的记工员，初级社由此正式建立。半年后，尚未待午季分红结束，郭庄便和邻近四个村庄成立全乡第一个高级农业生产合作社，郭宏杰被推为会计。高级社成立后，各村庄投入改碱工作，有牛有犁劳动力强的孙田熏不愿入社。郭宏杰做他的思想工作：“你现在这十几亩蛤蟆尿尿就要淹的老碱地，靠你单门独户能把碱治好，能开沟挖河不

---

① 郭庄大队：《郭庄大队盐碱地的改良和利用情况介绍提纲》，时间不详，萧县档案馆馆藏，全宗号 62，目录号 1-1，永久，案卷号 04。

② 萧县瓦口公社郭庄大队生产领导小组：《我们是怎样活学活用毛主席著作改变落后面貌的？》，1968 年 3 月 24 日，萧县档案馆馆藏，全宗号 62，目录号 1-1，永久，案卷号 01。

③ 郭庄大队：《晁吉楚同志的发言稿》，萧县档案馆馆藏，1966 年 3 月 20 日，全宗号 62，目录号 1-1，永久，案卷号 01。

④ 郭庄大队：《郭庄十年》，萧县档案馆馆藏，时间不详，全宗号 62，目录号 1-1，永久，案卷号 06。

怕淹，能吃穿不愁步步高？现在党和毛主席给我们指出了共同富裕的阳关道，我们还能死守自己的独木桥？”[①] 孙田熏被郭宏杰说服了，同意加入高级社。此后，郭宏杰开始在群众中有一定的影响力。

1957 年，农村掀起一股“退社”风潮。针对郭庄村民的闹退社现象，崔公权和郭宏杰主要采取了批评相关群众的方式予以平息。1958 年春，经崔公权介绍，郭宏杰加入中国共产党。入党数月后，郭宏杰开始担任郭庄大队党支部书记，并带领干部社员扫碱、刮碱，大搞农田基本建设。1958 年开挖了长 20 里、宽 60 米的北运河，还在队里修建 3 条大渠、5 口大塘和多条小沟，修筑台田 400 亩，深翻土地 250 亩，改种水稻 40 亩。[②] 该年郭庄大队棉、粮产量均获丰收。

1963 年，郭庄遭受了罕见的涝灾。郭东队 1963 年 3 个月内死了 3 头牛，种的高粱连头遍都未锄，产量一直很低。郭东队吃国家供应粮食 186,000 斤，每人合 270 斤，各种生活费 22,000 元，每人合 32 元。郭庄外流的人很多，外流洛阳的就有 52 人，郭西队一个队外流讨饭的就有 45 人。[③]

1964 年是郭庄大队解放之后收成较好的一年，但粮食亩产只有 126 斤，总产量 146,000 斤，棉花亩产皮棉 31 斤。农民挨饿、逃荒要饭，吃粮靠国家供应，穿衣、花钱也靠国家发，所以社员没有盼头，没有生产积极性。干部也畏难，干部和党员有的全家外流。[④]

二、郭庄学大寨的起步与郭宏杰政治生涯的开启

20 世纪 60 年代初萧县在“责任田”短暂推行后被废止和 1963 年的严重洪涝灾害共同影响下，郭庄的农业生产力遭到破坏，土地反碱，河

---

① 郭庄大队：《郭庄十年（修改稿）》，1975 年 7 月，萧县档案馆馆藏，全宗号 62，目录号 1-1，永久，案卷号 07。

② 郭庄大队：《郭庄十年（修改稿）》，1975 年 7 月，萧县档案馆馆藏，全宗号 62，目录号 1-1，永久，案卷号 07。

③ 《晁吉楚同志的发言稿》，《郭庄大队元月—12 月文件》，郭庄大队 1966 年永久卷。全宗号 62，目录号 1-1，案卷号 1。

④ 《晁吉楚同志的发言稿》，《郭庄大队元月—12 月文件》，郭庄大队 1966 年永久卷。全宗号 62，目录号 1-1，案卷号 1。

道淤塞，粮食大幅减产。1964 年 5 月萧县四级干部会议上发出“学大寨”指示后，郭庄积极响应。此时的郭宏杰正在其他公社担任管委会副主任兼一个大队党支部书记，郭庄大队党支部由另一位青年党员负责。该青年党员因领导群众实行“责任田”，在“责任田”被否定后遭到批斗。社员们认为要学大寨，必须有一个好的带头人。大家不约而同想到郭宏杰，有人说：“我看宏杰算一分子。他年轻有为，一颗心放在咱全体社员身上。他对郭庄人熟地熟。回来了准管！”大家认为郭宏杰办事认真、公正、虚心好学，在附近社队威望高，是大伙信得过的贴心人。随后，郭庄村民晁应堂被推举为代表，前去郭宏杰工作的公社请他回郭庄领导大家学大寨。郭宏由代表郭庄第二次去请，晁应堂又去一次，三顾茅庐请郭宏杰回郭庄工作。

1964 年 10 月，郭宏杰重回郭庄，担任大队党支部书记。为了解情况，郭宏杰走遍整个大队。与社员交谈时，有社员反映：“庄稼无人收，麦子无人种，粪肥无人送。评工计分、劳动定额都早已取消了，干不干，一样看，还有啥的积极性？”[①] 郭宏杰召开支委会进行讨论，最终通过两项举措：第一，为调动社员集体生产积极性，恢复劳动定额，坚持评工计分，重新分发工分卡；第二，为发展集体生产，收回多占的自留地和私人在大田里的开荒地，收回被私分掉的集体苇子坑。

但针对收回自留地和开荒地的举措，群众多持观望态度。甚至郭宏杰的父亲都不支持。郭宏杰的父亲在集体荒芜了的大田里开了一亩多荒地，种的庄稼长势极好。能否把父亲的荒地收回来是这项工作能否开展下去的关键。郭宏杰先和父亲商量，请父亲支持自己的工作。没谈到具体事情时，老人家满口应承一定支持儿子的工作。但具体说到收回全大队社员开垦的 100 多亩荒地时，老人家说：“只要有人种，能收粮，谁种不一样？”郭宏杰说：“不一样，一个收归集体，每人有份；一个收归个人，有劳力的能发家致富，没劳动力的得挨饿。这走的是两条不同的路呀！”老人虽

① 郭庄大队：《郭庄十年（修改稿）》，1975 年 7 月，萧县档案馆馆藏，全宗号 62，目录号 1-1，永久，案卷号 07。

然觉得儿子说的有道理，但还是舍不得那亩把麦子，“等午收后再交吧”。最后郭宏杰趁父亲不在家时强行把即将成熟的麦子犁掉，收回了父亲的开荒地。这样，收回自留地、开荒地、苇子坑的工作才取得了一些进展。

党支部领导成员间对大队的工作意见不一致，影响工作效率。为统一认识，郭宏杰与支部委员郭宏哲一道前往当时被认为情况较复杂、生产较落后的常庄生产队蹲点，学习其斗争经验。经过蹲点，郭宏杰在支委会上提出在党内开展小整风以统一思想的建议。在 7 名支委中（除郭宏杰外），以郭宏哲为首的 3 名支委赞成，以原党支部书记为首的 3 名支委反对，争论激烈。最终统一意见：向上级党委请示。郭宏杰与原大队书记先后向区委负责人汇报情况。原大队书记说：“去年大水灾，颗粒无收，靠国家拨了十万斤粮食，才度过了灾荒；今年有了一个较好的收成，但社员生活还很苦，现在应当快马加鞭，抓紧冬修冬耕，以夺取明年更大的丰收。”[①] 郭宏杰说：“不抓整风，有些人走到邪路上去了，怎么抓生产？要马马虎虎抓生产，可以不整风；要认认真真抓生产，非搞整风不可！”[②] 最终，区委书记驳回了郭宏杰要求整风的意见。但郭宏杰得到了曾在郭庄蹲点的区委组织部长纵封元的支持，坚持召开了党支部整风会。经过整风，查出原党支部书记犯有严重错误。此后，郭宏杰才真正掌握了郭庄大队党支部领导权。整风会结束后，经区委批准，对党支部委员会进行改选，组成了以郭宏杰为首的党支部领导班子。新支部成立后，制定了两项规划。一是开展群众性学习毛泽东著作运动，用毛泽东思想教育人；二是改碱治地的十年远景规划，提出三年苦干、三年积累和三年建设的设想。

新支部又开展了一场围绕“郭庄向何处去”的大辩论，其核心辩题是走社会主义道路或资本主义道路问题，为期 15 天。在辩论过程中，组织学习了《为人民服务》《纪念白求恩》《愚公移山》等毛泽东著作以及《大寨之路》，还广泛开展了忆、查、比活动。“忆”即忆村史、家史，忆阶

---

① 郭庄大队：《郭庄十年（修改稿）》，1975 年 7 月，萧县档案馆馆藏，全宗号 62，目录号 1-1，永久，案卷号 07。

② 郭庄大队：《郭庄十年（修改稿）》，1975 年 7 月，萧县档案馆馆藏，全宗号 62，目录号 1-1，永久，案卷号 07。

级苦、民族恨，忆新中国成立后两条路线斗争史，忆共产党和毛泽东对贫下中农的关怀；“查”即查各时期阶级敌人，查修正主义路线，查自己的思想和行动；“比”即进行两种社会制度、两条道路和两条路线的对比。8位老贫农在会上诉了苦。群众性的大辩论连续进行了15天，很多长期不能解决的问题迎刃而解。部分干部、群众多占的开荒地和私分的苇子坑，在一夜之间全部还给了集体。少数热心做小生意、干私活，不愿意参加集体生产的人，纷纷在群众会上进行自我批评。①

经此一场，社员统一了观点：“农业学大寨，变碱地为良田，变低产为高产，是‘咱人老八辈子’②的愿望，咱就赶快动手吧！”③至此，真正开启了郭庄学大寨的道路。

三、十年“改碱治地”规划的实施及成效

农业学大寨运动开始后，郭宏杰调任郭庄大队党支部书记，在当时的历史条件下，他大抓阶级斗争，改组大队领导班子，批判原领导班子抓阶级斗争不力以及对小生产小私有尤其是对“责任田”的放任，强迫社员交出自留田和荒坑苇地，制定了十年“改碱治地”规划，提出“三年苦干，三年积累，三年建设的设想。”

十年“改碱治地”规划的实施措施，是狠抓阶级斗争，以大批判开路的。

郭庄的“改碱治地”规划刚实施时，遭到了区里反对。区委书记孙德营公开指责郭宏杰不按区委指示办事，乱搞花样，说什么“这样搞下去要把社员搞垮。”去大寨参观回来的副书记也到郭庄泼冷水。他拿出一小把红土和一个玉米棒说：“大寨在山窝，你们在平原，学啥大寨？人家是面揉土，你们是碱疙瘩，你们能长出这样大的玉米棒？拿啥学大寨？快收

---

① 郭庄大队：《郭庄十年（送审稿）》，1974年3月，萧县档案馆馆藏，全宗号62，目录号1-1，永久，案卷号07。

② 人老八辈子：当地土语，意思是好多代人。

③ 郭庄大队：《郭庄十年（送审稿）》，1974年3月，萧县档案馆馆藏，全宗号62，目录号1-1，永久，案卷号07。

家伙吧，不要胡摆弄了。”一些原来对改碱缺乏信心的社员，这时也活跃起来，说什么：“碱有根，盐有源，治不了，改不完。”有的说：“命中七尺，难得一丈，生就的穷命富不了，癞蛤蟆想吃天鹅肉，心高妄想。”①

面对上级的指责和部分群众的退却，郭宏杰组织干部群众学习《中国社会各阶级的分析》和《愚公移山》等毛泽东著作，学习大寨战天斗地改造山区的奋斗事迹。用毛泽东思想引导大家正确认识大寨精神，同时批评了反对改碱治地的社员的“不能改碱”的“宿命论”，也教育了有保守思想的人，进一步坚定了广大社员改碱治地的信心。有的社员表示：“愚公能移山，大寨能治山，咱们就能改碱！”②

1965年春节刚过，郭庄的社员就扛起锄头开始了“改碱治地”的尝试。根据党支部改碱规划，第一步：采取剥皮换土的办法，把表面的碱土刮掉、运走，垫上一层沟塘泥，以使碱地立苗，增加粮棉收入。全大队组成6个突击队，18个战斗组，在盐碱地摆开战场。郭庄人顶朔风，冒严寒，坚持每天早晨四点半下地，天黑透才收工，下决心给老碱窝扒一层皮，换一层土。碱土冻得铁硬，扫帚扫不掉，便用锄头刮，锹锹挖，镢头劈。铲掉的碱土再用小车运走，筐不够，车太少，社员们便用篮子、笆斗、簸箕、口袋等工具搬运，小孩们甚至用瓦罐、瓷盆和牛笼嘴装土。不少社员手裂开了，肩磨破了，脚变肿了，脸冻紫了，仍坚持劳动参加。青年们组织突击队，砸开北运河的厚冰，脱掉棉袄，卷起裤管，赤脚下去甩河泥。一边甩，一边唱：“革命青年志如钢，破冰下河不觉凉。挖运河泥铺满田，誓教碱窝变粮仓。”③

群众积极性高，剥皮换土工程进展很快。但到3月青黄不接时，社员生活出现困难，部分农户开始断粮。加之春耕春种迫在眉睫，队里无资金，畜力不足，肥料又少，农具残缺不全。部分干部和社员产生畏难

① 郭庄大队：《郭庄十年（底稿）》，1975年7月，萧县档案馆馆藏，全宗号62，目录号1-1，永久，案卷号07。

② 郭庄大队：《郭庄十年（送审稿）》，1974年3月，萧县档案馆馆藏，全宗号62，目录号1-1，永久，案卷号07。

③ 郭庄大队：《郭庄十年（送审稿）》，1974年3月，萧县档案馆馆藏，全宗号62，目录号1-1，永久，案卷号07。

情绪。公社党委了解情况后，决定拨给郭庄 8000 斤救济粮、3000 元救济款。郭宏杰认为拿国家救济可能会挫伤干部社员自力更生、艰苦奋斗的劲头。在支委会上郭宏杰将自己的想法提了出来，经讨论统一意见：不依赖国家，自力更生战胜春荒。支委会结束后，支部委员分别到各生产队做思想工作，大讲不要国家救济的好处，组织学习毛泽东“自力更生”的教导，学习大寨人在严重自然灾害面前不向国家要钱、不向国家要粮、不向国家要物资的“三不要”精神。在社员大会上，群众很受震撼，开始争着投资、投粮，筹集到了几千元。散会后，社员又自立洪炉[①]修制农具；自砍柳条编补大筐；发动群众割草到集市上换苘麻，自己搓绳。郭庄人学习大寨自力更生的精神，春荒问题得以解决。

扫碱换土工程完成后，面临第二项任务：增施肥料。郭庄的庄稼地土壤板结严重，需施用大量肥料，使庄稼更好地立苗、保苗。但队里资金根本无法支撑。于是，党支部决定，组织劳力四处拾粪，自力更生解决肥料，群众发扬战天斗地的革命精神，起早贪黑，串村走集。为积更多的肥料，党支部采取群众性突击拾粪和专业队常年拾粪相结合的办法。比如，春节期间，郭庄人放弃串门走亲戚，全体出勤拾粪；“四夏”“三秋”季，把能放在晚上做的农活调整到晚上，白天拾粪，女劳动力能干的安排给女劳动力，男劳动力出去拾粪，仅拾粪一项，每年可积肥 100 多万斤。与此同时，安排庄稼老把式们带领社员垫牛铺，出猪圈，挖河泥，搞垩撒，积造和沤制大量肥料。[②]

经 1964 年冬和 1965 年春的苦干，郭庄的全部老碱地被剥去一层皮，换上一层土。庄稼长势很旺。但好景不长，7 月 5 日起，郭庄连降几场暴雨，红芋、豆子、高粱和即将成熟的玉米皆被淹没，村庄被雨水围困，社员房屋或倒塌或漏水。区委组织部长纵封元提出，支援郭庄一些粮食和钱。郭宏杰予以拒绝，并再次开展“忆、比、查”活动，统一社员思想：越是困难越是要发扬大寨精神。郭宏杰带领大家一面抗洪排涝，一面帮助

---

① 洪炉：即大火炉。

② 郭庄大队：《郭庄十年（送审稿）》，1974 年 3 月，萧县档案馆馆藏，全宗号 62，目录号 1-1，永久，案卷号 07。

社员安排生活。经过 20 多天的努力，战胜了洪涝灾害。又遇八级大风和冰雹，不少庄稼被打歪、打断，郭庄干部社员待冰雹一停就下地扶庄稼，用小木条撬，手指抠。庄稼扶起后，需追肥提苗。郭庄继续发扬自力更生精神，不向国家要支援，干部社员投资 1300 多元买追肥。

1965 年郭庄大队发扬大寨精神，与盐碱、旱涝、风雹斗，取得丰收。该年郭庄粮食亩产达 133 斤，比风调雨顺的 1964 年增产近一成。为响应“以丰补歉”的号召，郭庄主动向瓦房大队送去 3000 斤超产粮，同时向国家出售粮食 1 万斤。①

1965 年，三秋之后又开始了新一轮的“改碱治地”。

郭庄在 1965 年抗灾改碱获得较好收成的基础上，更加坚定了“改碱治地”的信心和决心。

在完成剥皮换土工作后，郭庄进行台、条田压碱工作。所谓台、条田压碱，即在地里每隔 20 —25 米距离，四边挖一条 1 米宽、1 米深的沟淋碱；把挖出来的新土覆盖在原来的碱地上，一下雨，盐碱便随水冲走了。该工程由生产队和战斗组分片包干。经过 1965 年冬和 1966 年春的苦干，全大队共修筑台田、条田 200 多亩，为日后的“改碱治地”打下了坚实的基础。②

干部带头是郭庄“改碱治地”学大寨的具体体现。

1966 年冬天的一个风雪夜，一夜大雪，第二天清早开门一看，大雪纷纷扬扬还在下，对面看不见人。社员们都问：“今天还下地改碱吗？”当有人到村头一望，地里已经有人，浑身是雪，像个雪人，村民仔细看才认出是郭宏杰。随即，6 个突击队和 18 个战斗组也下地治碱了。

大队副书记郭宏哲发现隔离层的事件也是干部带头参加集体劳动的典型。

郭宏哲是个生产能手，挖台田、条田时，到哪儿他都是个劳动冒尖儿

① 郭庄大队：《郭庄十年（修改稿）》，1975 年 7 月，萧县档案馆馆藏，全宗号 62，目录号 1-1，永久，案卷号 07。

② 郭庄大队：《郭庄十年（送审稿）》，1974 年 3 月，萧县档案馆馆藏，全宗号 62，目录号 1-1，永久，案卷号 07。

的，挖得又快又深。别人一天挖两方土，他能挖两方半到三方。一般的深挖一米就不挖了，他却还向下深挖。在深挖时挖出了一块四四方方的一二十斤重的石块。仔细看，这个大石块和别的不一样，又硬又粘。继续往下挖，是松松的泥土。经研究发现，这层既粘又硬的土是个隔离层。隔离层阻隔了雨水淋下的碱下渗，砸掉这层土，盐碱便会渗透地底。由此郭庄找到了老盐店容易返碱的原因。党支部决定，为更好改碱，打破隔离层。全大队 1,585 亩碱地，挨排挨块深翻 3 尺，相当于建一条长达 950 公里的 1 米高、1 米宽的长堤。工程量很大。为发动社员，郭宏杰组织社员学习大寨人三战狼窝掌的事迹，群众听说发现了隔离层，找到了进一步治碱的钥匙了，改碱治地的热情再次被点燃。随即大队党支部作出全面深翻窖碱的决定。新的改碱治地的战斗开始了。①

郭宏杰天不亮就带领全体大队干部下地，每个支部委员、大队干部分片包干，一定要征服黏土层。青年突击队、基干民兵、铁姑娘队等全大队的男女老少都去了盐碱店。

在“小雨小雪不停工，天寒地冻照样干；大寨道路阔步走，誓将郭庄展新貌”②战斗口号下，郭庄开启改碱治地中最艰巨的一战：深翻窖碱。郭庄从七八岁的娃娃到七八十岁的老人皆整口在田间劳作。铁姑娘队是大战老盐店中最亮眼的一群，共 32 个姑娘。年龄最大的陈彩霞才 18 岁，最小的是郭宏杰的妹妹郭淑兰刚刚 15 岁。17 岁的铁姑娘队长郭淑英带领青年突击队，始终劳作在改碱治地最苦最重的地方。寒冬腊月里，刚进老盐店时，谁都觉得寒气袭人，可没干一会儿，“小袄都已汗透，脱下扔在翻开的冻土上，一会儿便冻得嘣嘣响。”③随着深翻窖碱群众运动的深入发展，郭庄大队的干部与社员间、生产队与生产队间、突击队与突击队和战

① 郭庄大队：《郭庄十年（送审稿）》，1974 年 3 月，萧县档案馆馆藏，全宗号 62，目录号 1-1，永久，案卷号 07。

② 《淮北平原农业学大寨一面红旗——萧县郭庄大队自力更生改碱治水的调查报告》，1970 年 5 月，萧县档案馆馆藏，全宗号 62，目录号 1-1，永久，案卷号 02。

③ 访谈王淑贞的内容。王淑贞：女，68 岁，现居安徽省宿州市，1971 年 9 月至 1974 年 10 月，先于郭庄接待站任接待员，后又调至郭庄接待站所属的郭庄展览馆任讲解员。采访时间、地点：2020 年 8 月 22 日于皖煤大酒店。

斗组与战斗组间展开了一场竞赛。部分社队甚至昼夜不离碱地，挑灯夜战。为保证改碱治地的持久性，党支部明确规定：收工不得晚于9点，出工不得早于4点。深翻窨碱运动不仅面临恶劣的气候条件，还面临物质条件上的困难。劳作一天后，每个生产队皆折损、毁坏大批农具。郭庄再次发扬自力更生精神，自修自打农具，自己搓绳系子。工具的修理、制造供不应求时，人们便徒手进行劳动。镢头折了，用棒撬；铁锹卷口，用手扒。

碱地深翻后，又面临新的问题。地里的碱土被一层层挖走，深翻过的土地崎岖不平，新翻上来的土地都是生砂土，如不进行改良，肯定不利于农作物生长。党支部决定：第一，抽调一部分劳力，平整土地并到北运河湾拉红土（淤土）掺和在深翻过的土地上，把盐碱地变成砂淤两合土；第二，抬村里的筑土。64岁的老大娘刘世侠从10里外的女儿家回郭庄时，背回一篮子红土，倒在深翻过的碱地上。①刘世侠的事迹被总结为"一篮红土"精神，号召大家发扬这"一篮红土"精神。干部、社员都行动起来了：有的翻山挖运红土；有的开冰河挖塘泥；有的四处拾粪积肥，施在深翻过的土地上，与生土犁在一起，形成了很好的活土层。

郭庄大队北、西、南三面地势高，大雨后积水又无法从正东方向迅速排泄出去。因此，农作物常被淹死或渍死。为增强抗击洪涝灾害的能力，在水利方面，郭庄积极进行农田水利建设，"共挖大、中、小排水沟13条，填平洼坑1处，洼地7处，总工程土方18万立方。"②

经过三个冬春四个年头的苦干，采取剥皮换土、台条田压碱、深翻窨碱、综合治理等办法，投工7万多人次，终于把1585亩盐碱地全部改造一遍，初步改造成高产稳产的良田，且达到沟渠配套、水流畅通的效果。在连续降雨达到200—300毫米的情况下，保证不受涝。从1966年到1968年，郭庄的粮棉产量亦稳步提升。1966年，改碱第二年，粮食

---

① 《淮北平原农业学大寨一面红旗——萧县郭庄大队自力更生改碱治水的调查报告》，1970年5月，萧县档案馆馆藏，全宗号62，目录号1-1，永久，案卷号02。

② 萧县瓦口公社郭庄大队生产领导小组：《我们是怎样活学活用毛主席著作改变落后面貌的？》，1968年3月24日，萧县档案馆馆藏，全宗号62，目录号1-1，永久，案卷号01。

平均单产335斤，总产量34万斤，比1965年增产125%；棉花单产60.7斤，比1965年增产95%；1967年，改碱第三年，粮食平均单产445斤，总产47万斤，较1966年增产32.8%；棉花单产70斤，较1966年增产11.4%；1968年，改碱第四年，粮食平均亩产502斤，总产47万7000斤，较上年增产12.8%；棉花单产突破百斤达104斤，较1965年增长3.3倍。这一年，郭庄大队的棉粮产量均超了《纲要》。①

第二节　郭庄成为安徽省农业学大寨典型的过程

一、郭庄学大寨在萧县崭露头角

1966年1月8日，萧县县委为进一步动员群众学大寨，编写了一份宣传讲话提纲，题目为《高举毛泽东思想伟大红旗，发扬实干、穷干、苦干、巧干的革命精神，为彻底改变我县多灾低产面貌而奋斗》。宣传稿提出改变多灾低产困境，必须打破三种不良思想：听天由命，无所作为思想；单纯依赖思想；怕苦、怕难、干劲不足的懒惰思想。进而树立三种思想：敢于改天换地的雄心壮志，发扬自力更生思想，树立实干穷干、苦干、巧干的革命干劲和坚持不懈的革命毅力。其动力来源在突出政治，以政治促生产，突出政治根本在于突出毛泽东思想。萧县农业学大寨运动已进行了一段时日，并出现了一批先进社队，如腰庄公社郝新庄大队、郭庄公社郑腰庄大队等，但郭庄大队仍不见踪影。

1月27日，萧县第一届贫下中农和农业先进集体代表会议召开。这次会议围绕"改变萧县多灾低产面貌，建设社会主义新农村"展开，成立了萧县贫下中农协会筹备委员会。鉴于李楼、大蔡庄等"大寨式的农业先进单位，已在我县各地萌芽"，为进一步发动干部群众学习大寨精神，立大寨志，做大寨人，走大寨路，树立自力更生精神，县委提出：学大寨精

---

① 郭庄大队：《郭庄十年（修改稿）》，1975年7月，萧县档案馆馆藏，全宗号62，目录号1-1，永久，案卷号07。

神，赶砀山产量，赶砀山贡献，到1970年全县粮棉产量超《纲要》。并向全县人民发出四点倡议：大学毛主席著作；大抓增产关键措施；大力发展多种经营；积极向国家贡献粮食。①

此次会议上，郭庄大队首次在萧县干群面前公开亮相。郭庄大队与杨庄大队、褚洼东队、李台大队第一生产队、刘端庄大队一同被选为“发扬自力更生精神，实现自身发展”的典型。其中，将郭庄大队与瓦房大队进行比较，形成了题为《为什么条件差，收入好？条件好，收入少？》的对比材料。瓦房大队生产条件较好，耕地2,121亩，多数为沙质土壤；郭庄大队生产条件较差，耕地1,751亩，低洼盐碱地占80%以上。②多年来，瓦房大队的农业产量多高于郭庄。自从1964年郭庄大队干群在大寨精神的鼓舞下，狠抓生产措施，情形便发生明显改变。1965年，“郭庄大队午收粮食作物单产七十三斤，瓦房大队单产只有七十斤；郭庄大队秋收粮食作物单产九十八斤，瓦房大队却比郭庄大队减产百分之二点一。”③此时，郭庄已经成为萧县条件差，农业增产的典型，同时也已初步具备推选为宿县专区学大寨典型的潜力。

二、宿县专区“学大寨、赶郭庄”

“文化大革命”中，郭庄的农业生产并没有停止，改碱治地继续进行，并且发现了返碱的原因——隔离层，使改碱治地工作上了一个新台阶。1966年至1968年，粮棉产量稳步提高。因此郭庄的声望在提高。同时，安徽省的农业学大寨运动在发展。

1968年1月，安徽省农业会议召开，省革委会副主任娄学政在讲话中强调：“大寨是以毛泽东思想挂帅，进行社会主义革命与社会主义建设的典范。是全国农民的方向和道路。近几年来，我省已涌现出一批大

① 中共萧县县委：《倡议书》，1966年2月6日，萧县档案馆馆藏，J001-WS-1966-Y-008-0004。

② 中共萧县县委：《大会文件之四：印发关于五个典型对比材料的通知》，1966年1月26日，萧县档案馆馆藏，J001-WS-1966-Y-009-0004。

③ 中共萧县县委：《大会文件之四：印发关于五个典型对比材料的通知》，1966年1月26日，萧县档案馆馆藏，J001-WS-1966-Y-009-0004。

寨式的先进单位，各地要以这些单位为榜样，进一步开展农业学大寨的运动。”①

3月13日，安徽省农业学大寨政治工作会议召开。李德生、宋佩璋、娄学政、梁祚荣等省领导人接见了全体代表。梁祚荣在总结报告中指出："农业学不学大寨，决不单是一个认识问题，而是忠不忠于毛主席，忠不忠于毛泽东思想，忠不忠于毛主席的无产阶级革命路线，执不执行最高指示，突出不突出无产阶级政治，走不走社会主义道路的重大政治问题。”②此时，大寨精神亦发生了变化，除“自力更生、艰苦奋斗精神、爱国家和爱集体的共产主义风格”之外，又增加了“大寨人高举毛泽东思想伟大红旗，突出无产阶级政治；大寨人狠抓阶级斗争和两条路线斗争，深入进行阶级教育；大寨的劳动管理经验”的重要内容。③会议明确要求“各级都要组织力量，深入社队，宣传毛泽东思想，培养和树立本地区大寨式的样板。”④4月4日，《新安徽报》以《永远忠于毛主席，坚持贯彻“农业学大寨”的伟大指示——把毛主席亲自树立的大寨红旗插遍全省》为题对会议进行了报道。

8月9日，宿县专区召开抓革命促生产会议，贯彻安徽省农业学大寨政治工作会议精神。会议决定，从8月下旬开始，分批分期组织全省县、区、公社革委会、大队生产领导小组负责人到山西省大寨举办“农业学大寨”毛泽东思想学习班，同时，各级都要树立和培养本地区大寨式样

---

① 中共安徽省委:《娄学政同志在全省农业会议上的讲话》，1968年1月12日，萧县档案馆馆藏，全宗号14，目录号1-2，长期，案卷号03。

② 中共安徽省委:《高举毛泽东思想伟大红旗，坚决贯彻毛主席“农业学大寨”的伟大指示，把我省农村办成红彤彤的毛泽东思想大学校——梁祚荣同志在全省农业学大寨政治工作会议上的总结报告》，1968年3月31日，萧县档案馆馆藏，全宗号14，目录号1-2，长期，案卷号03。

③ 《把毛主席亲自树立的大寨红旗插遍全省》，《新安徽报》1968年4月4日，第1版。

④ 中共安徽省委:《高举毛泽东思想伟大红旗，坚决贯彻毛主席“农业学大寨”的伟大指示，把我省农村办成红彤彤的毛泽东思想大学校——梁祚荣同志在全省农业学大寨政治工作会议上的总结报告》，1968年3月31日，萧县档案馆馆藏，全宗号14，目录号1-2，长期，案卷号03。

板，“高举毛泽东思想伟大红旗，突出无产阶级政治，促进人的思想革命化，自力更生，奋发图强，以愚公移山的精神，把我区建设成大寨式的新农村。”①

因学大寨改造盐碱地于1968年实现粮、棉超《纲要》，已在地方上有一定影响的郭庄大队引起了宿县专区的注意。11月，宿县专区召开首届“活学活用毛泽东思想积极分子代表大会”，郭庄大队出席并作了题为《毛主席的革命路线指引我们郭庄大队前进》的发言。发言简要介绍了新中国成立前的郭庄，以及1964年起在郭宏杰的带领下，郭庄干部群众紧跟毛泽东的革命路线，发扬大寨精神改碱治地，将1,585亩盐碱地全部改造成高产稳产的良田，使得郭庄的粮棉亩产逐年稳步上升的事迹。并且介绍了郭庄大队紧跟大寨脚步，收回了干部社员自留田，实行了以大队为基本核算单位的情况。②郭庄大队由此引起了宿县专区领导人的关注。

1969年3月15日，中共中央下发《关于迅速掀起春季生产新高潮的通知》。共六点内容，其中第四条明确要求：“各级革命委员会要抓典型，树样板，结合本地具体情况，因地制宜，做到省省、县县都有自己的大寨。”③安徽省、宿县地区加快了树立学大寨典型的步伐。3月19日，安徽省召开“乘胜前进，狠抓革命，猛促生产，以优异成绩迎接‘九大’”广播大会。会上，省革委会副主任宋佩璋谈到当时形势时，说“大寨式的集体正在不断涌现，曾被毛主席誉为‘这是一个组织起来抵抗灾荒的生动例子’的繁昌县农庄大队、利辛县柳西大队和萧县郭庄大队，始终牢记毛主席的教导，坚持走社会主义道路，学大寨人，走大寨路。摘掉了低产落后的帽子。就连寸草不生的低洼盐碱地也被他们改造成高产田。”④郭庄

① 中共宿县地委：《高举毛泽东思想伟大红旗，紧跟毛主席的伟大战略部署，夺取无产阶级“文化大革命”的全面胜利——谢恩同志在宿县专区抓革命促生产会议上的总结》，1968年8月21日，萧县档案馆馆藏，全宗号14，目录号1-2，长期，案卷号06。

② 萧县瓦口公社郭庄大队领导小组：《毛主席的革命路线指引我们郭庄大队前进》1968年11月，萧县档案馆馆藏，全宗号62，目录号1-1，长期，案卷号01。

③ 中共中央：《关于迅速掀起春季生产新高潮的通知》，1969年3月15日，萧县档案馆馆藏，全宗号14，目录号1-2，长期，案卷号01。

④ 中共安徽省委：《宋佩璋同志在三月十九日广播大会上的讲话》，1968年3月20日，萧县档案馆馆藏，全宗号14，目录号1-2，长期，案卷号03。

大队受到了安徽省级领导的关注。

省级领导人对郭庄的关注，促使宿县专区尽快把郭庄推出来。

随后，宿县专区革委会和萧县革委会派出联合调查组，对郭庄情况进行实地考察。4 月 1 日，调查组完成对郭庄大队的调查，并写出了题为《郭庄大队在毛泽东思想指引下胜利前进》的调查报告。《调查报告》首先概述了郭庄在“文化大革命”以来学大寨的简况，核心是突出政治和狠抓阶级斗争。郭庄学大寨以来的变化也是在“两个阶级、两条道路、两条路线激烈斗争中茁壮成长的。”“有了毛主席，才有了今天的郭庄；有了毛泽东思想，才有了郭庄的新气象；有了毛主席的无产阶级革命路线，才使郭庄大队前进的道路越走越宽广。”[①]《调查报告》主体内容分为三个部分，分别为：一用毛泽东思想掌握政权；二用毛泽东思想武装群众；三用毛泽东思想战天斗地。[②]

关于“用毛泽东思想掌握政权”问题，关于郭庄的调查报告认为，1949 年新中国成立后，经过互助组、初级社、高级社、人民公社，但郭庄大队的政权并没有完全掌握在贫下中农手里。1954 年成立初级社时，郭宏杰当了会计，高级社时是会计、青年书记、政治主任。1958 年被调到外地大队工作，直到 1964 年 10 月重新回到郭庄任大队党支部书记。“这是郭庄大队发生根本变化的起点。”因为郭宏杰回到郭庄的时候，正是四清运动进入夺权阶段[③]和农业学大寨运动方兴之时。郭宏杰回到郭庄任大队党支部书记后，一方面是加强党员干部的政治学习，大力学习

---

① 宿专革命委员会、萧县革命委员会调查组：《调查报告：郭庄大队在毛泽东思想的指引下胜利前进》，1969 年 4 月 1 日，萧县档案馆馆藏，全宗号 62，目录号 1-1，永久，案卷号 01。

② 宿专革命委员会、萧县革命委员会调查组：《调查报告：郭庄大队在毛泽东思想的指引下胜利前进》，1969 年 4 月 1 日，萧县档案馆馆藏，全宗号 62，目录号 1-1，永久，案卷号 01。

③ 1964 年 6 月 23 日，中央批转了《甘肃省委、冶金工业部党组关于夺回白银有色金属公司的领导权的报告》。9 月 1 日，正式转发了《关于一个大队的社会主义教育运动的经验总结》。10 月 24 日，又转发了《天津市委关于小站地区夺权斗争的报告》。至此，四清运动树立了三大夺权样板，并将之推向全国。

毛泽东著作，组织干部群众学习“老三篇”[①]，带头参加劳动，到落后队调查研究。整顿大队领导班子，在党内开展“小整风”，发动党员和贫下中农揭党支部内阶级斗争的盖子，开展批评和自我批评，对原支部负责人开展严肃的批判，调整了大队、生产队领导班子，把一批忠于毛泽东、有革命干劲、贫下中农出身的人选拔到大队和生产队的领导岗位上来。“文化大革命”爆发后，围绕着大队领导权的问题，郭庄又展开了一场激烈的斗争。经过反复斗争和较量，揪出了一小撮坏人，1967 年 3 月，实现了革命的三结合，郭宏杰被选为大队革命领导小组组长。[②]

关于“用毛泽东思想武装群众”的问题，调查报告说：“1964 年冬郭庄在全大队开展一场‘郭庄向何处去？’的大辩论，认识到郭庄地孬、人穷、条件差是表面现象，不是本质的东西，最根本的是如何用毛泽东思想武装人的头脑，人的因素第一。”因此“用毛泽东思想统帅灵魂，实现人的思想革命化”才是解决郭庄问题的根本。[③] 于是，郭庄广泛深入地开展了“一查三忆”活动，即查“村史、家史”，“忆阶级苦，忆民族苦，忆翻身求解放、党和毛主席对贫下中农的关怀。”一个自觉地活学活用毛泽东思想的群众运动在郭庄大队兴起。1967 年 4 月狠抓了革命大批判，还办了家庭毛泽东思想学习班。通过革命大批判和家庭毛泽东思想学习班，大大提高了干部群众的毛泽东思想觉悟。[④]

《报告》的第三部分“用毛泽东思想战天斗地”，将郭庄“改碱治地”的所有成绩归功于毛泽东思想。从 1964 年底的“改碱治地”计划，到“改碱治地”的行动，以及在“改碱治地”中遇到的困难和挫折，都是在

---

① 指毛泽东的三篇著作《为人民服务》《纪念白求恩》《愚公移山》。

② 宿专革命委员会、萧县革命委员会调查组：《调查报告：郭庄大队在毛泽东思想的指引下胜利前进》，1969 年 4 月 1 日，萧县档案馆馆藏，全宗号 62，目录号 1-1，永久，案卷号 01。

③ 宿专革命委员会、萧县革命委员会调查组：《调查报告：郭庄大队在毛泽东思想的指引下胜利前进》，1969 年 4 月 1 日，萧县档案馆馆藏，全宗号 62，目录号 1-1，永久，案卷号 01。

④ 宿专革命委员会、萧县革命委员会调查组：《调查报告：郭庄大队在毛泽东思想的指引下胜利前进》，1969 年 4 月 1 日，萧县档案馆馆藏，全宗号 62，目录号 1-1，永久，案卷号 01。

和阶级敌人斗争中，用毛泽东思想来解决困难和战胜挫折。[①]

《报告》的中心思想是郭庄大队之所以成为无产阶级“文化大革命”中的先进单位和全专区农业学大寨的标兵，其根源是郭庄活学活用毛泽东思想，用毛泽东思想统帅一切。

4 月 7 日，经宿县专区革委会研究决定，同意并批准成立萧县朔里人民公社革委会。革委会由郭宏杰、郭宏光等 35 名同志组成，郭宏杰等 15 人组成常务委员会，同时郭宏杰被任命为革委会副主任。4 月 1 日至 4 月 24 日，中国共产党第九次全国代表大会在北京召开，郭宏杰代表郭庄大队出席并被选为中央候补委员。4 月 26 日，时任省革委会副主任宋佩璋在接见萧县学习班时说：“特别是我们萧县，郭宏杰同志又当选为中央候补委员，我们工人、贫下中农直接当选为中央委员，这是大喜事。”[②]

4 月 29 日，宿县专区革委会发出《关于在全区开展学大寨赶郭庄群众运动的决定》。《决定》指出：“我区广大农村，在毛主席‘农业学大寨’的伟大号召指引下，在无产阶级‘文化大革命’的推动下，一个空前广泛深入的学大寨人、立大寨志、走大寨路、兴大寨风的群众运动已经蓬勃兴起。全区各地涌现出很多学大寨的先进单位，萧县朔里公社郭庄大队就是全区学大寨的一面红旗。为了进一步落实毛主席‘农业学大寨’的伟大号召，乘‘九大’的强劲东风，把郭庄大队学大寨的先进经验迅速推广开来，尽快地把我区广大农村建设成社会主义新农村……专区革命委员会决定，在全区范围内广泛地、深入地开展学大寨、赶郭庄的群众运动。”[③]《决定》同时要求各级在开展“赶郭庄”运动中，第一“要高举毛泽东思想伟大红旗，真正把大寨精神和郭庄学大寨的先进经验学到手”，在学习大寨和郭庄的经验时，要着重学根本、学精神、学思想，防止那些就办法

---

① 宿专革命委员会、萧县革命委员会调查组：《调查报告：郭庄大队在毛泽东思想的指引下胜利前进》，1969 年 4 月 1 日，萧县档案馆馆藏，全宗号 62，目录号 1–1，永久，案卷号 01。

② 安徽省万人学习班萧县班工宣队、军宣队：《宋佩璋接见萧县班原支派时讲话》，1969 年 4 月 26 日，萧县档案馆馆藏，全宗号 14，目录号 1–2，长期，案卷号 03。

③ 宿县专区革命委员会：《关于在全区开展学大寨赶郭庄群众运动的决定》，1969 年 4 月 29 日，萧县档案馆馆藏，全宗号 14，目录号 1–1，永久，案卷号 09。

学办法，就现象学现象，就技术学技术，生搬硬套的现象，真正把大寨精神和郭庄大队的先进经验学到手；第二“要狠抓阶级斗争，深入持久地开展革命大批判，推动学大寨、赶郭庄的群众运动”。《决定》认为，学大寨、赶郭庄的群众运动，是一场剧烈的阶级斗争，一小撮不甘心死亡的阶级敌人，必然要进行造谣、反对和破坏，我们一定要提高革命警惕，及时给以打击，以扫清学大寨的障碍；第三“狠抓领导班子建设”。《决定》要求所有农村基层干部，都要像陈永贵同志和大寨其他干部那样，狠抓阶级斗争，狠抓思想政治工作，不脱离劳动，不脱离群众，始终保持劳动人民的本色，做一个大寨式的干部。①

至此，郭庄被正式确定为宿县全区农业学大寨运动的典型。

三、郭庄被安徽省革委会树为全省学大寨的典型

1969 年 6 月至 7 月，安徽省决定从利辛县柳西大队和萧县郭庄大队中选择一个大队作为安徽省农业学大寨典型。为此，安徽省革委会派出两个调查组到两地实地考察。一个调查组以王光宇为组长，组员有宿县专区专员郑淮舟及萧县革委会副主任曲健民等一行共 9 人，到郭庄蹲点。另一调查组以李任之为组长，带领省、专、县相关人员去利辛县柳西考察。安徽省各单位考察组 30 —40 人，先到郭庄，后到柳西大队。在考察郭庄时，郭庄分成 3 组进行汇报。第一组是郭庄大队党支部委员李景春汇报大队的阶级斗争情况；第二组是郭宏光介绍生产情况；第三组是大队政工组长闫红书介绍科学实验情况，考察时间持续半个月左右。②

郭庄大队考察工作结束后，调查组又前往利辛县柳西大队听取报告。柳西大队的汇报也是以三大革命实践：阶级斗争、生产斗争和科学实验为主题。两个大队考察工作结束后，调查组将情况向安徽省革委会汇报。省革委会围绕两队优劣展开讨论：郭庄大队在生产斗争方面，改碱治地成绩

---

① 宿县专区革命委员会：《关于在全区开展学大寨赶郭庄群众运动的决定》，1969 年 4 月 29 日，萧县档案馆馆藏，全宗号 14，目录号 1-1，永久，案卷号 09。

② 杜铭钧：男，85 岁，现居安徽省宿州市，1969 年跟随宿县地委代表郑淮舟到郭庄大队蹲点，1970 年调离郭庄大队。采访时间、地点：2020 年 8 月 22 日下午于皖煤大酒店。

突出；阶级斗争历经几大回合；1965 年便成立了科学实验小组；特别是郭庄大队还组建了以郭宏杰为首的强有力的领导班子。相较之下，郭庄优于柳西，萧县优于利辛。最后，经省革委会研究决定：选定郭庄大队作为全省学大寨典型。①

7 月 5 日至 16 日，安徽省第二次农业学大寨政治工作会议于合肥召开。省革委会负责人先后出席了会议，并在会上讲了话。为了总结和传播学大寨的先进经验，更好地开展比学赶帮运动，大会除了组织一些学大寨的先进单位介绍他们的经验外，还组织全体代表到萧县郭庄大队现场参观学习。会议认为，抓根本、学精神，就是要学习大寨人活学活用毛泽东思想，促进人的思想革命化，发扬“一不怕苦，二不怕死”的彻底革命精神，和爱国家、爱集体的共产主义风格；学习大寨人狠抓阶级斗争，开展革命大批判，不断提高广大干部、群众的阶级斗争和路线斗争觉悟，和无限忠于毛主席；坚定走社会主义道路的决心；学习大寨人自力更生、艰苦奋斗的革命精神，和战天斗地，改造自然，加速建设社会主义新农村的革命干劲；学习大寨干部突出无产阶级政治，建立起一个用毛泽东思想武装起来的、革命化的、联系群众的、朝气蓬勃的领导班子。学大寨，抓住了这几个方面，就是抓住了大寨精神的实质。会上，省革委会作出了关于以郭庄大队为榜样，更加深入地开展农业学大寨运动的决定。②

7 月 13 日，省革委会副主任娄学政在会上初步总结了自安徽省第一次农业学大寨政治会议后，一年多来安徽省学大寨的基本情况和经验，并特别强调：“萧县郭庄大队，经过三年奋战，深翻改碱，把一千五百八十五亩盐碱地全部改成了良田，一九六八年实现了粮棉亩产超‘纲要’。”③ 娄学政指出，从 1968 年以来由于各级革委会的建立，逐

---

① 杜铭钧：男，85 岁，现居安徽省宿州市，1969 年跟随宿县地委代表郑淮舟到郭庄大队蹲点，1970 年调离郭庄大队。采访时间、地点：2020 年 8 月 22 日下午于皖煤大酒店。

② 《省革委会召开第二次农业学大寨政治工作会议，扎扎实实学习大寨精神，推动学大寨运动蓬勃发展》，《新安徽报》1969 年 7 月 18 日第 1 版。

③ 省革委会副主任娄学政：《高举毛泽东思想伟大红旗，认真总结经验，落实政策，更加扎实地掀起农业学大寨运动的新高潮——安徽省一年多来农业学大寨运动的初步总结》，1969 年 7 月 13 日，萧县档案馆馆藏，全宗号 14，目录号 1-2，长期，案卷号 04。

渐加强了对运动的领导，安徽省的农业学大寨运动才广泛开展起来。通过一年来的学大寨运动，取得了很大的成效。“全省农村的政治空气日益高涨。广大贫下中农和革命干部的政治觉悟日益提高……自觉地把活学活用毛泽东思想放在高于一切、大于一切、先于一切、重于一切的地位。”通过批判“三自一包”“四大自由”“工分挂帅”“物质刺激”，更加热爱集体经济，更加坚定走社会主义道路。自觉地斗私批修，破私立公，大力推行大寨大队的劳动管理经验；全省广大社队自力更生、艰苦奋斗的革命精神空前增长；全省广大贫下中农爱国家、爱集体的共产主义风格大大发扬。①娄学政还谈到学大寨中的“抓典型，树标兵”的问题。他说：学大寨，不但要认真向大寨学习，还要树立本地的大寨样板。本地大寨是大寨精神结合本地实际的体现，群众看得见、摸得着、信得过、学得到，学起来方便，用起来直接。②

7 月 12 日，郭宏杰代表郭庄大队革命委员会在会上作了题为《沿着农业学大寨的道路胜利前进——萧县郭庄大队开展学大寨的情况》的 16000 多字的长篇发言。郭宏杰在发言中介绍了郭庄大队的概况；从 1964 年开始学大寨运动及取得的成绩，主要是“自力更生，艰苦奋斗，战天斗地，改造自然，深翻改碱，大搞台田，打井抗旱，消除旱涝”将盐碱地改造为高产良田，实现粮棉双超《纲要》。在当时的历史条件下，他总结郭庄学大寨的主要做法是：

一是狠抓活学活用毛泽东思想，实现人的思想革命化。详细介绍了郭庄活学活用毛泽东思想的具体方法：“忆、办、讲、批”。“忆”是指忆苦思甜，从 1964 年底开始，大型的、大规模的“忆、查、比”活动，每年都要举办二至三次，每次持续一个多月。为了把这个活动办得更好，形成一项制度，郭庄大队还把每年国庆的头一天，作为“忆苦日”，开忆

---

① 省革委会副主任娄学政：《高举毛泽东思想伟大红旗，认真总结经验，落实政策，更加扎实地掀起农业学大寨运动的新高潮——安徽省一年多来农业学大寨运动的初步总结》，1969 年 7 月 13 日，萧县档案馆馆藏，全宗号 14，目录号 1-2，长期，案卷号 04。

② 省革委会副主任娄学政：《高举毛泽东思想伟大红旗，认真总结经验，落实政策，更加扎实地掀起农业学大寨运动的新高潮——安徽省一年多来农业学大寨运动的初步总结》，1969 年 7 月 13 日，萧县档案馆馆藏，全宗号 14，目录号 1-2，长期，案卷号 04。

苦大会，全天吃忆苦饭，还办了阶级教育展览室，贫下中农家写了“苦水帐”，还专门留了“教育田”“教育塘”经常性地开展忆苦思甜活动。“办”是指大办各种毛泽东思想学习班。“讲”是指召开讲用会。郭庄大队规定，大队每月召开一次讲用会，生产队每月召开两次讲用会。在讲用会上，既交流了学习经验，又互相启发和教育，把学习毛泽东著作真正落实在“用”字上。“批”是指开展革命大批判。郭庄大队从1967年4月以来，共掀起三次革命大批判高潮。一次是1967年4月至8月，着重批判“三自一包”“四大自由”“工分挂帅”等。一次是1968年2月至5月，把大批判深入一步，联系当地实际，开展“三查”（查村史、家史、阶级斗争史）活动，批斗没有改造好的四类分子。一次是1968年7月至11月，全面系统地批判修正主义。最后深入每个家庭进行斗私批修，使革命大批判成为推动一切工作的动力。①

二是学习大寨，狠抓阶级斗争，不断提高社员的路线斗争觉悟。郭宏杰说，郭庄整个农业学大寨的过程，就是阶级斗争的过程，郭庄每前进一步，都是狠抓阶级斗争的结果。1964年学大寨前，郭庄大队存在着破坏集体经济的小私有，如“三自一包”、自留地、开荒地、投机倒把等。1964年10月郭宏杰回到郭庄大队后，整顿了大队领导班子，学大寨真正开展起来，决心走集体化的道路，与小私有作了坚决的斗争。“文化大革命”爆发以后，以郭宏杰为代表的郭庄大队领导班子经受住了造反的考验，1967年4月实现了“三结合”，成立了革命领导小组，选出了以郭宏杰等为代表的大队革命领导小组成员，进一步巩固了郭庄大队的无产阶级政权。

三是学习大寨，坚持自力更生方针，战胜各种自然灾害。主要回顾了郭庄改碱治地的过程及方法，抗旱排涝的斗争，狠抓土、肥、种的措施等。几年来，郭庄共挖大沟3条，中沟7条，小沟9条，填平洼坑一处，洼地7处，挑平土堆一处，完成土方18万立方，做到沟渠配套，水流畅

① 郭庄大队革命委员会：《沿着农业学大寨的道路胜利前进——萧县郭庄开展学大寨的情况》，1969年7月12日，萧县档案馆馆藏，永久卷，全宗号62，目录号1-1，案卷号01。

通，避免涝灾。从 1968 年夏收后，克服了种种困难打井防旱。

四是学习大寨，加强领导班子建设，努力实现领导班子思想革命化。在学大寨运动中，郭庄大队的干部，以大寨干部为榜样，刻苦活学活用毛泽东思想，认真斗私批修，积极参加集体生产劳动，不断加强领导班子团结，努力实现自身革命化。郭庄大队制定了一个学毛泽东著作的制度，坚持每天一个小时，每 10 天有一个半天，做到雷打不动。干部带头学，带头讲，带头用。1968 年上半年评比时，全大队有 80% 的干部，被评为活学活用毛泽东著作的积极分子。1969 年初，主要领导干部和各组负责人，都评为学习毛泽东著作的标兵或积极分子。干部参加集体劳动是学大寨的一项重要内容，郭庄大队的主要负责干部，每年参加劳动都不少于 240 天，在田间、场头和社员一道劳动，发现问题，解决问题。在劳动中，带头干苦活、重活、脏活。郭庄大队不断整风，开展批评与自我批评，加强领导班子之间的团结。郭庄大队干部每半个月总结部署一次工作，每月开一次生活检讨会，每季以 10 天左右时间开展一次整风运动，整顿思想、工作作风，相互开展批评与自我批评。郭庄大队的干部还关心社员生活，密切联系群众，做社员的贴心人。

最后，郭宏杰向大会汇报了郭庄大队进一步学大寨的长远规划，首先是抓革命，改造人的主观世界。其次是促生产，改造客观世界。继续发扬大寨人的革命精神，自力更生，艰苦奋斗，进一步综合治理盐碱地，改良土壤，力争在最短的时间内，把全部土地改变成为肥沃的良田；进一步搞好农田基本建设，兴修水利，打井防旱，大搞台田，扩大高产保收面积，力争农林牧副渔全面发展，尽快实现粮、棉指标过长江。①

会议即将结束时，时任安徽省革委会副主任的宋佩璋作题为《以“九大”精神为指导把我省农业学大寨运动推向新阶段，加速建设社会主义新农村！》的总结报告。

总结报告主要谈以下四个问题：

---

① 郭庄大队革命委员会：《沿着农业学大寨的道路胜利前进——萧县郭庄开展学大寨的情况》，1969 年 7 月 12 日，萧县档案馆馆藏，永久卷，全宗号 62，目录号 1-1，案卷号 01。

一是深刻认识农业学大寨的战略意义，把全省农业学大寨运动推向新阶段。宋佩璋在谈到这个问题时，特别提到郭庄，他说："郭庄大队之所以能够学得比较好，根本的经验，就是他们认识了农业学大寨的伟大战略意义，而有些社队学得不如他们，就是对这个问题的认识还不够。"①宋佩璋指出："要深刻认识农业学大寨的伟大战略意义，必然要联系农村两个阶级、两条道路、两条路线的斗争问题，用路线斗争统帅农业学大寨。""全省所有社队也都像大寨大队、郭庄大队一样，那么安徽广大农村的情况比现在就不是好一点点了，而是要好得多了，就要大变样。"谈到学大寨要"自力更生，艰苦奋斗，人的因素第一"的问题时，宋佩璋仍然以郭庄为例，他说："郭庄大队学大寨学得好，就是大力促进人的思想革命化，依靠自己的力量，自力更生，艰苦奋斗，所以它的面貌就改变得更快。"②并以郭庄为标准，督促全省向郭庄学习，尤其是对郭庄所在的萧县提出了批评，更提出了要求。

二是突出政治，狠抓根本。搞好领导班子建设。突出政治，狠抓根本主要是指人的思想的革命化不断破私立公，促进人的思想革命化。关于抓好领导班子建设，宋佩璋强调："各级领导班子，应该真正形成政治上坚强的、非常团结的、密切联系群众的朝气蓬勃的革命化领导核心。"特别提到大寨和郭庄领导班子，"大寨大队、郭庄大队，在三大革命运动中之所以取得那样巨大的成就，就是因为它有一个坚强的、革命化的领导班子。"同时要求全省各地"以大寨大队、郭庄大队干部为榜样，锻炼提高

---

① 安徽省革委会副主任宋佩璋：《以"九大"精神为指导，把省农业学大寨推向新阶段，加速建设社会主义新农村——省革委会副主任宋佩璋同志在省第二次农业学大寨政治工作会议上的总结》，1969年7月16日，萧县档案馆馆藏，全宗号14，目录号1-2，长期，案卷号03。

② 安徽省革委会副主任宋佩璋：《以"九大"精神为指导，把省农业学大寨推向新阶段，加速建设社会主义新农村——省革委会副主任宋佩璋同志在省第二次农业学大寨政治工作会议上的总结》，1969年7月16日，萧县档案馆馆藏，全宗号14，目录号1-2，长期，案卷号03。

自己，努力实现思想革命化。”①

三是认真学习和贯彻党的政策，保证学大寨运动深入健康地发展。这部分涉及两个方面的内容，一是学大寨和执行《六十条》的问题。学大寨和贯彻执行《六十条》的目的是一致的，都是为了调动农民的社会主义积极性，巩固社会主义集体经济，发展农业生产。执行《六十条》，是开展学大寨运动必须认真注意的一项重要工作；学大寨，必须更好地贯彻执行《六十条》。二是学大寨和本地实际情况结合的问题。学大寨主要是学它的方向，学它的道路，学它的精神，学它模范地执行党的政策，不是简单地学它的管理方法，比如收回自留地和大队核算就不能简单地照搬，是要从各地的实际出发。

四是以郭庄大队为榜样，不断革命，创造更多的大寨式先进社队。为了推动农业学大寨运动的开展，1969 年 3 月 15 日，中共中央发出《关于迅速掀起春耕生产新高潮的通知》指出：“各级革命委员会要抓典型，树样板，结合本地具体情况，因地制宜，做到省省、县县都有自己的大寨”。在安徽省的农业学大寨运动中，已经涌现出一批先进单位，经过本次会议的介绍、参观、评比，大家一致认为，“萧县朔里公社郭庄大队，是我省学大寨学得最快、学得最好的一个单位。”经会议讨论，“省革委会已经做出决定，号召全省广大社队，广大贫下中农和社员，广大农村干部，以郭庄大队为榜样，更加深入扎实地掀起农业学大寨运动的新高潮。”②并且总结了郭庄学大寨运动的基本经验，其中的重要内容是坚持自力更生、艰苦奋斗的精神，战天斗地，改造自然，苦干实干，改变生产的落后面貌。建立一个革命化的、密切联系群众的坚强的领导班子。

---

① 安徽省革委会副主任宋佩璋：《以“九大”精神为指导，把省农业学大寨推向新阶段，加速建设社会主义新农村——省革委会副主任宋佩璋同志在省第二次农业学大寨政治工作会议上的总结》，1969 年 7 月 16 日，萧县档案馆馆藏，全宗号 14，目录号 1-2，长期，案卷号 03。

② 安徽省革委会副主任宋佩璋：《以“九大”精神为指导，把省农业学大寨推向新阶段，加速建设社会主义新农村——省革委会副主任宋佩璋同志在省第二次农业学大寨政治工作会议上的总结》，1969 年 7 月 16 日，萧县档案馆馆藏，全宗号 14，目录号 1-2，长期，案卷号 03。

宋佩璋认为，郭庄大队的经验，对安徽省农业学大寨运动具有普遍的指导意义。广泛深入地宣传和推广郭庄大队的先进经验，应该成为各级领导的一项重要任务。因此，要求各地必须做到：1. 大力宣传学郭庄的重要意义。郭庄大队的典型经验，是安徽省学大寨运动的一个丰硕成果，是大寨精神在安徽省的具体体现，学郭庄，就是要更好地学大寨，就是要掀起更加深入扎实地学大寨运动新高潮。郭庄大队是自力更生、艰苦奋斗，苦战三年，改变面貌的光辉榜样，学郭庄，就是要进一步发扬自力更生、艰苦奋斗的革命精神，加快实现和超过《全国农业发展纲要》，尽快改变安徽省农业生产的落后面貌，加快建设社会主义新农村。2. 要求各级干部级级抓典型，层层树样板，逐步做到专、县有大寨，社社有样板，层层有典型，行行有标兵。3. 把大寨精神和郭庄经验同本地实际情况进行有效结合，创造更多的大寨式先进社队。①

至此，萧县郭庄大队被正式确定为安徽省农业学大寨运动的先进典型。

7 月 18 日，《新安徽报》头版以《扎扎实实学习大寨精神，推动学大寨运动蓬勃发展》为题报道了省革委会召开的第二次农业学大寨政治工作会议。报道指出："会上，省革委会作出了关于以郭庄大队为榜样，更加深入扎实地开展农业学大寨运动的决定。"② 与会代表一致表示"要虚心向郭庄大队学习，推动学大寨运动的蓬勃开展，让大寨红花开遍江淮大地。"③

7 月 19 日，《新安徽报》刊登了题为《郭庄大队——全省农业学大寨的一面红旗》的通讯报道。报道详细介绍了郭庄大队"立下愚公移山志，

---

① 安徽省革委会副主任宋佩璋：《以"九大"精神为指导，把省农业学大寨推向新阶段，加速建设社会主义新农村——省革委会副主任宋佩璋同志在省第二次农业学大寨政治工作会议上的总结》，1969 年 7 月 16 日，萧县档案馆馆藏，全宗号 14，目录号 1–2，长期，案卷号 03。

② 《扎扎实实学习大寨精神，推动学大寨运动蓬勃发展》，《新安徽报》1969 年 7 月 18 日第 1 版。

③ 《扎扎实实学习大寨精神，推动学大寨运动蓬勃发展》，《新安徽报》1969 年 7 月 18 日第 1 版。

千亩碱荒变良田”的学大寨的成绩。1964 年农业学大寨以来，郭庄人学习大寨治山的精神，决心“改碱治地”，他们以毛泽东思想为武装，大批判开路，自力更生，艰苦奋斗，终使千里碱荒变良田，创造了大面积改碱治地的奇迹。①

7 月 20 日，《新安徽报》头版头条以《省革委会作出决定号召全省农村干部，广大贫下中农以郭庄为榜样，更加深入扎实地开展农业学大寨运动》为题，刊登了省革委会 7 月 16 日“关于以郭庄大队为榜样，更加深入扎实地开展农业学大寨运动的决定”。《决定》指出：“在波澜壮阔的农业学大寨运动中，全省各地已经涌现出一大批学得快学得好的先进单位，萧县朔里公社郭庄大队就是其中最突出的一个。”接着，《决定》概括了郭庄从 1964 年学大寨的主要事迹和成绩：“他们发扬自力更生、艰苦奋斗的革命精神，大搞台田，深翻改碱，挖沟打井，消除旱涝，战天斗地，改造自然。经过三年的苦战，终于把一千五百多亩盐碱地深翻改造过来，变成了稳产高产的良田……一九六八年，全大队实现粮、棉亩产双超《纲要》。”《决定》指出：“郭庄大队苦战三年，改变面貌的先进事迹，是我省开展农业学大寨运动的一个丰硕成果，是毛主席号召‘农业学大寨’的一个伟大胜利，是大寨精神在我省发扬光大的具体体现。”郭庄大队“是我省自力更生、艰苦奋斗，建设社会主义新农村的光辉榜样。”《决定》最后说：“以郭庄大队为榜样，更加深入扎实地开展农业学大寨运动，是农村工作的一项根本政治任务。”并要求各级革命委员会必须进一步切实加强领导，认真学习，宣传大寨精神和郭庄经验，把大寨的革命精神和郭庄的先进经验与本地实际情况结合起来，化为具体行动。②

同时，在头版配发了题为《向郭庄学习创造更多的大寨式先进社队》的社论。社论总结了郭庄大队成为安徽省农业学大寨先进典型的经验，其中主要内容有：以大寨为榜样，坚定不移地走社会主义道路；发扬自力更

---

① 《新安徽报》宿县记者站：《郭庄大队——全省农业学大寨的一面红旗》，《新安徽报》1969 年 7 月 19 日，第 3 版。

② 安徽省革命委员会：《以郭庄大队为榜样，更加深入扎实地开展农业学大寨运动》，《新安徽报》1969 年 7 月 20 日，第 1 版。

生、艰苦奋斗的革命精神，苦干实干，改变生产的落后面貌；建立革命化的、密切联系群众的、坚强的领导核心。

社论对郭庄大队学大寨经验的表述基本上采用了郭宏杰在全省第二次农业学大寨政治会议上报告的说法。

社论认为，“郭庄大队的经验，对于我省农业学大寨运动具有普遍的指导意义。”“广泛深入地宣传和推广郭庄大队的先进经验，是我省各级革命委员会、农村干部和广大贫下中农的一项重要任务。”“以郭庄为榜样，更加深入扎实地开展农业学大寨运动，是我省农村工作的一项根本政治任务。”

社论要求各地，学郭庄，要更好地学大寨；学郭庄，进一步发展自力更生、艰苦奋斗的革命精神，加快实现和超过《全国农业发展纲要》。

社论提醒各地，学大寨，学郭庄，要把大寨精神和郭庄经验同本地实际结合起来。一些受洪水内涝灾害的地区，要学习大寨、郭庄人战天斗地的英雄气概，树立坚强的决心和必胜的信心，自力更生，大力开展生产自救，迅速恢复生产，像大寨、郭庄那样，在大灾之年夺取农业生产的大丰收。①

省革委会向郭庄学习的决定在《新安徽报》上公开发表，“学大寨、赶郭庄”的口号传遍全省。至此，郭庄被树立为安徽全省农业学大寨的先进典型，被称为“安徽的大寨”，成为那个时代安徽省家喻户晓的“圣地”。

---

① 《向郭庄学习创造更多的大寨式先进社队》（社论），《新安徽报》1969 年 7 月 20 日第 1 版。

第四章　郭庄典型的宣传与建设

第一节　对郭庄的宣传

一、报刊文章

宣传郭庄的主要阵地是中共安徽省委机关报《安徽日报》。[①]以1969年和1970年两年的《安徽日报》关于郭庄的社论、报道、通讯等为例来看省级报纸对郭庄的宣传。

1968年12月26日至1969年1月23日安徽省首次活学活用毛泽东思想积极分子代表大会在合肥举行，郭庄大队作为先进集体参加了会议。1969年2月10日，《新安徽报》发表了题为《红太阳照亮了新郭庄——记省首次“积代会”先进集体萧县瓦口公社郭庄大队巨变》的文章。文章占据整整半个版面。文章回顾了郭庄大队在1964年农业学大寨前的穷苦。1964年，郭庄响应毛泽东的“农业学大寨”号召，决心走自力更生的道路，发生了巨大的变化。1968年粮、棉双双超过了纲要。[②]

这是笔者所见安徽省级报纸最早对郭庄的宣传。

对郭庄的大力宣传是在1969年安徽省农业学大寨政治工作会议上，

---

① 《安徽日报》创刊于1952年6月1日。“文化大革命”期间，从1967年1月至1971年8月，《安徽日报》曾更名《新安徽报》，1971年9月恢复《安徽日报》原名，出版至今。

② 《红太阳照亮了新郭庄——记省首次“积代会”先进集体瓦口公社郭庄大队巨变》，《新安徽报》1969年2月10日，第3版。

安徽省革委会作出《以郭庄大队为榜样，更加深入扎实地开展农业学大寨运动的决定》之后。尤其是7月20日，《新安徽报》公布了这个决定之后。

7月20日，安徽省革委会公布《决定》的同一天，《新安徽报》的第2版用整版篇幅，全文刊登了郭宏杰代表萧县朔里公社郭庄大队革命委员会在省第二次农业学大寨政治工作会议上的发言——《沿着农业学大寨的道路胜利前进》。

7月29日，第4版整版刊发《农业学大寨的一面红旗——郭庄新貌》，以图文结合的形式展现了郭庄大队社员干部深翻土地，改造盐碱地，领导班子带头劳动，田间地头学毛主席著作等的场景，整版共9幅图片，每幅图片都配有文字说明。①

9月12日，第2版整版刊登《心中升起了红太阳——记萧县郭庄大队家庭毛泽东思想学习班》的宿县专区革委会宣传组撰写的宣传稿，作为"庆祝中华人民共和国成立二十周年"的专栏文章。

9月21日，第4版国庆画刊专栏整版刊登《郭庄大队——农业学大寨的一面红旗》的连环画。连环画用了18幅图画，配以文字叙述，再现了郭庄大队学大寨的历程及成绩。

10月10日，庆祝中华人民共和国成立二十周年专栏用一个半版面的篇幅刊登了《新安徽报》记者采写的题为《毛泽东思想灿烂光辉照红郭庄人的心》的报道。报道认为，郭庄由盐碱窝变成良田，"郭庄人靠毛泽东思想，与天斗，与地斗。"报道写了刘世侠、晁应堂、郭宏新、郭淑英等几个典型人物的事例。

11月22日第2版用半个版面刊登了题为《社会主义制度下一件带根本性的大事——郭庄大队干部坚持参加集体生产劳动的调查报告》。干部参加劳动是毛泽东多年来一直强调的问题，尤其是进入20世纪60年代之后更加重视。干部参加集体劳动也是大寨大队的重要经验之一。在1969年7月5日至16日安徽省革委会召开的第二次农业学大寨政治工作会议

---

① 《农业学大寨的一面红旗——郭庄新貌》，《新安徽报》1969年7月29日第4版。

上，郭宏杰代表郭庄大队革委会作长篇发言《沿着农业学大寨的道路胜利前进——萧县郭庄大队开展学大寨的情况》中，谈到了郭庄大队干部参加集体劳动，在整篇发言中作为领导班子革命化问题中的一个方面谈的，篇幅不大。《调查报告》是专题调查，专门谈郭庄大队干部参加集体劳动的问题。

《调查报告》主要写了郭庄大队干部坚持参加集体生产劳动的制度、要求和成效。“几年来，郭庄大队干部深入第一线。”“大队干部每年劳动日，大都在三百个以上。郭庄的干部和社员一样，每年评定基本出勤日。党支部和革委会对每个干部提出要求：在劳动上只能比社员好，不能比社员差。每个干部的劳动态度和成果，做到定期检查，好的表扬，差的批评。”

《调查报告》用大队党支部书记郭宏杰参加集体生产劳动的事实说明，干部参加集体生产劳动，是社会主义制度下一件带根本性的大事，是巩固无产阶级专政的百年大计，是密切联系群众，增强干部团结的好办法。干部参加集体生产劳动，是实行正确领导的有效措施。

1969 年 12 月 10 日，第 2 版设有《学大寨，赶郭庄，超“纲要”》专栏。此后，专栏不定期刊登全省学大寨的通讯报道。

12 月 31 日，第 2 版刊登署名萧县郭庄大队革委会的文章《郭庄学全省，前进再前进》。文章中的一个重要内容有：郭庄人的苦干精神，“革命加拼命，苦干加实干。”面对巨大的荣誉，不骄傲，不自满。荣誉面前不自满，赞扬声中找差距。干部“坚持‘三不脱离’，搞好领导班子革命化”。

1970 年 1 月 15 日，《新安徽报》第 3 版报道了参加安徽省、专（市）、县三级领导班子活学活用毛泽东思想讲用会的各级领导于 1970 年 1 月 12 日至 13 日到郭庄参加劳动，并听取了郭庄大队革委会主任郭宏杰介绍郭庄大队改变落后面貌的经过和加强革命化建设的体会。该体会的全文刊登在同一天同一版的《新安徽报》上。

1 月 19 日，《新安徽报》头版头条继续报道参加省、专（市）、县领导班子讲用会的各级领导班子成员到郭庄参观学习的具体情形。取其中的重要内容是干部和社员一起深翻盐碱地。徽州、滁县等专区的同志认为：郭庄条件差，苦干几年大变样，我们条件那么好，棉粮产量离“纲要”还差一大截，根本原因在于思想革命化不如郭庄。今后一定要在领导班子思想革命化上下功夫。宿县革委会副主任决心不断加强自身思想革命化，带领广大群众改变宿县面貌。

出席三级领导班子讲用会的全体人员，决心以郭庄为榜样，把全省生产队都变成郭庄式的生产队，把全省办成红彤彤的毛泽东思想大学校。①

《红旗》杂志 1970 年第 3 期刊登了安徽省革命委员会、宿县专区革命委员会、萧县革命委员会调查组的《五年间的巨大变化——安徽萧县郭庄大队的调查报告》。《人民日报》3 月 18 日第 2 版全文转载。3 月 19 日《新安徽报》头版头条通栏标题全文转载。

4 月 19 日至 5 月底，《新安徽报》第 2 版头条通栏专栏标题：“学大寨，赶郭庄，超‘纲要’，夺取农业新胜利”。

1970 年 6 月 8 日，《新安徽报》头版头条大字通栏标题刊登了萧县革委会政工组、安徽省革委会政工组组织小组、《新安徽报》记者联合调查组关于郭庄大队整党建党的调查报告。②

6 月 18 日，头版头条通栏标题报道了安徽省农业学大寨、赶郭庄、超“纲要”会议在郭庄召开。③第 3 版整版刊登关于郭庄大队午季农业大丰收的图配文报道。其中第 3 幅图片是郭庄科学种田，全面贯彻农业“八字宪法”，着重抓土、水、肥、种四个方面，把盐碱荒变为良田，基本实现小麦、玉米、棉花、水稻等良种化。第 4 幅是郭庄小麦丰收打场的图片。1970 年，郭庄大队 900 多亩小麦，虽然遭到风、旱、虫等自然灾害，仍然获得比历史上最高的 1969 年单产翻一番的好收成。第 5 幅是郭宏杰等人在即将收割的小麦地里的图片。文字说明大意是郭庄大队党支部和革委

---

① 《参加省、专（市）、县领导班子讲用会的各级领导成员学习徐度乐继续革命志不移，学习郭庄人革命干劲冲云天》，《新安徽报》1970 年 1 月 19 日，第 1 版。

② 所有涉及调查报告的详细宣传内容均在下一节“多篇调查报告和经验总结的出台”中记述。

③ 《全省农业学大寨、赶郭庄、超“纲要”会议在郭庄召开，举旗抓纲紧跟照办尽快实现农业超“纲要”》，《新安徽报》1970 年 6 月 18 日，第 1 版。

会在“全省学郭庄”这样的巨大的荣誉面前，大摆“骄”字的表现，大查“骄”字的危害，大挖“骄”字的根源。检查思想，总结工作，找差距，明确方向。其他4幅图片是宣传郭庄突出的个人。分别是省、专“积代会”代表晁应堂，是积肥积极分子；新党员郭宏亮，苦干实干，带领打井突击队日夜奋斗在工地上等。

1970年9月9日第1版大字通栏标题《成绩面前不停步，困难面前不低头——我省农业学大寨的先进单位郭庄大队不断夺取新成绩》的新华社合肥8日电。报道了郭庄大队作为安徽省农业学大寨的先进单位连续两年夺得粮、棉双超“纲要”的好成绩。

同一天的《新安徽报》第2版刊登了《新安徽报》农民通讯员韩金州采写的通讯《郭庄大队狠抓秋种誓夺更大丰收》，其中说，在秋种准备工作中“季节早，田管紧，晚几天再抓也不迟”的思想是右倾保守、“生产到顶”的思想，必须克服，并表示，狠抓当前，早落实。认真总结了本队和推广外地的小麦高产典型经验，1970年小麦生产的主要经验。制订了1971年的小麦丰产计划。同时还制定了扩种小麦的计划。

中共九届二中全会召开和公报发表以后，《新安徽报》的“热烈欢呼党的九届二中全会胜利召开和公报的发表”专栏中发表了郭庄大队党支部的《以大寨为榜样继续前进》的文章。文章的主要内容是郭庄大队党支部的建立及成长壮大的过程。

9月25日头版头条刊登了萧县革委会政工组、《拂晓报》记者、《新安徽报》记者联名的文章《郭庄在飞跃》。该文既是“学大寨，赶郭庄，超《纲要》的专栏”，也是“庆祝中华人民共和国成立二十一周年”的专题文章。文章认为，郭庄在农业学大寨中，1968年、1969年连续两年实现粮、棉双超“纲要”，1970年又夺得了革命和生产的巨大胜利，粮棉产量大幅度增长，主要早秋作物平均亩产超千斤。

9月28日，《新安徽报》第1版在“学大寨，赶郭庄，超《纲要》”专栏里整版刊登了图配文《跃进年代的郭庄》。其中的第3幅图片是“郭庄大队党支部书记郭宏杰同志在江苏泗阳棉花原种场学习兄弟单位的先进经验”，配的文字标题是“在荣誉和成绩面前”，详细的文字说明是：郭庄“在连续两年粮棉超《纲要》后，今年又实现了更大的跃进。各地到郭庄来参观的人无不赞扬郭庄人的革命精神，但是，郭庄人却说：‘比起很多兄弟社队俺们还差得远。俺们还得加紧学大寨，学全省，学全国各地的先进经验，拼命往前赶。’今年以来，郭庄先后组织了干部和社员到江苏、山东、河南和我省一项农业先进单位学习，郭庄的贫下中农说：俺们有一千条、一万条理由谦虚谨慎，继续前进；没有半点理由骄傲自满，止步不前。”第 4 幅图片是“郭庄人正在准备把丰收的小麦晒干扬净后交售给国家”，配的文字标题是“在小麦丰收之后”，详细的文字说明是，郭庄大队小麦获得了空前丰收，自己舍不得吃，农忙时只吃粗粮，拿出最好的小麦支援受灾的兄弟社队。

10 月 28 日《新安徽报》刊登郭庄通讯组的通讯《学习大寨不停步，继续革命永向前——萧县郭庄大队高标准、严要求搞好秋种》。通讯报道了郭庄大队的秋种中坚持学大寨，整田种田，播种施肥等。

12 月 20 日《新安徽报》第 2 版刊登省农林局调研组、《拂晓报》记者和《新安徽报》记者联合采写的报道《郭庄大队在农业学大寨的大道上乘胜前进》。报道说，郭庄夺得了粮、棉双高产。1970 年全大队粮食平均亩产 1300 斤，比 1969 年增长 63%，皮棉平均亩产 200 斤，比 1969 年增长 61%。

12 月 24 日《新安徽报》第 1 版刊登了《拂晓报》记者和《新安徽报》记者合写的《郭庄大队狠抓根本冬季生产热气腾腾》通讯。通讯写到：郭庄大队夺得 1970 年粮食亩产过千斤、皮棉亩产 200 斤的胜利后，大队党支部不骄不躁，又掀起了以积肥、农田基本建设和农田管理为中心的冬季生产热潮，为 1971 年新的跃进打基础，并组织干部和社员到河南林县、兰考、七里营公社等地参观学习。

从 1969 年 3 月 19 日至 1970 年 12 月底，不到两年的时间内，《安徽日报》关于郭庄的社论、报道、通讯等共计 28 篇。关于全省其他地方学习郭庄的报道远远超过这个数量。总体来看，关于郭庄大队的报道在省委（革委会）机关报上频率极高，对郭庄大队的宣传在省内形成了强大的舆论攻势。

《人民日报》也有关于郭庄的数篇报道。

1969 年 11 月 22 日《人民日报》第 4 版发表新华社记者采写的《一朵盛开在淮北平原的大寨之花》。文章主要写郭庄大队农业学大寨五年来的改碱治地的艰苦创业史和取得的巨大成绩。宿县地区革委会机关报《拂晓报》1969 年 11 月 27 日第 2 版转载。

1970 年 9 月 16 日《人民日报》第 2 版刊登题为《安徽郭庄大队认真学习大寨的革命精神，成绩面前不停步，困难面前不低头》的报道。报道了萧县郭庄大队 1964 年农业学大寨前的贫穷落后，1964 年农业学大寨之后，艰苦奋斗，改碱治地，战胜洪涝灾害，1968 年、1969 年连续两年粮棉超过《全国农业发展纲要》。1970 年继续奋斗，抓了几项增产措施：扩大复种面积，扩大高产作物面积，扩大套种、间种面积。夺得了 1970 年小麦亩产 422 斤的大丰收。1970 年秋季作物虽遭冰雹和狂风袭击，但主要作物平均亩产都在 1000 斤以上。

1971 年 4 月 3 日《人民日报》第 3 版刊登了关于郭庄的题为《在成绩面前反骄破满，在灾害面前顽强斗争——郭庄大队粮食亩产过千斤，棉花亩产 185 斤，为国家作出了新贡献》的报道。这篇报道可以说是 1970 年 9 月 16 日报道的下篇，主要说郭庄大队 1970 年的粮棉丰收以及向国家交售情况。郭庄大队 1964 年农业学大寨以来，以大寨为榜样，自力更生，艰苦奋斗，治理盐碱，改良土壤，1968 年、1969 年连续两年粮棉超《纲要》。在巨大的成绩面前，有少数人产生了骄傲自满情绪。大队党支部狠抓了领导班子自身的革命化，批评领导班子的骄傲自满情绪。大家认识到了郭庄的不足，必须谦虚谨慎，继续前进。提出了“郭庄学大寨，郭庄学全省，紧跟毛主席，不断攀高峰”的战斗口号，取得了 1970 年的大丰收：粮食平均亩产 1030 斤，比 1969 年增长 63%；棉花平均亩产皮棉 185 斤，比 1969 年增长 54%。向国家提供商品粮 20 万斤，交售皮棉 8 万斤。

1971 年 6 月 21 日《人民日报》第 2 版刊登《拂晓报》记者和新华社记者合写的文章《在战斗中前进的郭庄党支部》。文章主要讲安徽萧县郭庄大队党支部，以大寨为榜样，自力更生，艰苦奋斗，改碱治地，把多灾低产的旧郭庄改变为粮棉双超《纲要》的新郭庄。郭庄也因此成为安徽省农业学大寨的一面红旗，成为全省学大寨的榜样。在巨大的成绩和荣誉面前，个别人产生了骄傲情绪。以郭宏杰为主的大队党支部始终保持清醒的头脑，不放松阶级斗争，经常开门整风，增强郭庄大队党支部的战斗力。同时，大队党支部坚持对农民进行社会主义教育，用共产主义的远大理想，去改造农民狭隘的思索。

1977 年 3 月 15 日《人民日报》第 3 版刊登了新华社采写的关于郭庄的报道，题目为《来自“淮北大寨”的消息——郭庄大队见闻》。报道主要内容为郭庄大队 12 年来学大寨最根本的经验，与大寨的差距，1977 年大治、大上的措施。郭庄大队十二年来坚持学习大寨的根本经验有认真贯彻党的基本路线，充分调动群众的社会主义积极性，产生了改天换地的巨大力量。“当前，首先要……进一步贯彻党的各项政策，群众的社会主义积极性才能鼓得足足的。”郭庄大队与大寨的差距主要有干部参加集体劳动不如大寨干部天数多，干得实；对农业生产的管理，不如大寨干部要求严，搞得好。1977 年的大治、大上措施主要有党支部领导班子坚持联系实际学习理论，坚持参加集体劳动，建立一套行之有效的管理制度。在生产建设上，发扬自力更生，艰苦奋斗的革命精神，创新路、攀高峰。

二、多篇调查报告和经验总结的出台

影响最大的一篇调查报告是刊登于《红旗》杂志 1970 年第 3 期的题为《五年间的巨大变化——安徽萧县郭庄大队的调查报告》。① 被《新安徽报》1970 年 3 月 19 日头版头条以大字通栏标题转载。

该报告是安徽省革命委员会、宿县专区革命委员会、萧县革命委员会联合调查组写的调查报告，报告初稿成于 1970 年 1 月 22 日，原题为《靠

---

① 该调查报告的部分内容与 1969 年 7 月 12 日郭宏杰代表郭庄大队革命委员会安徽省第二次农业学大寨政治工作会议上作的题为《沿着农业学大寨的道路胜利前进——萧县郭庄大队开展学大寨的情况》的一万六千多字的长篇发言的内容有重复，但该报告是安徽省革命委员会、宿县专区革命委员会、萧县革命委员会即省、专、县三级革命委员会联合调查组调查的结果，且发表于中共中央理论刊物《红旗》杂志。由于《红旗》杂志的特殊地位，该报告的影响力远非《新安徽报》可比，因此还是要把该报告的内容较详细地介绍，以彰显郭庄在安徽和全国农业学大寨运动中的红旗地位。

大寨精神建设社会主义新农村——安徽省萧县郭庄大队的调查报告》（讨论稿）。[①] 该报告的内容是郭庄“农业学大寨”运动之后的艰苦奋斗史，即郭庄由“农业学大寨”运动开展之前的贫穷落后，盐碱灾荒，经过几年的“农业学大寨”运动变为粮棉双超纲要的安徽省“农业学大寨”的一面红旗。其中最重要的原因是坚持走社会主义道路，学习大寨的艰苦奋斗的精神……

调查报告的主体内容有三部分，主体内容之前有概述，最后有几点体会。报告开头是对郭庄的定性和“农业学大寨”运动开展前后农业生产情况对比的概述。

报告认为“农业学大寨”运动开展之前，郭庄大队多灾低产、地薄人穷出了名，农业学大寨运动开展之后，到 1968 年，粮棉亩产双超“纲要”，1969 年粮棉亩产继续大幅度增长，粮食亩产由 1964 年的 126 斤提高到 630 斤，棉花亩产由 1964 年的 31 斤提高到 120 斤。彻底改变了长期依靠国家救济的局面，而且连续几年向国家提供了大量的商品粮食和棉花；同时，在集体经济进一步壮大的基础上，扩大了集体积累，添置了包括拖拉机在内的一批农业机械。

主体内容有三部分，其中重要部分是：

“大寨能治山，咱们能改碱”。郭庄大队贫穷落后的自然原因是土地的盐碱为害，改碱治地是改变落后面貌的根本途径。大队党支部对所有碱地逐块进行了调查，同时访问了有治碱经验的老农，讨论治碱方案。1965 年底改碱治地开始，郭庄人克服了种种困难，地表的碱土挖走后，新翻的土地是生土，他们用两种方法进一步改造生土，第一，到五里外的北运河拉淤土；第二，抬村内的坑土。经过三个冬春的艰苦奋斗，他们采取剥皮换土、深翻窑碱、台田压碱淋碱、综合治理等方法，取得了改碱治地的胜利。他们投入了 7 万多个工时，把 1500 多亩盐碱地全部改造一遍，原来的盐碱荒变成了千亩良田。开挖各种沟渠 19 条，填平 500 亩洼坑、洼

---

① 安徽省革命委员会、宿县专区革命委、萧县革命委员会调查组：《靠大寨精神建设社会主义新农村——安徽省萧县郭庄大队的调查报告（讨论稿）》1970 年 1 月 22 日。安徽萧县档案馆馆藏：全宗号 62，目录号 1-1，案卷号 14。

地 8 处，土方 18 万立方，打了 8 眼机井。狠抓了肥料，组织了 50 多人的专业积肥队，大规模积肥、沤肥。大搞科学种田，成立了科学实验小组，坚持试验，基本上实现了大队棉花、小麦、高粱等作物的良种化；变革耕作制度，提高土地利用率，复种指数从以前的 120% 提高到 1969 年的 176%。还开展了多种经营，种植各种果树 150 多亩。1968 年，亩产粮食 500 斤以上，棉花 100 斤以上，实现粮棉双超“纲要”，1969 年又比 1968 年增产 20% 以上。

调查报告最后总结：郭庄大队，是安徽省开展“农业学大寨”运动中，依靠自力更生、艰苦奋斗，迅速改变落后面貌，建设社会主义新农村的一个典型。全省学大寨，赶郭庄，超纲要的群众运动正轰轰烈烈开展起来，全省学郭庄，郭庄怎么办？郭庄人表示：郭庄学大寨，郭庄学全省。

1970 年 5 月《淮北平原农业学大寨的一面红旗——萧县郭庄大队自力更生改碱治水的调查报告》出台。萧县郭庄大队地处淮北，水旱灾害严重。郭庄在农业学大寨运动中，改碱治地是其典型的业绩，治水也是重要的一环。

报告认为，农业学大寨运动以来，贫穷落后的郭庄发生了巨大变化，1968 年粮棉双超“纲要”，1969 年继续增长，同时，集体经济进一步壮大，扩大了集体积累，添置了包括拖拉机在内的一批农业机械。目前（1970 年 5 月），郭庄大队革命和生产到处呈现一片欣欣向荣的景象。

重视水利建设是郭庄大队发生巨大变化的重要原因。1949 年之后，郭庄参加治理了龙河、岱河、萧濉新河等河流。1963 年大水，大批人口外流，土地荒芜。1964 年，农业学大寨运动开始之后，10 月，郭宏杰从外队调回郭庄大队任党支部书记。郭宏杰整顿了党支部，成立了新的党支部。新的党支部公布了一个农田水利建设规划。郭庄大队在改碱治地中认识到，改造盐碱地必须和防洪排涝相结合，只有把排涝问题解决了，才能把碱地根治好。

1968 年秋，郭庄实行了以大队为核算单位。这为进一步搞好农田水利基本建设创造了更为有利的条件。大队进行了社会主义新农村的全面规划：去掉了弯路、斜路，取直了大路；统一了水的流向；机井的布局，高压线的架设，渠道的不直，桥涵的配套，新房屋的兴建，工厂的设置，田块的安排，树木的栽种，等等，都进行了全盘的考虑。

郭庄大队采取了剥皮换土、深翻窑碱、台田压碱淋酸、综合治理等方法，投工7万多个，开挖各种沟渠19条，填平洼坑500多亩，洼地8处，计土方18万立方，把1500多亩盐碱地改造成了良田。同时，做到沟渠配套，水流畅通，在连续降雨200—300厘米的情况下可以不受涝，保证丰收。

要发展农业，还要解决灌溉问题。淮北的灌溉主要靠打机井。1968年夏，郭庄大队决定打井。他们自力更生很快就打了三眼机井，不仅工程速度快，质量也好。到1970年5月，郭庄大队已打机井12眼，可以灌溉千亩土地。

从1968年秋天到现在（1970年5月），一直按照规划进行，已初具规模，形成了一个田、路、台、沟、林、井、渠、电八结合灌溉园田化系统，出现了一个交通方便、灌溉方便、种植方便、排涝方便的新型的社会主义大农田。

在当时的历史条件下，调查报告认为，郭庄大队农田基本建设之所以又快又好，是因为这个好班子有个好班长郭宏杰。1964年10月郭宏杰回到郭庄担任大队党支部书记后，坚决走农业学大寨的道路，他走访了70多户贫下中农，倾听了群众的意见和要求，到每块盐碱地里调查研究，制订了郭庄的改碱治地规划，按计划一步步实施。郭宏杰以身作则，在治理龙河的过程中，身负重伤不下战场；他赤脚第一个跳进有冰的坑里，带头挖塘泥。群众称他是“好带头人”，领导班子成员称他是“好班长”。

郭庄大队在农田水利建设中取得了巨大成绩，但还要找出差距，继续前进。他们研究制订了1970年至1974年的生产规划，其中重要的内容有：进一步搞好农田水利建设，整修台田、条田，疏通沟渠，准备再打机井八眼，并从1970年冬天起，建设永久性的灌溉渠道。1970年基本完成田间土地平整。狠抓农家肥，大种绿肥，扩大稳产高产农田。争取1970年粮食过长江，棉花增产20%。1974年粮食亩产超千斤，棉花亩产超

200斤。①

1970年6月8日,《新安徽报》头版头条大字通栏标题刊登了萧县革委会政工组、安徽省革委会政工组组织小组、《新安徽报》记者联合调查组的调查报告。《萧县郭庄大队整党建党调查报告》。《调查报告》的主要内容是郭庄大队不断进行党的整顿和建设，把党支部建设得更加纯洁，更加坚强，更加朝气蓬勃。

1971年3月8日《新安徽报》发表了《新安徽报》通讯员、《拂晓报》记者、安徽省广播电视台记者和《新安徽报》记者联合撰写的《充分发挥妇女“半边天”的作用——萧县郭庄大队妇女工作的调查报告》。

郭庄有800多人，妇女占一半以上。1964年农业学大寨运动之前，大队干部对妇女的作用认识不足，认为她们孩子多，家务重，一度放松了对妇女工作的领导，以致有些妇女不关心政治，不注意参加集体生产劳动。后来，大队党支部学习了毛泽东关于妇女工作的一系列指示，认识到，发动妇女，农业学大寨运动才能更好地发展起来，才能促进社会主义革命和建设。尤其是六十多岁的刘世侠老大娘从十多里外的女儿家背回一篮子红土，倒在改过碱的集体耕地上。这种热爱集体的精神，鼓舞了全大队社员改天换地的战斗意志。刘大娘的行为，体现了广大妇女紧跟伟大领袖毛泽东干革命的坚强决心，改天换地的意志。大队党支部认识到，用毛泽东思想武装起来的妇女不仅是生产斗争的一支生力军，还是一支不可忽视的重要革命力量。从此，大队党支部就把妇女工作作为党的一项重要工作来抓，确定一名党支部委员分管妇女工作，各队都配备一至两名妇女干部，加强对妇女工作的领导。

在组织妇女学习过程中，大队党支部还针对妇女有孩子拖腿、家务缠身的实际情况，采取了许多办法，创造了许多有利条件，帮助妇女学习，让她们能够参加更多的政治活动。在各队建立了辅导员制度，由辅导员登门帮助妇女学习毛泽东著作。同时，还发动在校的红小兵，利用课余时间

---

① 《淮北平原农业学大寨的一面红旗——萧县郭庄大队自力更生改碱治水的调查报告》(1970年5月),《郭庄大队调查报告典型材料》，萧县档案馆馆藏，永久卷，全宗号62，目录号1-1，案卷号2。

帮助家里的人学习。坚持办好家庭学习班和联户学习班。全大队的家庭学习班有170多户，联户学校班有70多个。“三秋”“四夏”的大忙季节，大队还开办了农忙食堂，各队都组织托儿组。这样就使妇女摆脱了家务事，更好地参加集体生产劳动和政治学习。

由于坚持对妇女进行思想的教育，郭庄大队妇女的精神面貌发生了深刻的变化。几年来，有35人被评为大队的标兵，有190人被评为活学活用毛泽东思想的积极分子和五好社员，有8人先后出席了省、地、县“积代会”。1969年“四夏”中，收、种、管齐头并进，900亩小麦要收，140亩水稻要栽，500亩棉花要管。而大部分男劳动力都投入打井、积肥等农活上去了。广大妇女凭着“一不怕苦，二不怕死”的精神，胜利完成了“四夏”任务。①

三、省专区县各级农业学大寨会议及其他会议上的郭庄

自1969年安徽省革委会树立郭庄农业学大寨的典型后，为了抓好郭庄这个典型，安徽省、宿县专区和萧县的许多重要会议或下放到郭庄召开，或组织参会人员到郭庄参观学习。每年以郭庄为基地召开各种类型的学大寨会议、讲用会或现场会，还多次举办专题毛泽东思想学习班，对专、县、社、队各级主要负责人分别进行轮训。每次会议，少则几百人，多则上万人，来自各地的参会人员便利用休会时间参观郭庄大队，每年数次到郭庄报到似乎成为一项例行公事，“全省不少公社党委书记说：‘郭庄谁家锅门朝哪俺都熟悉，省城合肥是什么样子还不知道！’”②

根据资料记载，在萧县郭庄召开的省级会议主要有：

1969年7月5日至16日安徽省革委会召开的第二次农业学大寨政治工作会议在合肥举行。出席会议的有各专区、市、县革命委员会和生产建设兵团的代表，省和各专区贫代会的代表，以及来自全省各地的部分社

① 《新安徽报》通讯员、《拂晓报》记者、安徽省广播电视台记者、《新安徽报》记者：《充分发挥妇女“半边天”的作用——萧县郭庄大队妇女工作的调查报告》，《新安徽报》1971年3月8日第1版。

② 吴孝桐：《“安徽大寨”的兴与衰》，《江淮文史》，1997年第6期，第8页。

队代表和下放干部，知识青年代表等，共550余人。会上，“省革委会作出了关于以郭庄大队为榜样，更加深入扎实地开展农业学大寨运动的决定。”为了总结和传播学大寨的先进经验，更好地开展比学赶帮运动，大会组织了全体代表到萧县郭庄大队现场参观学习。①

1969年10月7日召开全省农业座谈会上。会上提出在1975年全省全面实现《全国农业发展纲要》，郭庄、柳西等13个先进单位向全省社队提出开展社会主义革命竞赛倡议，到会同志热烈响应。②

1970年6月1日至4日的安徽省革委会在郭庄召开“农业学大寨、赶郭庄、超‘纲要’”会议。这次会议不但在郭庄召开，而且郭庄成为会议的中心内容。

参加会议的有县以上革委会主要负责人、部分农村大队的代表，以及有关方面的负责人。会议期间，参会人员参观了郭庄大队的丰产现场，听取了郭庄大队的经验介绍和省革委会负责人的报告。③郭庄大队还交流了农业超“纲要”的经验。参会人员认真学习了郭庄大队实现农业超“纲要”的先进经验，一致认为，要加快农业超“纲要”。

会议在谈到农业超“纲要”的右倾保守思想“唯条件论”时，说郭庄是一个出了名的“老碱窝”，自力更生、艰苦奋斗，认真展开了“农业学大寨”运动，粮棉产量1968年、1969年连续两年超了“纲要”，1970年又提出“赶江南”“夺千斤”的口号。④

1970年8月25日至10月5日，国务院召开了北方地区农业会议。参加会议的有北方14个省、直辖市、自治区的省、地、县级领导和部分公社、大队代表等1259人。郭庄大队党支部书记、革委会主任郭宏杰代

---

① 《省革委会召开第二次农业学大寨政治工作会议，扎扎实实学习大寨精神，推动学大寨运动蓬勃发展》,《新安徽报》1969年7月18日第1版。

② 《开展农业革命竞赛，实现农业发展纲要》,《新安徽报》1969年10月19日第1版。

③ 《全省农业学大寨、赶郭庄、超‘纲要’会议在郭庄召开，举旗抓纲紧跟照办尽快实现农业超‘纲要’》,《新安徽报》1970年6月18日第1版。

④ 安徽省革命委员会:《安徽省农业学大寨、赶郭庄、超“纲要”会议纪要》(1970年6月4日)萧县档案馆馆藏，全宗号14，目录号1–2，案卷号3。

表郭庄大队提交的材料，被当作安徽省出席会议的典型材料之一。郭宏杰首先介绍了学大寨前郭庄大队的贫穷落后，自 1964 年开展“农业学大寨”运动以来，农业生产得到迅速发展。郭庄大队党支部改组领导班子走上学大寨改造盐碱地道路，制定出“奋战三五年，改好盐碱地，粮棉超《纲要》”规划，经四年时间，于 1968 年粮食亩产 502 斤，棉花亩产达 103 斤，粮棉双双超《纲要》。1969 年成为安徽省农业学大寨先进单位后，郭庄以防骄、防松为主要内容，进而定下了 1970 年粮食“过千斤”，棉花“过两百”的跃进目标。截至 1970 年，郭庄大队“900 多亩小麦平均亩产 422 斤，总产 38 万斤……150 多亩春高粱和玉米，预计单产可达千斤左右；140 亩水稻预计单产可达 700 斤左右……500 多亩棉花普遍高达一米左右……亩产 200 斤是可以达到的。”“现有机井 16 眼，完全由电力带动，并有数十条沟渠，还备有一大批喷雾器和各种农药，基本上可以做到旱来能抗、涝来能排、虫来能灭。”①

9 月 4 日凌晨一时，时任安徽省革委会主任李德生在北京友谊宾馆接见了安徽省出席北方地区农业会议的代表。李德生问郭庄大队党支部副书记郭宏哲：“郭宏哲同志，你们与大寨比，有没有差距？”郭宏哲答：“思想差距很大。”李德生说：“你们要好好地学习，找找差距，要总结一下。北方地区农业会议，就是要在全国落实毛主席‘农业学大寨’的伟大号召。”李德生要求安徽省参会的代表要把大寨的根本经验学到手，会后，安徽农业学大寨运动进一步掀起高潮。

安徽省革命委员会核心小组，为了贯彻北方地区农业会议精神，一方面组织了几百位同志到大寨学习，要求专、县第一把手都去。另一方面就是安徽省革委会于 1970 年 10 月 9 日至 16 日召开了安徽省农业学大寨会议。这次会议是省、专（市）、县、社四级干部会，要求一把手都要参

① 萧县郭庄大队党支部书记、革委会主任：《狠抓两条路线斗争，盐碱地里实现粮棉生产跃进再跃进》，1970 年 8 月，萧县档案馆馆藏，全宗号 62，永久，目录号 1-1，案卷号 01。

会。这次会议是省革委会成立以后规模最大的一次工作会议。①

王光宇在会议上详细传达了北方地区农业会议的精神，回顾了安徽农业学大寨的状况，提到安徽农业学大寨的典型，如郭庄、柳西。李德生在这次省农业学大寨会议的报告中谈到大队核算和自留地时，都说到郭庄的做法效果很好。他说："改变核算单位的问题比较复杂。一种是改为大队核算后，生产搞得比较好，群众生活水平没有降低，而且有很大幅度的提高，所以，一致拥护。例如，郭庄大队是大队核算，它就没有问题嘛！"谈到自留地问题时，李德生说："自留地问题，像郭庄大队整个都安排好了，吃菜问题都安排好了，没有自留地，社员也没有意见。"②

这次全省农业学大寨会议之后，安徽省革命委员会于1970年11月15日作出"关于全面深入地开展农业学大寨群众运动的决定"。其中，"决定"要求"全面规划，加强领导，用'书记动手，全党办社'的精神抓好'学大寨，赶郭庄，超《纲要》'的群众运动。专、县两级要用主要精力领导这个运动，第一、二把手要亲自抓，要苦干实干拼命干，真正干出成绩来。"③

1971年6月1日至5日安徽省委、省革委会在萧县郭庄召开农业学大寨现场会。会议期间，参会的全部900多名代表参观了郭庄大队和学大寨、赶郭庄取得显著成效的马场、东方红、郑腰等8个大队。④郭庄大队党支部副书记郭宏光在现场会上作了长篇发言。该发言全文刊登在《新安徽报》1971年6月18日第3版上。发言有三个部分，一是郭庄大队领导班子的成长历程，二是教育农民，引导农民改变思想观念，三是"科学种田闯新路"。介绍了郭庄科学种田的三点措施：1. 改革耕作制度，用营养钵育苗，延长生长期，不误茬口。2. 实行间套种，要掌握不同作物的

---

① 《李德生同志在省农业学大寨会议上的讲话》（1970年10月10日上午），萧县革委会长期卷，萧县档案馆馆藏，全宗号14，目录号1-2，案卷号05。

② 《李德生同志在省农业学大寨会议上的讲话》（1970年10月10日上午），萧县革委会长期卷，萧县档案馆馆藏，全宗号14，目录号1-2，案卷号05。

③ 《安徽省革命委员会关于全面深入地开展农业学大寨群众运动的决定》（1970年11月15日），《新安徽报》1970年12月1日第1版。

④ 《进一步掀起农业学大寨新高潮》，《新安徽报》1971年6月18日，第1版。

生长规律，利用矛盾，相互促进，充分利用地力和空间。3. 多施农家肥，大种绿肥，少用化肥。①

1972 年 11 月 8 日至 20 日安徽省委召开了全省第五次农业学大寨会议。11 月 12 日，时任省委书记宋佩璋在会上作了报告。报告讲到郭庄大队党支部加强领导班子建设，落实党的政策，经过艰苦奋斗，彻底改变了历史上多低产的面貌，学大寨 8 年来粮食亩产增长了 11 倍半，皮棉亩产增长了 5 倍。”②

11 月 14 日，郭宏杰在会议上作了约 2 万字的长篇发言。主要是汇报萧县和郭庄近两年来学大寨的情况。关于萧县学大寨的情况，也和郭庄密切相关，因为萧县的学大寨，主要是学郭庄，推广郭庄经验。这里主要涉及郭宏杰所讲的郭庄学大寨的情况。

在进行路线教育，解决方向性问题上，郭庄大队联系实际进行路线、政策教育，例如在养猪问题上落实党的“公养私养并举”的方针，由限制私人喂养改为鼓励喂养。郭庄联系实际进行路线、政策教育的做法，根据社员提出的 200 多条意见，归纳了 5 个专题，印发全县，推动了批修整风和社教运动的深入开展。

在谈农田基本建设，改变生产条件时，郭宏杰讲了郭庄大队改碱治地，科学种田，粮棉双增产的事迹。对郭庄改变生产条件，发展生产的三点体会：1. 无产阶级的艰苦创业思想，是办好社会主义农业的重要因素。2. 人的主观能动性的发挥，离不开客观实际情况。3. 要用创高产的思想指导改变生产条件。③

1973 年 1 月 11 日至 1 月 15 日在萧县郭庄召开了“淮北地区原二十

---

① 郭宏光：《坚持用毛泽东思想教育人，不断攀登新高峰——郭庄大队党支部书记郭宏光在省农业学大寨现场会上的发言》，《新安徽报》1971 年 6 月 18 日第 3 版。

② 宋佩璋：《以路线为纲，进一步深入开展农业学大寨运动，为加快发展安徽农业而奋斗！——宋佩璋同志在全省农业学大寨会议上的报告》（1972 年 11 月 12 日），萧县档案馆馆藏，全宗号 62，目录号 1-1，案卷号 12。

③ 中共安徽省委农业学大寨会议秘书处：《郭宏杰同志在省农业学大寨会议上的发言》（1972 年 11 月 14 日），郭庄大队 1972 年永久卷，萧县档案馆馆藏，全宗号 62，目录号 1-1，案卷号 1。

个后进大队座谈会”。座谈会由郭宏杰和王光宇主持，并分别在会上讲了话。① 郭宏杰主要讲了学大寨中有的地方为什么学不好的问题时谈到，学大寨还要很好地解决作风问题。其中很重要的一点，是要坚持干部参加集体生产劳动的制度。郭庄的干部，一年一定要保证劳动三百天。②

1973 年 5 月 23 日的安徽省委在萧县郭庄召开“全省第六次农业学大寨会议”。这次会议上省委提出要加快“社队变大寨，县变昔阳”的步伐，努力完成和超额完成 1973 年的农业计划，力争 1974 年全省粮食产量达《纲要》，在 1973 年、1974 两年内全省的面貌有个较大的改变。③

1973 年 5 月 28 日至 30 日的安徽省农业点抓点工作座谈会在郭庄召开。

1974 年 1 月 5 日至 13 日安徽省农业学大寨先进单位代表大会在郭庄召开，出席大会的代表 2550 多人。④ 会议由当时的省委书记王光宇主持，省委、省革委会、省军区、驻皖部队、安徽生产建设部队的负责人宋佩璋、李任之、郭宏杰、王光宇、娄学政、杨效春、王翀、任质斌、强玉凤、张秀英、尹良美、李东林、陈广友、应宣权、王文秀等出席了大会。出席大会的还有省工会、省贫协、省妇联、团省委的负责人。省委书记宋佩璋作了重要讲话。⑤ 时任省委书记郭宏杰在会上作了报告并主持了闭幕式，王光宇作了总结报告。⑥ 郭宏杰在报告中回顾了 1970 年北方地区农业

---

① 中共安徽省委：《批转省农林局“关于淮北地区原二十个后进队的情况汇报”》（1973 年 2 月 20 日），萧县革委会 1973 年长期卷，全宗号 14，目录号 1-2，案卷号 2。

② 安徽省革命委员会农林局整理：《郭宏杰同志在淮北地区原二十个后进大队会议上的讲话》（1973 年 2 月 6 日），萧县革委会 1973 年长期卷，全宗号 14，目录号 1-2，案卷号 2。

③ 王光宇：《深入批林整风，大鼓革命干劲，为完成和超额完成今年农业计划和力争明年全省粮食产量达〈纲要〉而斗争》（1973 年 5 月 23 日）；中共安徽省委：《关于印发王光宇同志在全省第六次农业学大寨会议上的报告和省农业点抓点工作座谈会纪要的通知》（1973 年 7 月 8 日），萧县革委会 1973 年长期卷，全宗号 14，目录号 1-2，案卷号 2。

④ 《省农业学大寨先进单位代表大会今日在郭庄开幕》，《安徽日报》1974 年 1 月 5 日第 1 版。

⑤ 《省农业学大寨先进单位大会隆重开幕》，《安徽日报》1974 年 1 月 7 日第 1 版。

⑥ 《省农业学大寨先进单位代表大会胜利闭幕》，《安徽日报》1974 年 1 月 17 日，第 1、2 版。

会议后特别是近一年多来，安徽学大寨取得的成绩。

会议的高潮是1月9日上午陈永贵在会议上作报告。陈永贵报告的主要内容是介绍大寨的艰苦创业史以及昔阳学大寨的成绩。但他在报告开场白和报告中，多次谈到郭庄，对郭庄的评价相当高，把郭庄放在了与大寨一样的位置，甚至更高的位置。

陈永贵在开场白中说："今天是我到安徽的第四天。我来以后，听了省委的情况介绍，到下边看了两天，总共跑了三个县，重点看了安徽的大寨——郭庄大队，希望同志们要认真地向郭庄大队学习，向萧县学习。"①报告中多次谈到郭庄，把郭庄与大寨并列，相比较一起讲。在讲到大寨创业史上的阶级斗争和路线斗争时，陈永贵说："这次看了郭庄大队，他们的丰收是怎么来的？有些地方条件跟郭庄相等，有的改变了；有的条件比郭庄还好，现在那里产量还没上来，还是低产田。郭庄的条件差，变成高产田，有些地方条件比郭庄好，还是低产田。拿党的基本路线去对照，那是路线问题，那不是低产和高产的界限问题。路线对头了，低产田可以变高产田；路线不对头，高产田也可以变低产田。郭庄能说明这个问题，大寨大队同样能说明这个问题。郭庄大队可以创造高产条件，有些地方比郭庄的条件还好，怎么没有利用好自己的条件？"②在讲到大寨"以粮为纲，全面发展"时，陈永贵说："我们过去和郭庄一样，连一个骡马都没有，现在全大队有八十多头骡马。平均每人有果木树八十棵。"讲到有的社队不服气大寨时，陈永贵说："我们那里在刚开始时，有相当一部分社队不服气大寨，在安徽也有这种情况，我看也有相当一部分社队前几年不服气郭庄，你不服气郭庄，看你将来服不服。"③在讲到昔阳县的农田水利建设时，陈永贵说："昔阳县这几年主要抓了农田水利基本建设，改变生产条件，是不是我们就做得够了？我们还差得多。我回去要更好地创造条件，我们已经写信回去了，全国学大寨，大寨怎么办？大寨学萧县，大寨学

---

① 《陈永贵同志的报告》（摘要），《安徽日报》1974年1月12日第2版。

② 《陈永贵同志的报告》（摘要），《安徽日报》1974年1月12日第2版。

③ 《陈永贵同志的报告》（摘要），《安徽日报》1974年1月12日第2版。

郭庄。”①

1月9日和10日，参加大会的代表学习和讨论了陈永贵的报告。其中郭庄大队代表郭宏哲说，“永贵同志对我们郭庄大队的鼓励，是对我们的鞭策，我们在思想上和工作上，还有很多差距，对国家贡献还不大。我们一定更加虚心向大寨学习，深入进行思想和政治路线教育，继续深入开展农业学大寨运动，夺取新胜利。最近我们郭庄大队正学习大寨‘千里百担一亩苗’的革命精神，拉土压碱，进一步改变生产条件，用实际行动回答陈永贵同志对我们的关怀。”②

1975年2月20日至3月1日，安徽省委在萧县郭庄召开了“安徽省第七次农业学大寨会议”。时任中共安徽省委书记宋佩璋、郭宏杰、王光宇，省委常委陈作霖、强玉凤出席了会议。参加会议的有各地、市、县委的负责人，各地区、市、县革委会政工组、生产指挥组、农林局、水电局、机械局的负责人，典型社队的代表，上山下乡知识青年的代表和支农单位的代表，安徽生产建设兵团、省军区和省直有关组局的负责人，共1590多人。

省委书记王光宇代表省委作了报告。报告分析了安徽省一年来农业学大寨运动的形势，总结经验，提出加快学大寨、赶郭庄、超《纲要》步伐，实现农业新跃进的意见。郭庄大队、萧县、利辛县柳西大队等单位的代表在大会上作了发言。参加会议的全体人员分期分批先后参观了郭庄大队以及萧县永堌公社朱庄大队等一批先进典型社队。会议特别指出：郭庄十年学大寨，自力更生、艰苦奋斗，大干社会主义，革命和生产蓬勃发展，去年粮食平均亩产1835斤，棉花平均亩产皮棉170斤。③

会议期间，省委领导和参加这次会议的全体人员在郭庄大队等地参加

---

① 《陈永贵同志的报告》（摘要），《安徽日报》1974年1月12日第4版。

② 《抓大事抓路线抓政治思想工作进一步掀起农业学大寨新高潮》，《安徽日报》1974年1月13日第1版。

③ 《坚持党的基本路线把农业学大寨运动推向新高潮》，《安徽日报》1975年3月6日第1版。

了集体生产劳动。[①]

1976年1月5日至19日的安徽省第八次农业学大寨会议在萧县郭庄召开。出席会议的有省委、省革委会、各地、市、县、公社和部分大队的负责人，省直机关、大学、驻皖部队、省工农学习班、农垦系统的代表共五千七百多人。[②]到会人员参观了郭庄和萧县学大寨的成就，听取了郭庄、萧县等26个先进单位的经验介绍，郭宏杰代表省委向大会作了《全党动员，加快步伐，为普及大寨县而奋斗》的报告。[③]1月5日，省委第一书记兼革委会主任宋佩璋在会上讲话说：郭庄和萧县人民在大寨和昔阳英雄事迹的鼓舞下，发扬不怕困难，敢于斗争的革命精神，使郭庄和萧县"旧貌变新颜"，年年都有新发展。[④]宋佩璋说，按照大寨、昔阳的标准，按照郭庄、萧县学大寨的步伐来看，差距很大。[⑤]

1月19日，宋佩璋作了总结报告。宋佩璋指出：通过这次会议，提高了对大寨根本经验的认识，同时提高了对郭庄大队学大寨经验的认识，郭庄大队学大寨11年，把过去资本主义泛滥、多灾低产的"盐碱窝"，建设成为欣欣向荣的社会主义新郭庄。郭庄大队为全省树立了真学大寨的榜样，提供了学大寨学根本的丰富经验，全省农业学大寨运动的深入发展是和推广郭庄大队学大寨的经验紧密相连的。萧县在生产建设上大干苦

---

① 《坚持党的基本路线把农业学大寨运动推向新高潮》，《安徽日报》1975年3月6日第1版。

② 《省第八次农业学大寨会议今日在郭庄召开》，《安徽日报》1976年1月5日第1版。

③ 《宋佩璋同志在全省第八次农业学大寨会议上的总结报告》（一九七六年一月十九日），萧县革委会，1976年长期卷，萧县档案馆馆藏，全宗号14，目录号1-2，案卷号23。

④ 宋佩璋：《认真学习坚决贯彻毛主席两首词和元旦社论精神，进一步推动农业学大寨普及大寨县革命群众运动的深入发展——宋佩璋同志在安徽省第八次农业学大寨会议上的讲话》（一九七六年元月五日，根据记录整理），萧县革委会，1976年长期卷，萧县档案馆馆藏，全宗号14，目录号1-2，案卷号23。

⑤ 宋佩璋：《认真学习坚决贯彻毛主席两首词和元旦社论精神，进一步推动农业学大寨普及大寨县革命群众运动的深入发展——宋佩璋同志在安徽省第八次农业学大寨会议上的讲话》（一九七六年元月五日，根据记录整理），萧县革委会，1976年长期卷，萧县档案馆馆藏，全宗号14，目录号1-2，案卷号23。

干，迅速改变了原来的后进面貌，变为学大寨的先进县。会议认为，“郭庄就是安徽的大寨，萧县就是安徽的昔阳”，要真学大寨，就要坚决像郭庄、萧县那样去学。大家表示要认真学习郭庄大队党支部和萧县县委那种抓基本路线教育的决心，抓阶级斗争的胆量，抓生产改革的干劲，抓农田基本建设的气魄，让郭庄、萧县学大寨的经验在各地开花结果。①

宋佩璋指出：通过这次会议，进一步找了差距，解剖了思想。到会同志对照大寨、昔阳和郭庄、萧县，联系实际找了差距，一致认为，差距是多方面的，但最关键的还是领导班子不过硬。通过这次会议，鼓舞了干劲，增强了信心。有些同志来前认为自己干劲不小，步子很大。看了郭庄、萧县，感到差距很大，破了“满”字，决心回去大干了还要再大干。也有些同志来前信心不足，“难”字当头。他们参观了郭庄和萧县后，大大解放了思想。②

宋佩璋说：学大寨的关键要有一个坚强的领导班子，真正建成像郭庄大队党支部那样团结战斗的领导班子，要真正学大寨。③

1976 年 11 月 23 日至 12 月 2 日，安徽省首届财贸系统学大庆学大寨先进集体、先进个人代表大会在郭庄召开。参加会议的代表有 2700 多人。省委书记郭宏杰作了传达报告。省委书记王光宇作了题为《在彻底揭发批判王张江姚反党集团的斗争中，深入开展财贸学大庆、学大寨的群众运动，努力把财贸战线坚持无产阶级专政的坚强阵地》的报告。参会代表参观了郭庄大队等地。④

1976 年 12 月第二次全国农业学大寨会议上，郭宏杰作了题为《加强

① 宋佩璋：《宋佩璋同志在全省第八次农业学大寨会议上的总结报告》（一九七六年一月十九日），萧县革委会，1976 年长期卷，萧县档案馆馆藏，全宗号 14，目录号 1–2，案卷号 23。

② 宋佩璋：《宋佩璋同志在全省第八次农业学大寨会议上的总结报告》（一九七六年一月十九日），萧县革委会，1976 年长期卷，萧县档案馆馆藏，全宗号 14，目录号 1–2，案卷号 23。

③ 同②。

④ 《全省首届财贸系统学大庆学大寨先代会胜利闭幕紧跟英明领袖华主席彻底揭发批判“四人帮”掀起财贸系统学大庆学大寨群众运动新高潮》，《安徽日报》1976 年 12 月 9 日第 3 版。

党的领导，加快普及大寨县步伐》的发言。在谈到安徽省的农业学大寨、普及大寨县运动时，郭宏杰说，全省原有的13个学大寨的先进县进一步巩固提高，其中，萧县县委认真学大寨、赶昔阳，积极推广郭庄大队学大寨的经验，把一个长期靠吃回销粮的后进县建成为学大寨的先进县。① 中共安徽省萧县郭庄大队党支部作了书面发言。②

1977年2月26日的安徽省第九次农业学大寨会议在郭庄召开。参加会议的有省委、省革委会委员，省军区、军分区、人武部和驻军代表，省直各部、室、委、办、局和各大学负责同志，各地、市、县、区、公社的领导同志，各地、市县有关部门和群众团体的负责人，国营农、林、牧、渔场的代表，萧县郭庄大队等学大寨先进单位的代表，淮南大通煤矿等工业学大庆先进单位和大型厂矿的代表，各地、市、县支农先进单位的代表，上山下乡知识青年代表，回乡和插队当农民的大学毕业生，省派到县的党的基本路线教育工作队、联络组和地、市派到县的工作队负责人，共7800多人。这次会议是安徽省开展农业学大寨运动以来规模最大的一次会议。省委、省革委会的主要负责人宋佩璋、李任之、郭宏杰、王光宇、娄学政、潘启琦、任质斌、李定山、吴从树、强玉风、王有香、徐文成、张秀英、李胜利出席了大会。中共安徽省委书记、省革委会副主任王光宇主持会议。③

时任中共安徽省委第一书记、省革委会主任宋佩璋作了讲话。宋佩璋在讲话中多次提到郭庄，谈到粉碎“四人帮”之后的形势时，他说，我们看到大好形势的同时，要用一分为二的观点，看到我们存在的问题。同全国先进单位，如大寨、昔阳，我省的学大寨的先进红旗郭庄相比，还有很大的差距。我们一定要高标准，严要求，对照大寨、昔阳，萧县、郭庄等地，揭矛盾，找差距，树雄心，立壮志，建设更多的、高标准的大寨式的

① 郭宏杰：《加强党的领导，加快普及大寨县步伐——中共安徽省委书记郭宏杰在第二次全国农业学大寨会议上的发言（摘要）》，《安徽日报》1976年12月18日第3版。

② 中共中央：《第二次全国农业学大寨会议发言名单》，萧县革委会，1976年长期卷，全宗号14，目录号1-2，案卷号2。

③ 《我省第九次农业学大寨会议在郭庄隆重开幕》，《安徽日报》1977年3月2日第1版。

县和社队。他谈到批判“四人帮”的运动时说，各级党委认识提高了，能够像大寨、昔阳那样，能够像郭庄、萧县那样，敢于联系实际揭批“四人帮”，运动就能深入发展，抓纲治国的战略决策就能得到落实，各方面的工作就会有很大提高，农业学大寨、普及大寨县的运动就能够进一步深入发展。①

郭庄大队党支部书记郭宏哲在会上作了题为《举旗抓纲学大寨，大找差距攀高峰》的发言。

郭宏哲首先回顾了第二次全国农业学大寨会议之后普及大寨县运动的兴起，全省学大寨，赶郭庄的逼人形势，郭庄大队党支部学习“两个重要文件和陈永贵的副总理的报告，深揭猛批‘四人帮’，联系实际，整党整风”，回顾12年，总结1976年，展望1977年和1980年，制订新的生产计划。郭宏哲说，第一次全国农业学大寨会议以后，“四人帮”恶毒攻击华国锋的报告是“修正主义的”，并抡起“三反一砍”②的大斧，企图砍倒大寨红旗。这时，社会上也出现了攻击郭庄是“唯生产力论的典型”。郭庄大队党支部面对攻击，坚信学大寨的方向是对的，坚持学大寨不动摇，把大学大寨提高到一个新的水平。③

郭宏哲的发言分为三部分，其中重要内容有：

一、检查郭庄党支部存在的问题。郭庄大队领导班子里有的人用先进掩盖矛盾，用成绩掩盖问题；有的人认为大干多年了，该享受了。生活富裕了，该安逸了。有的人摆阔气，讲吃穿，丢掉了郭庄艰苦创业的精神。在管理上，思想教育不严，规章制度不全，漏洞不少。农业上干得多，实践多，总结少，研究少，科学种田水平不高。

二、调动一切积极因素，高速发展社会主义农业的根本经验。坚持整

---

① 宋佩璋：《抓纲治国，大批大干，沿着农业学大寨的道路阔步前进——省委第一书记宋佩璋同志在全省第九次农业学大寨会议上的讲话》（1977年2月26日），萧县县委档案，1977年长期卷，萧县档案馆馆藏，档案号：J001-WS-1977-C-007-001。

② “三反一砍”是指反对大批资本主义，反对大批修正主义，反对大干社会主义，砍大寨红旗。

③ 郭宏哲：《举旗抓纲学大寨，大找差距攀高峰——萧县郭庄大队党支部书记郭宏哲在省第九次农业学大寨会议上的发言（摘要）》，《安徽日报》1977年3月5日第3版。

党整风，加强党支部的革命化建设。郭庄大队学大寨12年，生产年年增产，关键的一点是不断加强党支部的革命化建设，增强领导班子的团结战斗力，郭庄大队党支部形成了“四带头，八在前”的作风。“四带头，八在前”是大队党支部带头学习马列著作和毛泽东著作，学在前，用在前；带头斗争，站在前，斗在前；带头参加集体生产劳动，走在前，干在前；带头搞科学实验活动，想在前，闯在前。对大队干部“三限制”：干部劳动不比社员少；生活水平不比社员高，家属不搞特殊化。多年来，郭庄大队党支部和大队干部严格履行“四带头，八在前”，遵守“三限制”，坚持参加集体生产劳动，坚持集体经济，走社会主义集体化的道路。多年来，采取按实际需要自报公议的方法分配口粮，教育群众发扬艰苦奋斗精神，发扬节约一粒粮食、一厘钱的精神，支援国家建设。

坚持正确处理三者关系，巩固扩大社会主义阵地。郭庄大队学大寨12年，比较正确地处理了国家、集体、个人三者关系。郭宏哲主要从三笔账中来说明这个问题的。第一笔账：对国家的贡献。从1950年到1964年，15年间，共吃国家救济粮107万斤，花国家救济款10万多元。从1966年开始，共向国家提供商品粮310万斤，皮棉80多万斤。第二笔账：集体积累不断增多。大队积累已有近百万元，每人平均近1000元，集体储备粮80多万斤，每人平均七八百斤。大队有各种机械100多件。已经办起8个厂。1976年投资20万元，扩建了磷肥厂、水泥厂和农机修配厂，新建了造纸厂，增加了运输力量。随着队办企业的兴旺，有40%多的整劳力实行亦工亦农。第三笔账：兴办许多公共福利事业。仅1976年用于社会主义福利事业的资金就达10多万元，其中公费医疗1万元，免费上学和兴办幼儿园、敬老院4万元，建新村数万元，还有文化生活费用和社员意外发生的困难补助等。大队还兴办了菜园、缝纫组、牛奶场，产品都半价供应给社员，烧柴价格很低。

三、郭宏哲分析了郭庄大队1977年能上、大上的有利条件。其中提到，郭庄有12年学大寨的经验，从思想觉悟到物质基础，都有较好的基础。但同大寨比还有差距。在管理上还有许多关系，如工农关系、农副关系、农林关系设有处理好，其中林业，树是单一品种，急待更新；在生产上，科学种田水平还不高，多年没培育出适应年产 2500 斤到 3000 斤一年三熟制的品种，棉花生产多年徘徊的状况没有打破；农业机械化的程度也不适应生产上的要求；“以粮为纲，全面发展”的方针贯彻落实还有差距，都是郭庄继续前进的潜力，是化消极因素为积极因素的动力。郭庄经验中还有：制订了大治大上的措施。1977 年大治大上的措施有：加强党的集中统一领导，加强党的民主集中制，以发扬党的优良作风为中心内容，狠抓整党整风。加强对社员的思想教育，提高农田基本建设和科学种田水平。保持和发扬“风雪战盐碱”“一篮红土”和“万里千车一亩田”的革命精神，继续改碱治地。① 这次会议上，郭庄大队作为“全省农业学大寨的一面红旗”被表彰，郭庄公社作为“农业学大寨先进公社”被表彰。②

除此之外，安徽省在郭庄召开的会议还有 1972 年 2 月“淮北地区二十个后进队座谈会”、5 月 6 日至 10 日“十个后进队宣传队负责人座谈会”、1972 年 8 月 18 日的“安徽省秋种会议”、1973 年 1 月 11 日至 15 日“淮北地区原二十个后进大队座谈会”、1973 年 5 月 28 日至 30 日“安徽省农业点抓点工作座谈会”、1974 年 1 月 5 日至 13 日“安徽省农业学大寨先进单位代表大会”、1975 年 7 月 2 日至 7 日“淮北和沿淮地区秋种水利会议”、1976 年 3 月 24 日至 30 日全省棉花生产会议、1976 年 8 月 26 日“安徽省教育革命经验交流会”、1976 年 11 月 5 日“安徽省财贸系统学大庆、学大寨先进集体、先进个人代表大会”等。

宿县地区在郭庄召开的会议有：

1972 年 11 月 1 日至 11 日在郭庄大队召开的宿县地区第九次全委扩大会议、1973 年 4 月 26 日至 5 月 3 日的宿县全区小麦生产会议、1974 年 11 月 17 日至 19 日的宿县地委和革委会“坚决落实毛主席重要指示，迎接国民经济新跃进”动员大会和全区广播动员大会、1975 年 5 月 17 日至 24 日于郭庄召开的宿县地区小麦生产会议、1976 年 6 月 6 日于郭庄召开

---

① 郭宏哲：《举旗抓纲学大寨，大找差距攀高峰——萧县郭庄大队党支部书记郭宏哲在省第九次农业学大寨会议上的发言（摘要）》，《安徽日报》1977 年 3 月 5 日第 3 版。

② 《省第九次农业学大寨会议表彰先进单位名单》，《安徽日报》1977 年 3 月 22 日第 2 版。

的宿县地区农业学大寨先进点小麦生产现场会等。

萧县县委在郭庄召开的会议主要有：1971 年 3 月 17 日通过“关于更加广泛深入地开展学大寨、赶郭庄，誓把萧县变昔阳群众运动”决议的中共萧县第四次代表大会、1972 年 10 月 7 日的萧县县委常委会议、1972 年 10 月 24 日至 29 日的中共萧县第四届委员会第六次全委扩大会议、1972 年 12 月 25 日至 1973 年 1 月 9 日的萧县第一次农业学大寨和先进代表大会、1973 年 12 月 9 日至 15 日的萧县第二次农业学大寨和先进代表大会、1974 年 2 月至 2 日的“以大寨、昔阳为榜样，苦干二年，誓把萧县建成郭庄县”誓师动员大会、1974 年 8 月 6 日至 12 日的萧县农业学大寨工作会议、1974 年 11 月 29 日至 12 月 21 日的萧县县委扩大会议、1974 年 12 月 1 日至 4 日纪念毛泽东“农业学大寨”伟大号召发表十周年大会、1977 年 2 月 2 日的萧县第三次农业学大寨先代会和第六次农业学大寨会议等。

每次会议时长少则七八天，多则半个月以上，参会人数也自几百人至上万人不等。除正式会议外，全国各地还多次多批组织县直部、委、办、局、组和区、乡、镇的负责人前往郭庄参观、学习、取经。1973 年 3 月的县委工作会议上，郭宏杰指出：“三年来，全县各地组织广大干部到郭庄参观学习的达七十多万人次，并利用各种形式，大力宣传大寨精神和郭庄学大寨的经验。”①1970 年至 1972 年，仅萧县各地的参观者便达 70 多万人次，再加上全国各地的慕名而来者以及省、地、县在此地召开的正式和非正式会议，其盛况可想而知，真是“直把郭庄捧得如痴如醉”。②

四、画家、文学家笔下的郭庄

较早宣传郭庄的连环画是发表于 1969 年 9 月 21 日《新安徽报》第 4 版的《农业学大寨的一面红旗——郭庄大队》。该连环画为“国庆画刊”专栏，署名是《新安徽报》宿县记者站。连环画一共 18 幅。主要内容是讲述郭庄大队学大寨的创业史，即郭庄人如何把贫穷落后的旧郭庄建设成

---

① 中共萧县县委：《郭宏杰同志在县委工作会议上的报告》，1973 年 3 月 6 日，萧县档案馆馆藏，全宗号 14，目录号 1-1，永久，案卷号 06。

② 吴孝桐：《“安徽大寨”的兴与衰》，《江淮文史》，1997 年第 6 期，第 8 页。

为粮棉双超《纲要》的新郭庄，成为安徽省农业学大寨的一面红旗的历程。这个过程主要是靠学大寨，靠郭庄大队党支部书记领导，靠郭庄人学习毛泽东思想，靠郭庄人的自力更生，艰苦奋斗。

影响最大的是 1970 年 9 月，萧县革命委员会政工组、安徽省艺术学校、安徽省幻灯制片厂、安徽省毛泽东思想宣传馆等单位共同编绘的连环画《一朵盛开在淮北平原的大寨之花——肖县朔里公社郭庄大队》由安徽省革命委员会出版发行局出版，芜湖新华印刷厂印刷，安徽新华书店发行。连环画扉页是：

> 毛主席语录
>
> 农业学大寨
>
> 穷则思变，要干，要革命。一张白纸，没有负担，好写最新最美的文字，好画最新最美的画图。

连环画共 136 面，手绘黑白画。主要内容是：

> 郭庄大队地处淮北平原，三个自然村，八百零二口人，一千七百五十一亩土地。盐碱地占百分之九十以上，碱害严重的土地，不长庄稼，也不长茅草。就是最好的土地，在正常年景下，粮食亩产不过百斤，棉花亩产不过二十斤。
>
> 这个大队遵照伟大领袖毛主席关于“农业学大寨”的教导，坚持“自力更生”“艰苦奋斗”的方针，与天斗，与地斗，与阶级敌人斗，经过短短五年时间，发生了巨大的变化，毛泽东思想深入人心，人民的精神面貌焕然一新，农业生产得到了飞跃发展。一九六八年，这个历史上多灾低产、地薄人穷出了名的大队，粮棉亩产量破天荒一跃超过《全国农业发展纲要》规定的指标。一九六九年，粮棉产量继续大幅度增长，粮食亩产六百三十斤，棉花亩产一百二十六斤，彻底改变了长期依靠国家的局面，而且，连续几年向国家提供了大量的商品粮和棉花。现在这个大

队的革命和生产到处呈现出一片欣欣向荣的景象，成为全省“农业学大寨”的一面鲜艳红旗。①

1970 年 10 月 18 日《新安徽报》第 4 版选登了“数风流人物还看今朝”美展作品选，其中第一幅是郭庄改碱治地的中国画。

1974 年 2 月 3 日《安徽日报》第 4 版刊登了署名李光轶、刘士光的诗——《写在郭庄的土地上》：

这里不是江南，出现了江南奇迹，
这里不是大寨，飘扬着大寨红旗！
这里的土地激荡着战斗豪情，这里的空气充满了青春活力！
郭庄人靠毛泽东思想斗败了碱荒。
哪一双手上没留下苦战的标志？
郭庄人富有的不仅是银棉金穗，
更可贵的是改天换地的志气！
看，钢铁骏马正驶过郭庄沃野，
喧闹的打谷场上正散发出时代的气息！
抓把泥土闻一闻吧，土层里埋葬着郭庄荒凉的过去——
这里是盐碱盘踞的土地，
万恶的盐碱吞去大地的蓬勃生机！
盐碱地里收的是白茫茫的盐碱，
还有那盐碱一样苦涩的眼泪……

一声春雷唤醒了山山水水，
农业学大寨的号角似东风劲吹！
“大寨人能治山我们就能改碱！”

① 《一朵盛开在淮北平原的大寨之花——肖县朔里公社郭庄大队》，安徽省革命委员会出版发行局出版，1970 年 9 月。

钢铁誓言化作了晴天霹雳！
大寨精神在郭庄人脉管里奔腾，
大寨红旗在郭庄人手中高举。
多少黎明，肩披漫天风雨，
多少夜晚，挑灯奋战不熄。
铁臂抡锹劈开三尺冻土，红心灼灼融化了冰天雪地！

大路上：车轮滚滚，骏马扬蹄，
送走盐碱、送走灾害、送走贫瘠。
碱地里：扁担展翅、抬筐飞舞，
担来红土、担来丰收、担来春色……
筐筐红土压下了千年碱荒，战天斗地的革命志气扎根在这里！
郭庄人的汗珠润绿了千顷红泥，
郭庄人在碱窝里跃马驰骋！

当年的盐碱窝啊，你在哪里？
啊，盐窝化棉海，碱土变粮堆！
郭庄人用汗水淌尽千年碱荒，
丰收的喜悦荡尽了盐碱的苦涩！
郭庄人用双手培育出大寨硕果，
碱荒啊已成为郭庄展览馆的陈迹！
郭庄，我省农业学大寨的火车头，
正带领千里江淮打响“渡江”战役……

1976 年 1 月 7 日《安徽日报》第 4 版刊登了全国著名“门歌”手殷光兰的长诗《唱给郭庄人的歌》。全诗分为四个部分，分别是“一班人”“刘大娘”“晁大爷”“半边天”。“一班人”是歌颂郭庄大队党支部，“刘大娘”是一篮红土事迹的刘世侠，“晁大爷”是指改碱英雄晁应堂，

“半边天”是指郭庄的妇女。全诗长达404行。

1976年1月18日《安徽日报》第4版刊登了牛广进[①]的组诗《萧县行》，第一首是《访郭庄》。该诗共141行，歌颂了郭庄人改碱治地的英雄事迹及成绩。

1976年1月22日《安徽日报》第4版发表了姜秀珍[②]的长诗《红旗引我唱郭庄》。全诗共236行，主体分为三个部分。第一部分是说郭庄学大寨之前的贫穷落后以及学大寨之后自力更生改碱治地的战斗以及取得的成绩。第二部分是说郭庄改种水稻取得的丰收。

> “淮北大地稻香飘，
> 喜得社员象看宝，
> 喜得心潮溅泪花，
> 喜得我山歌走了调。”

第三部分是说郭庄新貌。

> “文化室，影剧场，
> 托儿所，敬老院，
> 气象哨，广播站，
> 新景新貌叫不全。”

---

① 牛广进（1942—），男，1942年出生于安徽阜阳。1962年高中毕业后应征入伍，一直在部队从事文化宣传工作。1987年转业至《安徽日报》社副刊部，历任副主任、主任编辑。从1950年代起开始发表诗歌、散文、报告文学以及书画作品，并多次获军内外创作奖，部分作品还被翻译到国外。有诗集被中国社会科学院文学研究所收藏。出版有《战士爱唱红军歌》《新四军在安徽》《战地的花朵》《晚节流芳》《远方水土》等多部作品。中国作家协会会员，安徽省作家协会会员，安徽省党史学会理事，新四军研究会理事等职。2006年被聘任为安徽省文史研究馆馆员。

② 姜秀珍（1932—），女，贵池市人。自幼喜唱民歌、对歌。曾即兴唱出《民歌唱到北京城》和《敬酒歌》。历任中国作家协会会员、中国民间文艺家协会会员、中国文联第三届理事会委员、中国民间文艺家协会安徽分会副主席。自编民歌集《一个女歌手的歌》获1983—1988年中国民间文艺家第二届全国优秀民间文学作品三等奖。

1977年1月23日《安徽日报》第4版发表孙中明[①]、王文忠[②]的组诗《萧县风情》。其中《红土的歌》是写郭庄的。诗歌以两句郭庄大队新民歌“团团红土放光华，映红郭庄大寨花”为题记，共40行，歌颂郭庄在改碱治地中用来压碱的红土（淤土）。诗中写道：

“梦红土啊思绪远，
峥嵘岁月掠眼帘，
如见红土喷光焰，
旗舞车飞战盐碱。”
“红土好似郭庄人，
英姿勃勃斗盐碱，
郭庄人似红土啊，
心红胆赤夺丰年。”

为了宣传郭庄大队改碱治地斗争的经验，北京科学教育电影制片厂根据上级指示，围绕着郭庄人艰苦奋斗改造盐碱地的历程编写电影文学剧本。在安徽省及地县公社大队各级领导的支持下，1972年6月，电影脚本草稿完成，当时剧本名暂定为《盐碱窝变成粮棉仓——郭庄大队改造盐碱地的经验》。在当时的历史条件下，脚本草稿共有11组画面，一组画

---

① 孙中明，安徽萧县人。1956年6月出生于南京一个军人家庭。1973年参军，同年开始发表诗作，在全国100多家报刊发表诗歌逾千首，诗论文章10余篇。诗歌和诗词作品多次获全国性大奖，并有部分诗作翻译介绍到国外。曾有《雨和笋之歌》《绿树与花》等诗集问世。

② 王文忠（1941—），笔名曹素贫。安徽滁州人。民盟成员。初中毕业。1958年起在文化站、馆、局、报社、剧团从事、编剧等工作。1982年后任滁州市文协副理事长、《醉翁亭文学》主编、滁州市作协顾问。为中国散文学会理事、安徽省散文学会常务理事、副秘书长。1957年开始发表作品。2002年加入中国作家协会。文学创作二级。已出版《雁影集》《醉翁亭观赏》《凤鸣皖东》《野山情结》《苦爱》等七部散文集。剧作《洞房枪声》等已演出。《醉翁亭观赏》获安徽文学奖天鹅杯优秀作品奖，《苦爱》获安徽省社科文学艺术文学类奖。歌词《花鼓乐》选入小学音乐教科书。《三代领导爱凤阳》《中华大家庭》分获安徽省第五、六届花鼓灯会二、三等奖。

面为一幕。第一幕，郭庄在大队支部书记的带领下，1964年以来在农业生产上所取得成绩。同时，提出问题：郭庄人民如何夺得棉粮双高产的，生产出这样好庄稼的土地原来是什么样的？第二幕聚焦在旧郭庄的土地全貌，展现了观音柳、零星庄稼和凹凸不平的碱荒地。第三幕镜头是“农业合作社”牌子高高挂起，随之写着“责任田”“××× 包产”的木牌歪斜地插在仅有几棵稀疏麦苗的土地上。第四幕是1964年10月郭宏杰重回郭庄担任党支部书记召开“郭庄向何处去”的辩论大会，确定走农业学大寨的道路的场景。第五幕以图片、动画及定格摄影的方式介绍郭庄改碱治地的第一种方法：“剥皮换土”。第六幕以动画、模型的方式介绍郭庄改碱治地的第二种方法：“挖沟排水、修台条田”压碱淋盐。第七幕镜头是以画面和动画的形式展示郭庄“深翻窖碱”，并配有歌曲：“红旗飞舞，斗志昂扬，盐碱滩上摆战场。改天换地闹革命，大寨人是好榜样。一不怕苦，二不怕死，自力更生，奋发图强。”① 第八幕是郭庄大力发展养猪事业，养猪积肥，增施有机肥料，提高土壤肥力，粮棉产量逐年提高。第九幕是郭庄实行多种作物间作套种的方法，扩大复种面积，提高复种指数，增加粮食棉花总产量。实行间作套种的主要有：棉花、玉米；棉花、大麦间；棉花、苕子；大豆、夏玉米等。第十幕是郭庄人打井，发展井灌技术，大面积种稻改碱。第十一幕是党支部书记挥舞镰刀抢收小麦，社员们割捆水稻，女社员们采摘棉花等丰收场景，及田间树下支委们研究改造郭庄规划图；林荫道上小学生排队唱歌走向前；杨树苗圃幼苗旺盛，梨园梨花正香；养猪场肥猪满圈，饲养场骡马成群，黄牛、水牛膘肥体壮；副业队里，油坊碾棉籽的电动碾子迅速旋转；社员们正把粮食送入一座座土园仓；打谷场上，社员在脱粒，粮食堆满一地，社员们正向汽车上装。配唱的歌曲有两首：“稻麦飘香，银花遍地，群力群策力量强，盐碱窝飞出了金凤凰。改天换地，奋发图强，力量来自毛泽东思想。幸福全靠毛主席、共产党。”“啊，伟大的领袖毛主席！啊！伟大的毛泽东思想！沿着您的

① 北京科学教育制片厂：《盐碱窝变成粮棉仓——郭庄大队改造盐碱地的经验（初稿）》，1972年6月28日，萧县档案馆馆藏，全宗号62，目录号1-1，永久，案卷号07。

革命路线向前进，才有今日新郭庄！我们永远跟着您，要为革命多产粮和棉，不骄不躁永向前，前程似锦更辉煌。”①

1973年4月16日，北京科学教育电影制片厂又编写了电影的分镜头剧本，片名暂定为《治碱改土造良田》。影片最终上映时间不详，但1976年7月10日，《光明日报》刊登了柯映平的观后感，题目为《文化大革命是发展生产和科研的强大动力——〈治碱改土造良田〉等彩色科教片观后》。

下面具体看看前三幕的画面和解说词：

第一幕画面是表现郭庄大队党支部书记带领郭庄人学大寨所取得的巨大成绩。具体场景有淮北平原的远景、郭庄金黄的麦田及道路上奔驰汽车的近景；道路两旁“艰苦奋斗、自力更生”的大字标语牌和“农业学大寨”的大字标语牌。田地里劳动的郭庄大队党支部书记和男女青年社员。碧绿整齐的棉田，稻苗纵横成行的大片稻田；金黄待收的麦浪滚滚；粮食亩产1312斤，棉花亩产160斤。解说词是：

“在淮北平原上，有一个著名的‘农业学大寨’的先进单位，这就是安徽省萧县郭庄大队。

他们高举红旗沿着毛主席的革命路线，经过几年的艰苦奋斗，自力更生，把一个穷得出了名的旧郭庄变成一个欣欣向荣的社会主义新农村。

大队党支部书记，是郭庄人民走社会主义道路的好带头人。

在党的领导下，郭庄人民穷干苦干、科学种田，1968年粮棉产量一跃跨过了‘全国农业发展纲要’规定的指标。粮食1970年平均亩产跨过千斤关。1971年又上升到1312斤。

皮棉1969年到1971年连续三年过百斤，平均亩产达到160斤。”

---

① 北京科学教育制片厂：《盐碱窝变成粮棉仓——郭庄大队改造盐碱地的经验（初稿）》，1972年6月28日，萧县档案馆馆藏，全宗号62，目录号1-1，永久，案卷号07。

本组画面解说词最后提出问题：郭庄人民是怎样夺得这粮棉双高产的？你们可了解这样好的庄稼生长在原来是什么样的土地上？

第二幕画面是旧郭庄的面貌：（模型）乌云漫天，狂风呼号。观音柳的柳条。观音柳下的盐碱地被风吹起，白茫茫如雪飞。光秃秃的地面泛着白霜；秃子头似的麦田，麦苗稀稀拉拉只有半尺高；棉田中，又矮又小的棉株屈指可数。盐碱地上一丛丛灰灰菜。一只破烂的篮子，里面装着灰灰菜，旁边一只破碗。贫下中农穿过的破棉袄，要饭用的打狗棍。

（模型迭字幕）旧郭庄土地全貌。除三个零落的村庄（大郭庄、小郭庄、常庄的地名）之外，周围土地上有一些观音柳、灰灰菜及零星的庄稼，其他就是凸凹不平的一片碱荒了。陆续出现“灰菜园”“北大荒”“观柳行”“老盐店”等地名。

解说词：

在苦难的旧社会，这里流传着一首这样的民谣：“远看像白墙，近看白茫茫，一阵风吹起，遍地飞雪霜。”

旧郭庄原来是个出了名的“盐碱窝”，全大队有1751亩土地，而像这样“秃子头、老碱瓢，十种九不苗，种一葫芦收半瓢”的盐碱地就占百分之九十以上。

大片土地荒芜，只长茅草不长庄稼，有些地方只长灰灰菜。

在苦难的旧社会，郭庄贫下中农在三座大山的压迫下还要靠着它渡灾荒，不得不过着逃荒要饭，牛马不如的生活。看看这些地名吧：“灰菜园”“北大荒”“观柳行”“老盐店”。

第三幕画面：

一列红旗走过的画面。红旗中毛主席像走过的画面。一挂鞭炮在爆炸。

许多张犁，好多张锹整齐地放着。“农业生产合作社”“朔里人民公社郭庄大队”的牌子在一个房间的门口挂着。

解说词：

春雷一声天地动，来了救星共产党，新中国成立后，郭庄人民在党和毛主席的英明领导下，坚决走社会主义道路，因此，生产有所发展，人民生活有所提高。①

1973 年《安徽画报》创刊号刊登了“突飞猛进的郭庄大队”一组照片，全面宣传郭庄农业学大寨的建设成就。在当时历史条件下，这组照片内容为：1.“在省农业学大寨会议期间，中共安徽省委书记王光宇同志带领各地代表，到郭庄大队参观小麦试验田。”2.“中共安徽省委书记、肖县郭庄大队党支部书记郭宏杰同志在参加生产劳动。”3.“郭庄贫下中农和盐碱作斗争。”4.“今年郭庄大队的九百亩小麦单产达到七百四十五斤。”5.“大队党支部经常组织社员学习。”6.“郭庄贫下中农采用稻麦连作制度，在夺得小麦稳产高产之后，水稻长势也很喜人。”7.“体壮膘肥的骡马群。”8.“高粱吐穗扬花。”9.“大队铁姑娘队成员郭书兰和社员一起选种。”10.“大队的幼儿园。”

1975 年第 4 期《安徽画报》封二刊登了“萧县大步赶昔阳”的组图。其中有三幅图片是郭庄的。1.“县委不断总结推广郭庄学大寨经验，促进全县革命和生产的持续跃进。图为县委在郭庄召开小麦丰产经验交流会。”2.“郭庄大队大地园田化鸟瞰。”3.“萧县郭庄大队是我省农业学大寨的一面红旗，在全县起了带头模范作用。今年全大队小麦平均亩产超过九百斤，图为社员在抢收小麦。”

1976 年《安徽画报》第 2 期封二报道了全省农业学大寨会议的情况。因这次会议在萧县郭庄召开，参会代表参观郭庄的图片有三幅：1.“代表们参观，研究郭庄大队自制的翻斗机。”2.“郭庄大队正在兴建一座可以饲养几百头猪的猪场，代表们正在参观。”3.“代表们参观郭庄大队的自

---

① 北京科学教育制片厂：《盐碱窝变成粮棉仓——郭庄大队改造盐碱地的经验（初稿）》，1972 年 6 月 28 日，萧县档案馆馆藏，全宗号 62，目录号 1-1，永久，案卷号 07。

流喷灌。”

1976年《安徽画报》第6期刊登了题为“十年大干，十年春色——郭庄大队在农业学大寨运动中奋勇前进”的组图及文字介绍。在当时历史条件下，组图和文字介绍主要内容是：1.“萧县郭庄大队今年九百亩小麦平均亩产超千斤，创历史最高纪录。图为机械收割的情景。”2.“实行科学种田，在小麦灌浆时及时喷灌，使小麦穗粒饱满。”3.“稻麦连作，在淮北地区是耕作制度上的一项重大改革。图为社员抓紧育秧，夺取麦稻双丰收。”4.“中共安徽省委书记、萧县县委第一书记郭宏杰同志回到郭庄大队参加集体生产劳动。”5.“郭庄大队党支部副书记史新田在麦收第一线。”6.“大队党支部副书记闫宏书，在社员新村工地劳动。”7.“银棉堆成山，社员心花放。郭庄大队今年皮棉平均亩产二百斤，创造了历史最高纪录。”8.“郭庄大队的干部积极参加集体生产劳动，与群众保持密切的联系，做限制资产阶级法权的促进派。图为大队党支部书记郭宏哲赶车送肥。”9.“郭庄大队广大贫下中农，声讨‘四人帮’破坏农业学大寨。”10.“大队园林场一角。”11.“养猪事业有了很大发展，全大队已超过‘一人一猪’的指标。这是大队的养猪场。”12.“小麦喜获丰收时的打麦场上。”13.“在发展农业机械的同时，积极发展大牲畜，全大队一百六十多头大牲畜体壮膘肥，小驹健壮成长。”14.“在发展集体生产的基础上，逐步提高社员生活水平，改善群众居住条件。图为兴建中的社员新村。”15.“郭庄大队育红学校的学生在麦收时边劳动，边学习农业机械的使用、维修。”16.“大队机修场除了维修农业机具外，还生产一些小型农业机械，供应本大队，并支援兄弟社队。图为该场生产的扬场机。”17.“发扬自力更生、艰苦奋斗的革命精神，全大队突击一春，兴建了长1700多米的地下渠，节省了耕地、劳力和用水。图为地下渠和地上渠的结合处。”文字介绍部分的内容是郭庄的艰苦奋斗改碱治地的创业史，学大寨12年来，尤其是“文化大革命”以来狠抓阶级斗争，干部带头，科学种田等。

由萧县革委会政工组、安徽省艺术学校、安徽省幻灯片制片厂、安徽省毛泽东思想宣传馆等单位联合绘制的连环画《一朵盛开在淮北平原上的大寨之花——肖县朔里公社郭庄大队》于1970年9月出版发行。该连环画册由安徽省革命委员会出版发行局出版，安徽省新华书店发行，芜湖新华书店印刷。连环画共有136幅图画，展现了郭庄农业学大寨的历程和取得的成绩。

安徽省画家常到郭庄调研，采风，体验生活，创作出不少以郭庄农业学大寨题材的绘画。到郭庄的画家有合肥的董伯信、张泉、裘忱耀、赖少其、师松龄、陶天月、林之耀、李宏勋、郑伊农……宿县的李百忍、王少石、郭大华、谢谢、陈行知、岳乐、高传业、蔡世明、纪明、苏继梦、孔庆福，临泉的何保泉，淮北的杨天序，濉溪的王允恭，砀山的孙宗喜，萧县的欧阳龙、曾广才、薛志耘、郑正、赵宗基、吴燃、宋彦昭、张祖民、付强等。他们的画作最著名的是赖少其、师松龄、陶天月、林之耀合作完成的大幅版画《淮北人民学大寨》，该画曾放置于人民大会堂安徽厅。①

1969年8月萧县革委会编印了单行本《郭庄大队——全省农业学大寨的一面红旗》。萧县革委会在该书扉页的“通知”中说：“为了进一步贯彻省革委会‘关于以郭庄大队为榜样，更加深入扎实地开展农业学大寨运动的决定’，现将朔里公社郭庄大队学大寨的有关材料汇编成册，希望广大贫下中农和革命干部认真学习，深刻领会，广泛宣传，以郭庄为榜样，把我县学大寨、赶郭庄的群众运动推向新高潮，尽快地把广大农村建设成为大寨式的社会主义新农村。”在当时的历史条件下，该书的内容共9篇文章，分别是：1. 安徽省革命委员会关于以郭庄大队为榜样，更加深入扎实地开展农业学大寨运动的决定；2. 宿县专区革命委员会关于在全区开展学大寨，赶郭庄群众运动的决定；3. 沿着农业学大寨的道路胜利前进；4. 郭庄大队在毛泽东思想的指引下胜利前进；5. 郭庄大队——全省农业学大寨的一面红旗；6. 一个革命的战斗指挥部；7. 用毛泽东思想统帅千家万户；8. 向郭庄学习，创造更多的大寨式先进社队；9. 进一步开展好农业学大寨运动。

---

① 《郭庄村的历史沿革》，历史新知网，2019年12月5日。

此外，《前进中的郭庄》一书由安徽人民出版社于 1972 年 3 月出版，安徽省新华书店发行。书中辑集了 10 篇关于郭庄的文章，有郭庄农业学大寨的历程，有关于郭庄党支部的，有关于坚持和应用毛泽东思想的，有郭庄农业科技和改良土壤、科学种田的。具体篇目为：1. 五年间的巨大变化——安徽萧县郭庄大队的调查报告；2. 在斗争中前进的郭庄党支部；3. 用毛泽东思想改造人的世界观，不断提高执行毛主席革命路线的自觉性；4. 坚持用毛泽东思想统帅一切，不断攀登新高峰；5. 排除“左”右干扰，正确执行毛主席革命路线；6. 农业的根本出路在于机械化；7. 坚持实践观点，碱地改成良田；8. 实行科学种田，夺取小麦高产；9. 改碱种稻夺丰收；10. 科学实验巧种棉，盐碱窝里夺高产。

萧县郭庄大队革命委员会编的《郭庄大队小麦丰产经验》一书于 1973 年由安徽人民出版社公开出版发行。

沈涤潇的著作《萧县大步赶昔阳》由农业出版社于 1976 年 1 月出版。主要内容是萧县农业学大寨的过程及成绩。其中第二部分是“郭庄的启示”，即郭庄的农业学大寨对萧县农业学大寨的重大影响和作用。

综上所述，对郭庄的宣传是全面的、全方位的，宣传的载体是多种形式的。有报纸、刊物、电影，有报道、通讯、诗歌、绘画、电影，更有公开出版发行的单行本等。

第二节　郭庄典型的建设与郭宏杰的起伏

一、接待站、展览馆的建设

自 1969 年郭庄大队被树立为安徽省农业学大寨的一面红旗后，全国各地前往郭庄参观学习者便络绎不绝。“全村的田间地头、茅舍陋巷，甚至沟塘坑洼，无不踏遍参观者的足迹。当时郭庄大队 5 名干部，整日是握不完的手，作不完的报告。”① 每日参观者少则千人，多则万人以

① 吴孝桐：《“安徽大寨”的兴与衰》，《江淮文史》，1997 年第 6 期，第 4 页。

上。[1]郭庄大队党支部书记郭宏杰家，更是从早到晚，人山人海，拥挤不堪，如赶庙会一般。这严重影响了郭庄大队干群的正常工作与生活。另一方面，为宣传郭庄经验做好接待工作，推动全省农业学大寨、赶郭庄、超“纲要”的群众运动，宿县专区革委会 1969 年 10 月 17 日常委会议研究决定：成立“宿县专区农业学大寨驻郭庄毛泽东思想宣传接待站”。该站由专区革委会和萧县革委会共同筹建，组织领导开展工作。并确定原专区公安处副处长刘健任组长，原专区工会副主任高学安任副组长，另一名副组长由萧县革委会选派调任。并由专区革委会选调 4 —5 名、萧县革委会选调 3 —4 名工作人员，组织生活的人员由萧县革委会负责调配。[2]

随着农业学大寨运动的深入，对郭庄大队宣传力度的加大，省内外到郭庄参观的人越来越多，每天少则千人，多则万人。截至 1971 年 6 月，郭庄接待站由安徽省革委会、宿县专区革委会拨款，陆续建立了第一、第二、第三招待所，共有房屋 270 间，三个礼堂、三个饭堂，占地面积为 7500 平方米。[3]三家招待所可容纳 4000 —5000 名参观者，服务设施相对完善，“座座高楼拔地而起，柏油道路纵横交错，俨然一座新兴城镇。”[4]但仍然不能完全安置好络绎不绝到郭庄参观的人群。1971 年 6 月 7 日，萧县革委会向安徽省革委会申请，建设郭庄展览馆，新增设刘套公社马坊、杜楼公社郝新庄两个接待点，共需要讲解员、服务员、炊事员 105 人，现有正式工人 25 人，尚缺 80 人。萧县革委会申请省革委会批准增加国家正式工人指标 71 人（其中炊事员 35 人，服务员 36 人）。剩余的人员缺口打算抽调一部分干部担任讲解员。[5]后经省革委会批准建设，1972

---

① 王淑贞：女，68 岁，现居安徽省宿州市，1971 年 9 月至 1974 年 10 月，先于郭庄接待站任接待员，后又调至郭庄接待站所属的郭庄展览馆任讲解员。采访时间、地点：2020 年 8 月 22 日于宿州市皖煤大酒店。

② 宿县专区革委会：《关于成立农业学大寨驻郭庄毛泽东思想宣传接待站的通知》，1969 年 10 月 20 日，萧县档案馆馆藏，全宗号 14，目录号 1–2，长期卷，案卷 07。

③ 萧县革命委员会：《萧县革委会关于郭庄接待站增加职工的请示报告》，1971 年 6 月 7 日，萧县档案馆馆藏，全宗号 14，目录号 1–1，永久，案卷号 21。

④ 吴孝桐：《“安徽大寨”的兴与衰》，《江淮文史》，1997 年第 6 期，第 4 页。

⑤ 萧县革命委员会：《萧县革委会关于郭庄接待站增加职工的请示报告》，1971 年 6 月 7 日，萧县档案馆馆藏，全宗号 14，目录号 1–1，永久，案卷号 21。

年9月，郭庄展览馆落成并投入运营。

在当时的历史条件下，展览馆的展览内容分为序幕和五个部分。首先为序幕，正厅是毛泽东塑像，其两侧各置五面红旗，背景是紫红色棉绸屏风，屏风上是“农业学大寨”五个立体金字。语录板上是：“什么是大寨精神？周总理在第三届全国人民代表大会第一次全体会议上所作的《政府工作报告》中指出：大寨大队所坚持的政治挂帅、思想领先的原则；自力更生、艰苦奋斗的精神；爱国家爱集体的共产主义风格，都是值得大大提倡的。”展板的结构顺序是：每一部分最前是毛主席语录，之后是版头语，后面是各部分的展板内容。

第一部分标题是：战斗的朝气蓬勃的郭庄大队党支部。

毛主席语录：党组织应该是无产阶级先进分子所组成，应能领导无产阶级和革命群众对于阶级敌人进行战斗的朝气蓬勃的先锋队组织。

版头词：郭庄大队党支部，是一个贯彻执行毛主席无产阶级革命路线的支部。

该部分展板的内容主要展示了郭庄大队党支部成员遵照毛泽东的指示，开展活学活用毛泽东思想活动，发展新党员，培养新干部，进行革命大批判，开展阶级斗争的情景的照片。例如：“党支部经常组织有文化的人帮助不识字的人学习毛主席著作。刘世侠不认字，请人教她学习，她一字一字地学，一句一句地记，越学对毛主席越热爱。”“郭书兰同志由一个十四五岁的小姑娘，在党支部的培育下，成长为大队党支部委员、团县委副书记。”

第二部分标题是：坚定地走农业学大寨的道路。

毛主席语录：农业学大寨。

版头词：大队党支部遵守毛主席关于“农业学大寨”的伟大教导，对广大党员、干部、群众进行思想和政治路线方面的教育，开展路线大辩论，路线分析，端正政治方向，提高思想觉悟，带领社员坚定地走社会主义道路。

展板内容主要介绍了1964年郭宏杰回到郭庄大队开展党内整风，改选党支部领导班子，与此同时，开展思想和政治路线方面的教育，提高社员群众的思想觉悟，又通过开展“郭庄向何处去”的大辩论，最终确定走农业学大寨道路的事迹。主要表现形式是画和组画，也有图表、照片、实物和转盘泥塑组。

第三部分标题是：以自力更生艰苦奋斗精神改造盐碱窝。

毛主席语录：社会的财富是工人、农民和劳动知识分子自己创造的。只要这些人掌握了自己的命运，又有一条马克思列宁主义的路线，不是回避问题，而是用积极态度去解决问题，任何人间的困难总是可以解决的。

版头词：郭庄大队的贫下中农，遵照毛主席关于“穷则思变，要干，要革命”的伟大教导，发扬了大寨精神，凭着一颗红心两只手，苦战5个冬春，把1500多亩盐碱地全部改造一遍，初步治理了碱害。

这部分是整个展览的核心部分，内容最多，共分五个小节：“立下愚公志，铁手换新天”“大寨能治山，郭庄能治碱”“灾害吓不倒，困难压不倒”“攻下水肥关，继续战盐碱”“双手开出新天地，盐碱窝里绘新图”[①]。展览的形式有照片、图表、民谣文字、示意图、画、文字、组画、实物、数字表等。共有照片78幅，画7幅，组画3组，漫画1幅，图表6个，数字表5个，实物1个，示意图1幅。展示了郭庄人改造盐碱地画面。比如：在改造“观柳行”的战斗中，郭宏杰同志和贫下中农一道，冒着风雪

① 郭庄展览馆筹备组：《郭庄展览馆展览内容（送审稿）》，1972年5月，萧县档案馆馆藏，全宗号62，目录号1-1，案卷号08，永久卷。

严寒，苦战在工地。一天，他神经性胃病复发，仍然捂着肚子坚持战斗。贫下中农反映："宏杰同志真是咱们改碱治地的带头人，贫下中农的好领班！老英雄——晁应堂：老英雄晁应堂一把镢头带身上，改碱治地他带头，日夜战斗不停留，为革命使出全身劲，定叫盐碱地低头。

第四部分标题是：用科学态度掌握种田的客观规律。

毛主席语录：在生产斗争和科学实验范围内，……人类总得不断地总结经验，有所发现，有所发明，有所创造，有所前进。

版头词：大队党支部坚持以毛主席革命路线为纲，三大革命运动一齐抓，开展了群众性的科学实验活动，向生产的深度和广度进军，夺取高产再高产。

展板内容主要是介绍了郭宏杰担任科研小组组长，开展群众性科学实验活动，不断探索粮棉高产再高产以及科学种田的途径，总结麦、稻、棉的丰产经验的事迹。展览的形式有照片、图表、模型、画配文字、电动模型等。比如：党支部加强对科研工作的领导，科学实验有成效，能掌握主要农作物技术规律。同时，狠抓干部带头搞科学实验，做到"一带头"（带头科学实验），"两在前"（想在前，闯在前），"三参加"（参加实验课堂的制定，参加试验田劳动，参加试验成果的鉴定和推广），取得科学实验的领导权。用电动模型展示的治碱办法有如下几种：1. 剥皮换土。把地表层二、三厘米厚的碱土起出运走，换上好土。这种方法能够使庄稼立苗，达到当年收益，但不能根治盐碱。2. 挖排水沟，修台、条田，抬高田面，利用天然降雨洗盐淋碱。这种方法可以排涝淋碱，一般可以增产一至二成，但效果仍不显著。3. 深翻窑碱。当土层中间 70—100 厘米处有一层黏土，使盐碱难以渗透，先采取深翻办法，把黏土翻上来，把盐碱压下去，打破隔离层，使淤沙掺和，改造土壤。这种办法，效果很好。

第五部分标题是：沿着毛主席的革命路线乘胜前进。

毛主席语录：务必使同志们继续地保持谦虚、谨慎、不骄不躁的作风，务必使同志们继续地保持艰苦奋斗的作风。

版头词：郭庄大队成为安徽省“农业学大寨”的一个先进单位，省革命委员会作出全省学郭庄的决定后，各地迅速掀起学大寨、赶郭庄的热潮。郭庄大队广大贫下中农，戒骄戒躁，继续革命，乘胜前进。

展板的主要内容：自安徽省、宿县专区、萧县革委会相继作出学大寨、赶郭庄的决定后，来自省内、外的参观者络绎不绝，“到一九七二年五月底为止，已达一百五十万人次。”① 郭宏杰响应毛泽东“虚心使人进步，骄傲使人落后”号召，组织社员干部举办反骄破满毛泽东思想学习班，掀起读马列的书，读毛泽东的书的热潮。展出的形式有照片、组片、文字配照片、图表等。如省革委会三次在郭庄召开学大寨、赶郭庄经验交流现场会，传播郭庄学大寨的经验。坚持一季一次小整风，一年一次大整风的制度，做到工作有了成绩时整风，骄傲顺利时整风，防松劲；遇到困难时整风，防泄劲；工作错综复杂时整风，防急躁。大揭矛盾，大找差距，不断提高，不断前进。紧跟形势，认真学习中央文件和指示，联系实际，掀起革命大批判。

第六部分标题是：学习大寨赶郭庄，誓把萧县变昔阳。

毛主席语录：思想上政治上的路线正确与否是决定一切的。

版头词：萧县位于安徽北部，易旱易涝，是个盐碱地区。过去在反革命修正主义路线的破坏和干扰下，多灾低产的面貌没有多大改变。新县委在省、地毛泽东思想宣传队的帮助下，认真执行毛泽东的革命路线，深入开展学大寨、赶郭庄的群众运动，狠抓领导班子革命化，认真抓典型，大力推广郭庄经验，使全县革命、生产迅速出现了新的局面，在县变昔阳的大道上向前迈进了

---

① 郭庄展览馆筹备组：《郭庄展览馆展览内容（送审稿）》，1972 年 5 月，萧县档案馆馆藏，全宗号 62，目录号 1-1，永久，案卷号 08。

一大步。

展板内容主要分为“萧县变不变，决定在路线”“变得快不快，全靠班子带”“一点带多点，多点促全县”“郭庄能治碱，全县改河山”“农业为基础，各行各业来支援”共五节，阐述郭庄经验在萧县的推广过程。展览形式主要是照片、图表、实物等。比如：第一节“萧县变不变，决定在路线”第6部分，开展社会主义教育运动，派出1200人的毛泽东思想宣传队，向干部群众进行三个方面的教育（即党的基本路线、九大团结胜利的路线、总路线的教育），进一步提高了社会主义觉悟，坚定了社会主义方向，有力地推动了革命、生产的发展。第二节“变得快不快，全靠班子带”第4部分，县委不断组织社、队基层干部到郭庄参观学习郭庄大队领导班子革命化建设的经验，认真改进领导作风。第三节“一点带多点，多点促全县”第2部分，县委书记、副书记、常委分片抓点，积极推广郭庄学大寨的经验。第四节“郭庄能治碱，全县改河山”第3部分，1971年冬至1972年春，继续发动群众，又打了一场治水的攻坚战。15万英雄儿女，冒严寒，踏冰雪，会战闸河、运河、大沙河，疏通了三道河，扩大了受益面积。①

二、郭庄“五·七”农学院和育红学校

郭庄“五·七”农学院创办于1970年10月。郭庄“五·七”农学院创办的背景与农业学大寨和“文化大革命”的教育革命有关。

1949年，中华人民共和国成立之后，毛泽东对教育界日益不满，尤其是对高等教育。高等教育的招生方式、学生家庭出身工农子弟的占比、教学内容等，都令毛泽东不满。1958年毛泽东提出“教育要为无产阶级政治服务，教育要和生产劳动相结合”，1964年初毛泽东关于教育的讲话集中反映了他对教育的不满，1966年的“五·七”指示中提出：学生

① 郭庄展览馆筹备组：《郭庄展览馆展览内容（送审稿）》（1972年5月），萧县档案馆馆藏，全宗号62，目录号1-1，案卷号08，永久卷。

要以学为主，兼学别样。郭庄“五·七”农学院就是在这样的背景下创办的。

郭庄大队在1964年农业学大寨运动之后，经过5年的苦战，把一个出了名的盐碱窝改造成为千亩良田，粮棉生产在1968年、1969年、1970年连续三年超过了《纲要》，被树为安徽省“农业学大寨”的一面红旗。每天吸引成千上万的参观者。大队党支部感到郭庄“有责任，有义务和兄弟社、队一起落实‘农业学大寨’的号召，推广郭庄学大寨的经验，使他们尽快赶上或超过郭庄。只有这样，才能不辜负毛主席和党中央对郭庄贫下中农的信任和关怀，只有这样，才能不辜负省革命委员会对郭庄贫下中农的殷切希望。”在具体的农业生产措施上，比如改良土壤，使用农药、化肥，采用现代化的农业机械，推行先进的耕作技术，不断提高单位面积的产量等方面，郭庄不但要自己完成任务，而且要协助兄弟社队，这就需要培养一批又红又专的农业技术人才。郭庄大队党支部决定创办萧县郭庄“五·七”农学院。①

郭庄要办大学的消息传出后，受到一些人的质疑，甚至反对。“老碱窝还想立状元府，大老粗怎么能执掌群秀才，郭庄办大学，到底凭的啥？”萧县县机关也有人对郭庄办大学评头品足，主张停办。但郭庄顶住了质疑。

1970年10月20日，郭庄“五·七”农学院开学了。学员来自全县范围，经过贫下中农推荐的115名有实践经验的基础干部、老农（个别）、退伍军人、知识青年等。当时学院的基本情况是“三没有”，即校舍没有一间，专职教师没有一个，教学设备没有一点。他们坚持不要县里的支持，决心“自力更生，艰苦奋斗”，走“抗大”办学的道路，把郭庄“五·七”农学院办成“抗大”式的学校。他们眼睛向下，自己动手。无论如何都不能伸手向上。伸手向上，就丢掉了“自力更生”“艰苦奋斗”的革命传统。

① 萧县革委会教育组：《一所社会主义的新型学校——萧县郭庄“五·七农学院”调查报告》（1971年8月），萧县档案馆馆藏，全宗号62，目录号1-1，案卷号4，长期卷。

开学之初，先稳定学生的情绪。学生在郭庄农忙食堂吃饭，分散到社员家里睡觉，在田头地边上课。有的学生看农学院“不是理想的大学”，便卷起铺盖回家了。个别同学打退堂鼓，在同学中产生了一定的影响，部分同学情绪低落，表现散漫。大队党支部随即带领全体师生深入学习毛泽东关于教育的方针，学习“两论”[①]“老三篇”[②]，讲延安的“抗大”办学史；组织长征小分队到河南杨水才[③]的家乡参观、学习；贫下中农带领学生参观“教育塘”“教育田”，讲郭庄大队阶级斗争史，艰苦创业史，对学生进行革命传统教育。

教师组成：党支部主要成员兼任政治教员，贫下中农代表进驻学院带班，聘请到郭庄接受“再教育”和进行科学试验的中国农林科学院、省农林科学研究所、县农林局的农业技术干部，以及一些高等院校的教师担任兼职教员。大队还从到郭庄下乡插队落户的知识青年中培养了一批新教师。另外，大队还从河南请来了小麦土专家，从苏北请来了棉花土专家，从徐州请来了蔬菜土专家举办专题讲座。

教学指导方针：以“五·七”指示中的“学生要以学为主，兼学别样，即不但要学文，也要学工、学农、学军，也要批判资产阶级”为教学指导方针。

开设5门课程：1. 毛泽东思想课；2.“农业学大寨”课；3. 军事体育课；4. 劳动课；5. 农业技术课。

比如，毛泽东思想课的教学内容和教学方法是组织学生认真读马列的书，认真学习毛泽东著作。在学习中，充分利用郭庄大队五年巨变这个活教材，深刻领会毛泽东思想的巨大威力，自觉改造主观世界和客观世界。

---

① “两论”是指毛泽东的《实践论》和《矛盾论》。

② “老三篇”是指毛泽东的三篇文章，分别是《纪念白求恩》《为人民服务》《愚公移山》。

③ 杨水才：1924年生于许昌县桂村乡水道杨村。1949年元月，杨水才参加中国人民解放军，立大、小功各一次，获“人民功臣”称号；1950年11月，他复员还乡；1956年元月，他加入中国共产党，并当选大队党支部副书记。为拔掉水道杨村的穷根，他提出了“一要抓水利，二要搞绿化，把秃岭变成花果岗、高岗变成水浇田”的口号，带领群众兴修水利、大搞绿化，并兴办桂村农业中学。1966年12月5日，牺牲在工作岗位上。

农业技术课，以农业“八字宪法”为纲，以生产季节为顺序，以郭庄大队的科学试验田为课堂，以实物为教具，紧密联系实际，用啥学啥，学用结合，以学习主要作物的栽培和耕作制度的改革为主。在试验田里学习、劳动一年，就可以掌握一整套基本的生产技术知识。种好试验田，是农业技术课的中心内容。要种好试验田，必须以思想革命化带动科学试验。学生在试验田里进行了60多个小麦品种的对比试验。试验中遇到困难，贫下中农就带领学生学习《愚公移山》，介绍大寨人为革命种田、用科学种田的事迹和经验，并以自己的切身体会，使大家懂得：只有一颗红心学大寨，才能双手绣出大地红。他们摒弃资产阶级知识分子的旧学院的教学方法，一切从实践中来，再到实践中去。边实践，边教学。学院在实践中创造了以推广大寨精神，推广郭庄学大寨的经验为目的的学习制度。

除此之外，农学院学生的另一个主要任务就是和郭庄的干部群众一起干活。大队党支部副书记郭宏哲和师生一起翻地改碱；盖食堂，垒猪圈，需要大量的石块，全体师生员工拉板车上山。灭害虫，需要配制“土农药”，师生一起爬上20里路以外的铙砦山挖“狼毒”（一种土农药原料）。

教室：学院初办时没有一间校舍。1971年3月，要扩大招生范围和规模，学院由郭庄大队办转为萧县办。这时，有人主张盖楼房，搞大型设备，要使学校“像个样”。但广大贫下中农和革命师生认为：我们的大学是社会主义新型大学，新就新在人的思想革命化上，新就新在能够造就无产阶级的可靠接班人上，不是新在形式上。不管是集体办还是国家办，我们要办的都是这样的“庄户大学”“土大学”。到1971年8月，学院已经办了10个月，已经搬了4次家，仍然没有一间专用的教室，仍然是一所“露天大学”。①

育红学校曾经也是郭庄的一面旗帜，尤其是在“文化大革命”后期的教育革命中，萧县在推广郭庄经验中，全省在学习郭庄时，增加了“学朝

---

①　萧县革委会教育组：《一所社会主义的新型学校——萧县郭庄“五·七农学院”调查报告》（1971年8月）长期卷，萧县档案馆馆藏，全宗号62，目录号1-1，案卷号4。

农、赶育红”的内容。[①]

据《安徽日报》的报道：

郭庄育红学校是由一个初级小学迅速发展成为十年一贯制的新型学校。到 1976 年 8 月，在校学生 574 人，全大队普及了小学和初中教育，正在普及高中教育，实行了免费上学。同时，办起了两个幼儿班，一个大学农业专科班。业余教育也有很大发展，政治夜校常年坚持。过去不识字的干部和青壮年社员，现在百分之九十以上已经能够读书看报了。[②]

学校实行校队一体，建立教学、生产、科研三结合的新体系。校队一体，就是学校和大队紧密结合成一个整体，统一政治领导，统一计划，统一行动，统一使用生产、科研、教学基地，成为一个新型的社会单位。校队一体，使学校置于大队党支部的绝对领导和贫下中农的管理之下。党支部的领导成员直接参加学校教育革命的领导，各生产队党员副队长是学生学工、学农、科研的负责人。学校的领导人参加大队党支部、革委会以及生产队的领导。学校既是教学单位，又是生产单位；教师亦教亦农，学生亦学亦农。学校的教学计划是大队革命、生产计划的一部分。全大队的贫下中农、科研人员都是学校的老师，1700 多亩土地是学生的学农基地，队办企业是学生学工的场所。逐步实现劳动人民知识化，知识分子劳动化。

改革假期制度。由于在农业学大寨运动中，郭庄改变了旧的耕作制度，实行麦稻连作和间作套种的新的耕作制度。原来“法定”的学校寒暑假和夏秋两季的农忙假不适应发展生产的要求。从 1971 年起，改革了假期制度，缩短寒暑假，延长农忙假，灵活安排星期天，按照农事季节的变化，安排全年的教学活动。

改革旧教材。省编教材有很大的局限性，与郭庄大队三大革命斗争的实践不完全适应，实行新的假期制度后也迫切需要有相适应的教材。育红学校对省编教材进行了删、补、调，边教边改。之后几年，又编写了《郭庄大队成长史》《郭庄大队农业机械》《改碱治地》《麦、稻、棉花基本知

---

① 朝农，即辽宁省朝阳农学院，“文革”中被树为办农业大学的样板。

② 郭宏哲：《按照毛主席的指示搞好无产阶级教育革命》，《安徽日报》1976 年 8 月 30 日第 1、3 版。

识》等课本，还编了《郭庄英雄谱》《革命儿歌选》《大字报选》《家史》等语文课本，另外还编了《农用数学》等部分章节。中学的政文、农基教学使用的教材，基本上是自编的。小学自编教材占所用教材的四分之一到五分之一。

开设专业课。在上好政治课和文化课的同时，一至六年级成立各种兼学小组，学工、学农、学军。从七年级起开设专业课，以专业课带基础课；七年级上麦稻连作课，八年级上棉花专业课，九年级上农业机械专业课，十年级以农为主，学习间作套种，使学生学以致用。

举办大学农业专科班。随着农业学大寨、普及大寨县运动的开展，为了适应办社会主义大农业的需要，大队党支部决定让育红学校举办大学农业专科班，为郭庄大队和周围社队农业学大寨培养一批骨干和农业技术人员。专科班学生不受年龄、文化程度的限制，由社队推荐有实践经验的基层干部和贫下中农入学，并对他们进行对口培养，学制半年到一年。他们入学有利于贫下中农管理学校，改造学校，促进教育革命。后来又举办了农机、农技、畜牧兽医三个专业班，培训了两批学生。学生毕业后，“社来社去”，成为大队、生产队的干部和农业技术骨干力量。

据时任郭庄大队党支部书记的郭宏哲说，育红学校学生与大队农技人员相结合，引进和示范推广小麦优良品种近 900 个，水稻、棉花品种近 200 个，小麦杂交实验 1000 多个组合，培育出 86 个表现较好的品系，培育出郭庄一号小麦新品种。为了缩短良种培育的年限，近两年来，学生和科技人员在一起学习，采用了辐射育种的新技术，对全大队的土壤进行了盐分、养分、水分的测定，逐步建立起一套田土档案，为研究科学种田水平提供了资料。

改造原有教师队伍，建设一支革命化的教师队伍。育红学校的教师队伍是随着学校发展逐步壮大的。1969 年只有 6 名教师，其中 5 名是民办教师，到 1975 年学校专职教师增加到 26 人，在新增加的 20 名教师中，绝大多数是由旧学校毕业的。对大多数人来说，世界观基本上是资产阶级的。我们按照党的团结、教育、改造知识分子的政策，引导他们走与工农相结合的道路，着重解决为谁服务和怎样服务的问题。[①]

三、郭宏杰的起伏

郭宏杰政治上的起伏是和郭庄紧密相连的。

1948 年 11 月 13 日，人民解放军进驻萧县，萧县全境解放。1949 年 2 月，中共萧县县委、县政府机关从城西任楼迁入萧城。1950 年 11 月成立土地改革委员会。先在黄口区试点，分两批开展土地改革运动，1952 年 3 月土改结束。[②]1953 年郭庄筹建初级社。但成立初级社并不顺利，申请了数次，但乡里认为条件不成熟不批准。乡里强调成立初级社的条件是"要有'三员'才能批。这三员是党员、团员、记工员。"[③]老村长崔公权听到成立初级社的条件傻眼了。因为村里有党员、团员，但没有记工员。因为郭庄人世世代代，别说贫下中农，就是中农户也没有断文识字的。新中国成立后出生的孩子有几个，但都在读小学。崔公权和村里老贫农商量，在几个高小学生中选一个当记工员。他们商量的结果，选定了郭宏杰。

郭宏杰，男，汉族，出生于 1940 年，安徽萧县郭庄人，出身于农民家庭。1953 年，郭宏杰高小毕业后报考了中学。正准备读中学时，队长崔公权找到他，希望他回乡当记工员，把初级社建立起来。1955 年夏，郭庄正式成立了初级社，崔公权任社长，崔公权反复劝说郭宏杰回乡任记工员，15 岁的郭宏杰最初犹豫不决，最终同意了。

1956 年麦收之后，郭庄和邻近的四个村庄合并，成立了全乡第一个高级社，郭宏杰任高级社会计。

在高级社成立时，有牛有犁有劳动力的孙田勋却不愿意入社。干部跑他家多次做说服工作，但孙田勋就是不同意。干部耐不住性子，发火道：

---

① 郭宏哲：《按照毛主席的指示搞好无产阶级教育革命》，《安徽日报》1976 年 8 月 30 日第 1、3 版。

② 萧县地方志编纂委员会主编：《萧县志》，中国人民大学出版社 1989 年版，第 22—23 页。

③ 郭庄大队：《郭庄十年（修改稿）》，1975 年 7 月，萧县档案馆馆藏，全宗号 62，目录号 1-1，永久，案卷号 07。

“你不入社就是搞自发，就是闹资本主义！”孙田勋和干部吵了起来，结果不欢而散。社长崔公权把做孙田勋的工作作为锻炼郭宏杰的好机会。郭宏杰摸清了孙田勋不愿意入社的原因是怕吃亏。郭宏杰竟然一天就做通了工作，第二天，孙田勋就牵牛入社。由此，郭庄党支部认为郭宏杰是个好苗子，决定好好培养。郭宏杰与社长崔公权经常在一起，白天一起劳动，晚上处理高级社和生产队的各项工作。遇到难处理的事情，崔公权先让郭宏杰拿主意，然后再谈自己的看法，有时让郭宏杰单独处理，事后再一起总结经验，使郭宏杰尽快成长。

1957 年，郭庄也刮起了“闹社”风，崔公权和郭宏杰一起与“闹社”分子作坚决的斗争，打击了“闹社”风，郭宏杰得到了锻炼，工作更积极了，觉悟更高了。1958 年春，刚满 18 岁的郭宏杰由崔公权介绍，加入了中国共产党。5 月，郭庄和周围几个高级社一起，成立了人民公社。入党才几个月的郭宏杰被推举为郭庄大队党支部书记。① 他带领干部群众挖运河，修水渠，翻碱土，筑台田，当年获得粮棉丰收。不久，他被提拔为区委党校校长，窦庄公社管委会主任，同时兼任刘庄大队党支部书记。②

“大跃进”之后的经济调整与恢复，安徽实行了“责任田”，萧县郭庄也积极响应。搞了包产到户。1962 年八届十中全会后，“包产到户”作为“三风”之一的“单干风”被批判。③

1964 年，大寨典型逐渐在全国树立起来，“农业学大寨”的号召响彻全国。大寨是依靠集体力量战胜困难，发展农业的典型。

而此时郭庄大队党支部还没有彻底转变思想，还在走当年被称为的“资本主义道路”。一些社员还停留在“小开荒”“小自由”“小生意”上。老队长崔公权想到了已经调到外地工作的郭宏杰。由于郭庄的再三请求，区委决定调郭宏杰回郭庄大队任大队党支部书记。1964 年 10 月，郭宏杰

---

① 郭庄大队:《郭庄十年（修改稿）》，1975 年 7 月，萧县档案馆馆藏，全宗号 62，目录号 1-1，永久，案卷号 07。

② 郭淑兰编:《不尽的哀思，无限的怀念——郭宏杰逝世三周年纪念册》，2011 年 3 月家属自印，第 20 页。

③ “三风”是指“黑暗风、单干风、翻案风”。

被调回到郭庄工作。

老队长崔公权对郭宏杰说："郭庄大队生产落后，主要是方向道路不正，只要咱们沿着大寨的路子走，整治好盐碱，生产面貌就能很快变化。现在群众的集体生产积极性不高，并不是群众不想干、不想变，关键是大队干部心不齐，没有带领群众走毛主席指引的路。""要让郭庄面貌变，先得是人的思想变，特别是先得让干部的思想变。""在集体田里开荒和赌博的妖风，无人去管。集体生产无人问，这怎么行呢！"[①] 郭宏杰决定召开支委会，先统一大队党支部领导班子的思想。支委会上，郭宏杰说："我们在思想上一定要很好地解决两个问题：第一，要承认郭庄落后，但又不甘落后。""带领群众走大寨道路，落后帽子是能很快甩掉的。""第二，要承认我们工作中有错误，不能回避错误，只要我们彻底改正错误，广大群众是欢迎的。"

为了调动社员集体生产的积极性，党支部决定恢复劳动定额，坚持评工记分，重新发工分卡。收回多占的自留地和私人在大田里的开荒地，收回被分掉的集体苇子坑。为了减少阻力，郭宏杰先收回了自己父亲的开荒地。但还是有不少人在观望、等待。

经区委批准，郭庄大队改选了党支部委员会，郭宏杰当选为党支部书记。

以郭宏杰为书记的新的党支部成立之后，制订了两个规划：一是开展群众性学习毛泽东著作的规划；二是改碱治地的十年规划。

1964 年冬，郭庄开始了改碱治地。经过三个冬春的自力更生、艰苦奋斗，盐碱窝变成了高产田。1968 年郭庄大队的粮、棉亩产开始超《纲要》。郭庄大队被树立为宿县地区农业学大寨的典型。1969 年 7 月，被安徽省树立为农业学大寨的典型。随后，全省开展了"学大寨、赶郭庄、超纲要"运动。

随着郭庄大队在农业学大寨中声名鹊起，郭宏杰的政治地位也随之

---

① 郭庄大队：《郭庄十年（修改稿）》，1975 年 7 月，萧县档案馆馆藏，全宗号 62，目录号 1-1，永久，案卷号 07。

升高。

1968 年 11 月 8 日至 14 日，安徽省革委会在合肥召开省、专（市）、县三级革委会党员代表会议。12 月 13 日选举产生九大代表。郭宏杰当选为中共九大代表。

1968 年 12 月 26 日，安徽省首次活学活用毛泽东思想积极分子代表大会在合肥召开，郭宏杰出席大会，并在会上介绍了郭庄活学活用毛泽东思想促进学大寨的经验。

1969 年 4 月 7 日，萧县朔里人民公社革命委员会成立，郭宏杰等五人为副主任。①

1969 年 4 月，郭宏杰出席了中共九大并当选为中共中央第九届中央委员会候补委员。②

1969 年 11 月 15 日，中共中央批准安徽省革委会党的核心小组成立。郭宏杰作为农民代表成为核心小组的成员。组长是李德生（军代表），核心小组副组长有：张文碧（军代表）、李任之（干部）、宋佩璋（军代表），成员有：娄学政（军代表）、钟国楚（军代表）、杨效椿（干部）、潘启琦（军代表）、李定山（工人）。③

1970 年 10 月 4 日，中共安徽省革命委员会核心小组任命朔里公社郭庄大队党支部书记、革委会主任郭宏杰为萧县革委会主任。④

1971 年 1 月 15 日至 21 日，中国共产党安徽省第三次代表大会召开。大会按照党章规定，选举出 79 名委员和 12 名候补委员，组成中国共产党安徽省第三届委员会。经过中共安徽省第三届委员会第一次全体会议选举

---

① 宿县专区革命委员会：《关于成立萧县朔里人民公社革命委员会的批示》（1969 年 4 月 7 日），萧县革委会，永久卷，全宗号 14，目录号 1-1，案卷号 9。

② 《中国共产党第九次全国代表大会主席团秘书处新闻公报》（一九六九年四月二十四日），《人民日报》1969 年 4 月 25 日第 2 版。

③ 中共安徽省委党史研究室：《中国共产党安徽历史》第二卷（1949—1978），中共党史出版社 2014 年版，第 442—443 页。

④ 中共安徽省革命委员会核心小组：《关于任命郭宏杰、王兴祥、汤志忠三同志职务的通知》（1970 年萧县革委会，长期卷），萧县档案馆馆藏，全宗号 14，目录号 1-2，案卷号 5。

和中央批准，选出省委常委15名；[①]李德生为中共安徽省委第一书记，宋佩璋为省委书记，李任之、梁辑卿、郭宏杰为省委副书记。[②]1973年5月，郭宏杰被免去安徽省委副书记，改任安徽省委书记。李德生于1974年12月调到中央工作，1975年5月，宋佩璋任安徽省委第一书记。1973年5月任安徽省委书记的有宋佩璋、李任之、郭宏杰、梁辑卿、王光宇。[③]郭宏杰成为排名前三的省委书记。

1971年6月15日，应朝鲜邀请，时任中共中央候补委员，安徽省委副书记郭宏杰率领的中国青年代表团应邀前往朝鲜人民民主共和国进行友好访问。代表团团员有中共山东省委候补委员王桂花，工作人员是金辉。中共中央对外联络部部长耿飚，有关方面负责人申健、张香山、田树千、杨春城等前往火车站欢送。朝鲜民主主义人民共和国驻中国大使馆临时代办金在淑也到车站送行。[④]15日下午抵达平壤。同车到达的还有，越南民主共和国、越南南方共和国、柬埔寨王国和老挝的青年代表团。朝鲜劳动党中央委员会委员、党中央副部长金允善，社会主义劳动青年同盟中央委员会委员长金时学等，以及平壤市劳动青年、中国驻朝鲜大使李云川到车站欢迎。越南民主共和国、越南南方共和国、柬埔寨王国驻朝鲜使节也到车站欢迎。[⑤]6月21日，朝鲜社会主义劳动青年同盟第六次代表大会召开。从郭宏杰为团长的中国青年代表团出席了开幕式。[⑥]郭宏杰在开幕式上致贺词。郭宏杰在贺词中首先代表全中国青年，向朝鲜社会主义劳动青年同盟第六次代表大会祝贺。接着，郭宏杰讲到朝鲜社会主义劳动青年同盟第五次代表大会之后，朝鲜青年在金日成为首的朝鲜劳动党的领导下，积极

---

① 15人是：李德生、宋佩璋、李任之、梁辑卿、郭宏杰、王翀、王光宇、成冲霄、陈玉、陈作霖、李定山、杨效椿、娄学政、潘启琦、强玉凤。

② 《中国共产党安徽省第三次代表大会隆重召开，大会选出了中国共产党安徽省第三届委员会》，《新安徽报》1971年1月24日第1版。

③ 中共安徽省委党史研究室：《中国共产党安徽历史》第二卷（1949—1978），中共党史出版社2014年版，第555页。

④ 《中国青年代表团离开北京》，《人民日报》1971年6月15日第5版。

⑤ 《中国青年代表团到达平壤》，《人民日报》1971年6月16日第6版。

⑥ 《朝社会主义劳动青年同盟“六大”开幕》，《人民日报》1971年6月22日第6版。

参加千里马作业班运动，在胜利完成发展国民经济七年计划的斗争中，作出了重大贡献。“我们中国青年对兄弟的朝鲜青年在建设自己祖国中所作出的贡献，感到十分高兴，十分鼓舞，我们中国青年一定要向朝鲜青年学习。”① 郭宏杰重点讲了朝鲜青年在国际斗争中的贡献，中国青年在“文化大革命”中经受的锻炼以及中朝两国青年的友谊。他说，朝鲜青年高举反对美帝国主义的战斗旗帜，同美帝国主义、日本军国主义及其走狗朴正熙傀儡集团进行针锋相对的斗争。朝鲜青年坚决支持印支三国人民抗美救国的正义斗争，坚决支持全世界被压迫民族和被压迫人民的革命斗争。朝鲜青年坚决反帝反殖的斗争精神，也是我们中国青年学习的榜样。中国青年和人民，坚决支持朝鲜青年和人民和平统一朝鲜的争议斗争。我们坚信，美帝国主义一定会被赶出，美朴反动集团的法西斯统治一定会彻底垮台，一个统一的朝鲜必将屹立于世界东方。中国青年坚持无产阶级国际主义，永远站在世界革命人民一边，坚决反对美帝国主义、日本军国主义和各国反动派，坚决支持各国被压迫民族和被压迫人民的革命斗争。中朝两国青年在反对日本帝国主义和美帝国主义的长期的共同斗争中，用鲜血凝成了伟大的友谊和战斗团结。在社会主义革命和社会主义建设事业中，两国青年互相支持，互相学习，互相鼓舞，共同前进。我们之间的这种革命友谊和战斗团结，是建立在马克思列宁主义和无产阶级国际主义原则基础之上的，是任何力量也破坏不了的。今后，中国青年将永远同兄弟的朝鲜青年团结在一起，并肩战斗，赢得我们的共同胜利。②

7 月 7 日中国青年代表团离开平壤回国。在朝期间，朝鲜劳动党中央委员会政治委员会委员、内阁第二副首相朴成哲在 7 月 5 日接见了中国青年代表团全体成员。代表团还先后在平壤、咸兴、元山等地访问，并游览了朝鲜著名的风景区金刚山。③

① 《中国青年代表团团长郭宏杰同志在朝鲜劳动社会主义青年同盟“六大”上的贺词》，萧县档案馆馆藏，1971 年永久卷，全宗号 62，案卷号 1-1，目录号 05。

② 《中国青年代表团团长郭宏杰同志在朝鲜劳动社会主义青年同盟“六大”上的贺词》，萧县档案馆馆藏，1971 年永久卷，全宗号 62，案卷号 1-1，目录号 05。

③ 《中国青年代表团离开平壤回国》，《人民日报》1971 年 7 月 8 日第 6 版。

1973 年 4 月 18 日至 24 日共青团安徽省第五次代表大会在合肥召开，大会选举产生了共青团安徽省第五届委员会。经过第一次全体委员会选举和中共安徽省委批准，选出了团省委常委 17 名，郭宏杰、谷宗勤、王有香、李胜利为团省委书记，程正伟、张韧（女）、赵永和为团省委副书记。① 郭宏杰成为排名第一的团安徽省委书记。

1973 年 8 月 24 日至 28 日召开中共十大，郭宏杰当选为中共中央委员会委员。②

1975 年 1 月 13 日至 17 日召开中华人民共和国第四届全国人民代表大会上，郭宏杰当选为全国人大常委会委员。③

1977 年 6 月，安徽省委改组之前，郭宏杰达到了他一生政治生涯的顶峰，他担任了中共十大中央委员、四届人大常委、安徽省委书记、共青团安徽省委书记。

1977 年 6 月，中共中央政治局决定解决安徽省委领导问题，对省委领导班子进行了调整。调整后的安徽省委领导班子为：省委第一书记：万里，书记：顾卓新、赵守一、李任之、王光宇、郭宏杰、杨蔚屏、苏羽。由于中央决定增加顾卓新和赵守一进安徽省委领导班子，郭宏杰由排名第三的省委书记成为排名第五的省委书记。1977 年 11 月被撤职。1980 年 5 月，因“文化大革命”中的问题，由安徽省劳动教养小组批准劳教 3 年。1983 年 5 月解除劳教后分配到安徽省当涂县农科所做一般工作。1983 年 12 月被撤销原任的党内外一切职务，开除党籍。1980 年代末调往安徽砀山果园场工作至退休。2008 年 3 月 3 日下午在安徽省淮北市去世，享年 68 岁。

---

① 《共青团安徽省第五次代表大会胜利闭幕，选举产生了共青团安徽省第五届委员会》，《安徽日报》1973 年 4 月 27 日第 1 版。

② 《中国共产党第十次全国代表大会新闻公报》（一九七三年八月二十九日），《人民日报》1973 年 8 月 30 日第 1 版。

③ 中华人民共和国第四届全国人民代表大会第一次主席团：《中华人民共和国全国人民代表大会公告》（一九七五年一月十七日），《人民日报》1975 年 1 月 19 日第 1 版。

第五章 郭庄继续学大寨和安徽全省“学大寨、赶郭庄”

第一节 郭庄继续学大寨

一、推行“大寨工”“割资本主义尾巴”和“穷过渡”

在农业学大寨运动中，大寨大队的评工计分办法——“大寨工”也作为大寨的重要经验向全国推广。

农业不同于工商业，农活的种类多样，劳动形式极其复杂，因此评工计分相应地也极其复杂。从农业合作化开始，在集体生产劳动中，“评工计分”就是一项难以解决的问题。农业合作化初期，大寨大队实行的是“死分活评”；高级社和人民公社初期，实行的是按劳动定额，计分付酬。这种办法实行了三四年，制订了一百几十种农活的劳动定额。① 有的地方制订了 200 多项，甚至更多的劳动定额。曾长期担任新华社总社农村记者的冯东书② 说：“为了计工‘合理’，各地日益‘完善’劳动定额”，以至于“定额不断细化，最多的多到两千多项。”③20 世纪 60 年代初，大寨的劳动定额增加到 600 多项，陈永贵觉得太繁琐。1961 年，大寨开始

① 《廖鲁言关于报送〈大寨大队调查报告〉的信》，黄道霞、余展等主编:《建国以来农业合作化史料汇编》，中共中央党校出版社 1992 年版，第 798 页。

② 冯东书，男，1933 年出生。1950 年 2 月参加新华社工作，1956 年 6 月至 1995 年 7 月先后任新华社山西分社和总社农村记者。

③ 冯东书:《“文盲宰相”陈永贵》，中国文联出版公司 1998 年版，第 310 页。

实行“标兵工分”和“自报公议”办法。具体内容是：首先，按小段农活组织作业组；其次，由于人们多年在一起劳动，各人的劳力强弱、技术高低，彼此心中有数。根据这种了解，在作业组内将这种农活做得最好的社员作为“标兵”，参照劳动定额，确定“标兵”一天应得的工分；再次，其余的人比照“标兵”，自报本人应得的工分，一般就按各人自报的计分，个别不合适的，由大家评议修正。对于某些“明活”，即数量、质量容易计算和检查的农活，如担粪、铡草、背庄稼等，仍然参照劳动定额，按件计酬。这种办法省事，社员之间有差别，但差距不大。①这种简单易行的“标兵工分，自报公议”的评分计工方法被称为“大寨工”。

大寨大队的“大寨工”随着1964年农业学大寨运动开展而全国闻名。“文化大革命”中，大寨典实行的“大寨工”首先在山西全省推行。随后推广到全国。

中华人民共和国农业部先后于1967年9月和1968年1月在大寨大队召开了“全国学大寨劳动管理经验现场会议”。4月3日，农业部将《全国学大寨劳动管理经验现场会议纪要》转发至各省、市、自治区革委会（革筹小组）、军管会、军区生产指挥部和农业（农林）厅（局）。据会议资料反映，当时“上海、天津、山西、山东等省（市）已有占生产队总数百分之七八十以上的队推行了大寨劳动管理经验。广东、广西、河北、陕西、黑龙江等省区推行的队数也超过了半数，其他各地都积极试点和推广，一个学大寨劳动管理经验的群众运动正在蓬勃开展。”②《纪要》指出：以“一心为公劳动，自报公议工分”为特点的大寨劳动管理经验最根本的一条，就是突出人的因素，做好教育人的工作，概括起来就是“突出政治，为公劳动，各尽所能，按劳取酬”。“大寨的劳动管理经验，指出了管理社会主义集体经济的方向和道路，找到了适合中国农村情况的好办

---

① 《廖鲁言关于报送〈大寨大队调查报告〉的信》，黄道霞、余展等主编：《建国以来农业合作化史料汇编》，中共中央党校出版社1992年版，第798页。

② 《全国学大寨劳动管理经验现场会议纪要》（1968年2月），黄道霞、余展等主编：《建国以来农业合作化史料汇编》，中共中央党校出版社1992年版，第827页。

法。”[①] 并要求“在推行大寨劳动管理经验较少的地区，要‘积极试点，以点带面，点面结合，大力推行’；已经广泛推行的地区，要‘加强领导，总结经验，巩固提高，继续前进’。”[②]《纪要》还把“大寨工”提到政治的高度，“以‘一心为公劳动，自报公议工分’为特点的大寨劳动管理经验，是在两条道路、两条路线和两种思想斗争中产生的，是在批判繁琐复杂的定额包工制度的基础上建立起来的，是高举毛泽东思想伟大红旗、大学人民解放军、加强政治思想工作的结果，是毛泽东思想的产物。”[③]《纪要》还要求将“大寨工”向全国推广。“各级革命委员会（筹备小组）、军管会对推行大寨劳动管理经验加强领导……各级农业领导部门应指定专门人员来抓这项工作。”“只要我们做好工作，就能把推行大寨劳动管理经验的群众运动引向新的高潮，使大寨经验很好地在全国各地开花结果。”[④]

1968 年起，郭庄大队开始推行大寨式记工方法，评“大寨分”。在评工时，主要是评政治觉悟和劳动态度，全然不考虑劳动质量与数量，群众又将其称为“大概分”。最开始是一月评一次，然后演变成一季度评一次，最后是一年一评。为学习大寨全年工分一晚上评完的经验，缩短评工分时间，郭庄大队调整了评工时间，春耕、四夏、三秋结束后各小评一次，再年终总评。在四次评政治工分的基础上，最后，社员自报公议评一次工分。评政治工分，明显违背按劳分配原则。“他们说是‘水到渠成’，其实是走走过场而已。”[⑤]

据安徽省委书记王光宇 1970 年 10 月 10 日在全省农业学大寨会议上

---

① 《全国学大寨劳动管理经验现场会议纪要》（1968 年 2 月），黄道霞、余展等主编：《建国以来农业合作化史料汇编》，中共中央党校出版社 1992 年版，第 826 页。

② 《全国学大寨劳动管理经验现场会议纪要》（1968 年 2 月），黄道霞余展等主编：《建国以来农业合作化史料汇编》，中共中央党校出版社 1992 年版，第 827 页。

③ 《全国学大寨劳动管理经验现场会议纪要》（1968 年 2 月），黄道霞、余展等主编：《建国以来农业合作化史料汇编》，中共中央党校出版社 1992 年版，第 826 页。

④ 《全国学大寨劳动管理经验现场会议纪要》（1968 年 2 月），黄道霞、余展等主编：《建国以来农业合作化史料汇编》，中共中央党校出版社 1992 年版，第 827—828 页。

⑤ 吴孝桐：《“安徽大寨”的兴与衰》，《江淮文史》，1997 年第 6 期，第 10 页。

传达北方地区农业会议精神时说："大寨大队从1953年办农业合作社以来就是一个核算单位，并不是后来改的，而且全大队户数不多，领导力量又比较强，群众觉悟高。"① 大寨从农业合作化到人民公社化后一直是以大队为基本核算单位。1961年中央调整国民经济，下放核算单位时，陈永贵提出大寨坚持大队核算不变。昔阳县领导批准大寨保留大队核算体制，而昔阳县的其他社队则大都退回到生产小队核算。1967年4月8日，昔阳县革委会成立，陈永贵任革委会主任。陈永贵认为所有制越大越好，扩大核算单位的规模就是"革命"，而改小核算单位则是"倒退"。因此，陈永贵在昔阳县强行推广大队核算制。1967年11月3日至6日，中共昔阳县核心小组召开扩大会议，研究学大寨和以大队为核算单位过渡的问题，决定在全县实行大队核算。② "大队核算"也成了大寨经验向全国推广。作为大寨经验推向全国的还有大寨的"割资本主义尾巴"，其中重要的一项就是收回自留地。因为大寨在1963年大水灾之后就取消了自留地。

1968年8月，根据毛泽东"建立三结合的革命委员会，大批判，清理阶级队伍，改革不合理的规章制度"等指示，③ 郭庄再次掀起革命大批判浪潮。在当时的历史条件下，郭庄主要批判"中国的赫鲁晓夫""四大自由""物质刺激""工分挂帅"等，以此批判自留田，为回收自留田和实行大队为基本核算单位做铺垫。

9月，郭庄大队党支部召开会议，主要讨论基本核算单位由生产队向生产大队过渡的问题。会上，部分社员提出"生产队小，人少，力量小，办不了事；以大队为核算单位，人多，力量多，智慧多，好办事。"④ 经讨

---

① 《王光宇同志关于北方地区农业会议精神的传达报告》（1970年10月10日在全省农业学大寨会议上），萧县革委会长期卷，萧县档案馆馆藏，全宗号14，目录号1-2，案卷号05。

② 李静萍：《农业学大寨运动史》，中央文献出版社2011年版，第204页。

③ 毛泽东：《必须实行革命的"三结合"，建立革命委员会》（1967年3月），《建国以来毛泽东文稿》（18册），中央文献出版社2023年版，第508页；毛泽东：《对〈北京新华印刷厂军管会发动群众开展对敌斗争的经验〉材料的批语》（1968年5月19日），《建国以来毛泽东文稿》（19册），中央文献出版社2023年版，第251—252页。

④ 郭庄大队：《郭庄贫下中农关于目前提出的几个问题讨论记录》，1968年9月，萧县档案馆馆藏，全宗号62，目录号1-1，永久，案卷号02。

论，初步决定将郭庄原来的六个生产队为核算单位，合并为一个生产大队一级核算单位，并拟定了改变核算单位后各项工作的处理意见。第一，各生产队仍按原来的计划宣传学习毛泽东著作，加速实现人的思想革命化。争取于近期成立毛泽东思想宣传队，定期召开活学活用毛泽东著作的讲用会，评选标兵，以便更好地宣传毛泽东思想；第二，合并后，在尚未宣布新的组织机构行使职权时，各生产队组织领导仍应高举毛泽东思想伟大红旗，抓革命，促生产。更好地活学活用毛泽东思想，秋收、秋种、年终分配等各项工作做出优异成绩。第三，当年分配问题。原则上 1968 年的农副业收入仍归生产队所有，按生产队为单位进行分配。年终分配时必须遵照三者兼顾方针，统筹安排。除按人口比例上交大队的一定积累（钱）外，各生产队按比例上交种子、饲料，留存的储备粮仍归生产队所有；第四，当前凡属生产队公共财产（包括牲口、农具等），一律不准买卖。

大会也制定了郭庄大队的农林副业规划及其他各项规划：

农业规划：对土地作统一规划，全面安排。分划好作物区，做好排灌系统，充实排灌机械。郭庄大队所有土地计划在三年内（1970 年）重新深翻一遍，人工深翻的深度达一尺半左右。1968 年冬 1969 年春计划深翻土地 500 亩，年前完成 200 亩，年后完成 300 亩，以使大队的土地面貌得以彻底改变。1968 年冬至 1969 年春打机井 12 眼，对原来的 1 条大沟、3 条中沟、7 条路沟、500 亩台田进行彻底整修，并在全大队增加新路 3 条，打好灌溉渠、排水沟，使涝时能排、旱时能灌，以实现稳产高产田。全年计划灌溉麦田面积 350 亩，稳产 400 斤以上。1969 年农作物安排，粮食作物 1000 亩，总产 60 万斤。棉花 450 亩，亩产 120 斤。1970 年粮食作物安排 1000 亩，保证达到亩产 700 斤的指标，棉花 450 亩，亩产 140 斤皮棉。自 1969 年起，计划每年向国家贡献粮食 8 万—10 万斤，皮棉 5 万—6 万斤，并逐年增加。①

① 郭庄大队：《郭庄贫下中农关于目前提出的几个问题讨论记录》，1968 年 9 月，萧县档案馆馆藏，全宗号 62，目录号 1-1，永久，案卷号 02。

林业规划：1968 年冬 1969 年春，凡是沟塘、河岸、庄前庄后空隙地方，道路两旁全部植树，并有计划地植果树 100 亩。其中梨树 50 亩，其他果树 50 亩。植成材树 80 亩（已植成材树 60 亩），新育各种树苗 3 亩（已有苗圃 1.5 亩）。①

副业规划：积极迅速地发展大队的烧窑，磨面，榨油等副业，增加副业收入，争取两年内平均每人达到 30 元的副业收入。具体来说，大队设有养猪场，喂猪 100 头。养羊场，喂羊 100 只。充实已有窑厂设备，力争达到机械烧砖烧瓦。搞好榨油、磨坊等。②

未来的组织建设规划：在大队领导组统一领导下，划分出政工、生产两个小组。政工组保持大队原来的政治领导小组，下设工作人员，狠抓学习宣传毛泽东思想，发行毛泽东著作，及时总结各农业队的各项工作经验。各专业队要配备 1—2 人抓毛泽东著作的学习。生产组则打破原来的生产摊子，实行一元化的领导，组织 4—6 个专业队（分为突击队，男女劳动力各一队，积肥饲养专业队、林副业专业队）。

农田水利建设：对土地作统一规划，全面安排，划分好作物区，修好排灌系统，按原测量路线建好所需的机井，充实排灌机械。有计划有步骤地建设新房，安排好社员居住的地方。③

1968 年 10 月，郭庄大队党支部副书记郭宏光在一次会议上作了“我们郭庄大队向何处去”的发言。④经此会议，常东生产队、常西生产队、小郭庄、郭东队、郭中队和郭西队共 6 个生产队陆续召开全体社员座谈会。会上讨论了实行大队核算的 7 个方面的优越性。各队全体社员一致同意向大队核算单位过渡，并向大队党支部提交了收回自留田和推行生产大

---

① 郭庄大队：《郭庄贫下中农关于目前提出的几个问题讨论记录》，1968 年 9 月，萧县档案馆馆藏，全宗号 62，目录号 1-1，永久，案卷号 02。

② 郭庄大队：《郭庄贫下中农关于目前提出的几个问题讨论记录》，1968 年 9 月，萧县档案馆馆藏，全宗号 62，目录号 1-1，永久，案卷号 02。

③ 郭庄大队：《郭庄贫下中农关于目前提出的几个问题讨论记录》，1968 年 9 月，萧县档案馆馆藏，全宗号 62，目录号 1-1，永久，案卷号 02。

④ 瓦口公社郭庄大队大批判材料组整理：《讨论交回自留田和合并核算单位时各分校意见》，1968 年 10 月，萧县档案馆馆藏，全宗号 62，目录号 1-1，永久，案卷号 02。

队为基本核算单位的申请。

经大队党支部批准，正式作出收回自留田和实行大队核算的决定，郭庄完成基本核算单位由生产队向生产大队的过渡。

据 1969 年底的调查，郭庄大队从 1968 年 10 月实行大队核算，经过一年的实践，促进了农业生产和集体经济的发展。1. 大队统一计划，统一耕种，统一使用劳力和资金，大大挖掘了生产潜力，提高了劳动效率，做到合理安排茬口，作物种植成片，有利于机耕、灌溉、治虫，更有利于治碱。2. 进一步发展了集体副业。1969 年办了养猪场、轧花厂、粉坊、木工坊、组织了基建队，发展了林业。3. 增添了不少大型生产资料，扩大了再生产的能力。4. 收入统一分配，正确处理了国家、集体和个人三者关系。1969 年现金收入 8 万元，除归还贷款 7000 元，可以积累 25000 元，留生产费用 25000 元，分配给社员 16000 元，每人平均 20 元，加上分配的各种实物折款，每人平均收入 80 元，超过 1968 年收入水平最高的生产队。

调查报告表明，实行大队核算之后，促进了农业生产和经济的发展，合理解决了以下问题：1. 自留地问题。1968 年底，社员把自留地自动地退还给集体，家前屋后零星土地重新分配给社员，为解决社员吃菜问题，大队专门成立了蔬菜队，种了 40 多亩菜园，按人发给菜票，由社员自由选购。家畜饲料的问题，集体也帮助解决了一部分，平均每户分给粗饲料二三百斤，80 斤以上的猪，每长一斤供应一斤精饲料。2. 劳动管理问题。根据生产需要和社员劳动能力、生产技术，分别组成若干小组。一般情况下，分组作业、分片管理，各负其责，大忙时集中劳力突击完成生产任务，实行大寨式“突出政治，自报公议”的评工计分制度。平时记出勤，年终总评议。3. 公共积累和债务问题。各生产队的固定资产，一律归大队所有。所欠国家贷款，因大体相等，统由大队负担。生产队原来积累的资金，每人平均按 45 元上交大队。①

---

① 安徽省革命委员会、宿县专区革命委员会、萧县革命委员会农业调查组：《一个农业学大寨的光辉榜样——郭庄大队农业调查报告》（初稿），1969 年 12 月 23 日。全宗号 62，目录号 1–1，永久，案卷号 01。

“文革”开始后，农民自留地、家庭副业等便被当作“资本主义尾巴”加以批判。经大队党支部批准，郭庄正式作出收回自留田和大队核算的决定，郭庄完成了基本核算单位由生产队向生产大队的过渡。

受郭庄影响，萧县多个社队也逐渐变更基本核算单位，掀起一股并队的“穷过渡”风，县委也以各种名目收回了多数社队的自留地。据1970年统计，马井公社朱庄大队许破楼村，371口人，每人平均占有半亩以上自留地和开荒地，多者占一亩多地。许破楼东队社员许开伦3口人，拥有自留地1.1亩，开荒地3.3亩，共4.4亩。全年粮食收入1282斤，集体分配622斤，占48%，自留地收入660斤，占比52%。[①] 自留田收入超过了集体部分。县委认为这严重妨害了集体生产，助长了单干倾向，容易造成“集体活没人干，自留地干得欢”“大田地里养精神，自留地里打冲锋”的情形，并以此为借口收回了一定数量的自留田。[②]

二、盐碱地里种水稻

1969年是郭庄历史上重要的一年。春天，郭庄大队的代表第一次出席了安徽省学习毛泽东著作积极分子代表大会，在会上介绍了大队农业学大寨的经验。4月，郭宏杰出席了中共九大，并被选为中央候补委员。7月，安徽省革委会作出了“关于以郭庄大队为榜样，更加深入扎实地开展农业学大寨运动”的决定，提出“学大寨，赶郭庄”的口号。10月，党支部副书记、革委会副主任郭宏光和一位上海下放知识青年被邀到北京参加国庆观礼。郭庄在全省获得了巨大的荣誉，在全国也有了影响。党支部以“全省学郭庄，郭庄怎么办？”为题，开展了广泛的讨论。决定继续学大寨，争取农业生产在1968年超《纲要》的基础上继续增产。

1968年郭庄大队棉粮超《纲要》后，原有的小麦、黄豆和红芋两年三熟耕作制度，已无法适应进一步增产要求。为改变现状，郭庄先尝试了

① 萧县革委会调查研究组：《关于马井公社朱庄大队各项农村经济政策的调查报告》，1971年4月8日，萧县档案馆馆藏，全宗号14，目录号1-1，永久，案卷号10。

② 萧县革委会调查研究组：《关于马井公社朱庄大队各项农村经济政策的调查报告》，1971年4月8日，萧县档案馆馆藏，全宗号14，目录号1-1，永久，案卷号10。

主攻小麦、扩大两杂[①]的改革方案。1969年，试种了100多亩杂交高粱和杂交玉米，平均亩产达到500斤。但出现两个明显矛盾：在试种双杂的地块，出现返碱现象；在6月至8月多雨高温的季节出现疯长现象，不易控制。[②]于是郭宏杰便思考如何改革原有耕作制度，寻求既能压碱又能高产的办法。郭庄老农王庆平提议，实现大幅度粮食增产，只有改种水稻。

其实早在1960年，郭庄就改种过一次水稻。全大队抽调100多名优秀劳动力，突击挖了两口旱塘，选出10多亩优质田地，拆织布机和门板制水车，试种水稻。忙活大半年后，由于天旱无水，秋收时连投入的稻种都没收回来。但是，王庆平把剩下的稻秧顺手插在茔池旁，由于水多肥足，加之精心管理，最终穗穗籽粒饱满，一亩至少收千斤。

郭庄大队党支部研究决定：抽出老盐店5亩6分地返碱最严重的土地试种水稻，并成立试种水稻小组，郭宏杰任组长，组员包括郭宏光、王庆平等8人。1969年春，根据“碱随水上、随水下”的盐碱运行规律，郭庄大队在5亩6分重碱地栽种水稻，稻改小组加紧管理，进行栽秧、挖沟、施肥、浇水等工序，最终亩产达到1030斤，一季亩产跨过“长江”。[③]下茬小麦也有所增产，且未出现明显返碱现象。

经科研小组观察和测定，在种过水稻的田地里，土壤含碱量较种植前减少了84%，有机质增加了66%。改种水稻不仅降低了土壤盐分，增加了有机质，而且增强了土壤肥力。据测定，“土壤表层0—10厘米盐碱含量由种稻前的0.47%降低到0.072%。土壤盐碱含量减少，对后茬小麦生长非常有利。”[④]同时将水稻与高粱、玉米进行比较，发现在7月至9月、多雨高温的季节十分适宜水稻的生长。稻田里，碱稀释于水中，随水渗入地层，土壤湿度大，碱无法上涌。碱地种水稻既可利用气候条件，有效改

---

① 两杂是指杂交高粱和杂交玉米。

② 郭庄大队：《郭庄十年学大寨》，1974年，萧县档案馆馆藏，全宗号62，目录号1-1，永久，案卷号07。

③ 萧县郭庄大队革委会：《碱地种水稻大有可为》，1971年12月，萧县档案馆馆藏，全宗号62，目录号1-1，永久，案卷号06。

④ 安徽省萧县郭庄大队：《碱地种稻闯新路，科学种田夺高产》，1974年1月，萧县档案馆馆藏，全宗号62，目录号1-1，永久，案卷号03。

良盐碱，又有利于后茬小麦的生长。基于此，郭宏杰决定：扩大水稻种植面积，将收麦子、种黄豆、栽红芋的两年三熟制改为麦稻连作的一年两熟制，并提出1970年粮食亩产超千斤的设想。

1970年，郭庄大队决定将扩种水稻至140亩。党支部首先发动社员、干部靠自力更生打井、烧窑，群众将靠自身力量打的第一眼井，命名为“自力更生井”。随后面临插秧任务，但此时正值小麦收获季节，郭宏杰将生产队的劳力重新安排，编成插秧组、收割组、运输组和打场组，每生产队组织农忙食堂，由副队长或妇女队长主抓伙食，炊事员们负责蒸大馍、擀面条、做烙馍、煮稀饭①，并一担担挑到麦地、麦场和秧田，令劳动力们24小时皆劳作、休息在现场，从而顺利完成“四夏”任务。

1970年，郭庄大队的140亩水稻，其中90亩水稻亩产达到800斤，平均亩产700多斤，粮食亩产达到1030斤，顺利实现超千斤的目标；棉花亩产185斤，超“双纲要”，实现粮棉双丰收。②1971年，郭庄大队又根据水、肥情况，将水稻种植面积扩大到500亩，占秋季作物面积的一半以上。最终，500亩水稻平均亩产707斤，其中50多亩水稻超千斤。③

但在实行稻麦连作耕作制度过程中，也出现了茬口晚、时间紧和劳畜力紧张的问题。小麦生长期约220天，水稻生长期120天左右，两者相加便是340天左右。无论收麦插稻亦或是收稻种麦，仅有10多天时间。稻挤麦，麦挤稻，严重耽误了小麦和水稻增产。如1970年秋种时，因劳动力不足，部分麦田延误农时，影响了小麦冬前分蘖，成熟期推迟，凡晚种的小麦皆减产两到三成。④为解决茬口晚和适时早播之间的矛盾，郭庄大队从国内外选出600多个小麦品种进行对比试验，最终确定以阿夫作为当

---

① 根据多位口述者的说法，此时的郭庄已可以吃上杠子馍，足见其农业之丰收。

② 萧县郭庄大队党支部：《盐碱窝里闹革命，稻茬小麦夺高产》，1974年6月，萧县档案馆馆藏，全宗号62，目录号1-1，永久，案卷号03。

③ 萧县郭庄大队革委会：《实践出真知，科学种田夺高产》，《安徽日报》1972年9月21日，第3版。

④ 安徽省萧县郭庄大队党支部：《科学种田闯新路，稻麦连作夺高产》，1972年，萧县档案馆馆藏，全宗号62，目录号1-1，永久，案卷号06。

家品种，以郑州 17、九兰 39、丰麦 1 号为搭配品种，实行早、中、晚搭配；同时从 60 多个水稻品种中选出早熟、秆矮、耐肥、抗倒伏、抗病力强的“特白 8 号”作为当家品种，并搭配“京引三百粒”和“早熟桂花黄”，同时将大稻栽插与小苗带土移栽相结合，适当延长大秧的秧龄，很大程度上解决了茬口晚的问题。针对时间紧、用工量大、农活高度集中的问题，郭庄大队添置了一大批农业机械。1970 年，郭庄大队拥有农业机械数量为 56 台，到 1972 年已添置到 125 台，覆盖耕作、运输、收割、脱粒、播种、排灌等各方面，基本上实现机械化与半机械化。①

郭庄大队将碱地种稻夺高产规律主要归纳为六点：第一，“努力改变生产条件，是实现碱地种稻夺高产的基础和保证。”② 治碱改土，平整土地，兴修水利，大积、大造农家肥。第二，选用早熟高产优良品种，如以“特白 8 号”为主，搭配“京引三百粒”和“京丰 2 号”等水稻品种。第三，培育适龄壮秧，推广中苗育秧带土移栽技术。并且根据品种特性，决定秧龄天数，依据小麦的收获期安排播种期，看秧龄长短决定播种量。在水肥的管理上，根据秧苗的不同生长时期的要求和沙碱地易漏水的特点不断调整，以适应水稻的生长环境。第四，不违农时，力争早播，合理密植。在每年 6 月底前栽插的水稻，成熟正常，产量高，在一般大田中，每亩栽播 25 万苗左右。第五，足肥巧施，科学用水。据分析，“亩产稻谷千斤，需从土壤里吸收氮素 18 至 20 斤。”③ 郭庄大队根据麦茬稻生长期短和沙碱土特点，采用早施、重施分蘖肥，稳施穗肥，看苗补施粒肥和“少吃多餐”的施肥方法。粗略估计，每亩水稻施粗肥三大车（约 6000 斤），尿素 40 斤，折合纯氮约 30 斤 4 两。在水浆管理上，根据麦茬稻不同生长时期对水分的要求，做到薄水栽秧，深水活棵，浅水分蘖，晾田拔节，

① 安徽省萧县郭庄大队党支部：《科学种田闯新路，稻麦连作夺高产》，1972 年，萧县档案馆馆藏，全宗号 62，目录号 1-1，永久，案卷号 06。

② 安徽省萧县郭庄大队：《碱地种稻闯新路，科学种田夺高产》，1974 年 1 月，萧县档案馆馆藏，全宗号 62，目录号 1-1，永久，案卷号 03。

③ 安徽省萧县郭庄大队：《碱地种稻闯新路，科学种田夺高产》，1974 年 1 月，萧县档案馆馆藏，全宗号 62，目录号 1-1，永久，案卷号 03。

足水孕穗，水层灌浆，黄熟排水。最后，防止病虫害，确保丰收。[①]郭庄大队初步掌握了水稻生产规律后，便逐年扩大水稻种植面积。1972 年，郭庄大队将水稻面积扩大到 800 亩，平均亩产达到 930 斤，一季便跨过“长江”。[②]

郭庄大队的稻麦连作制度为农业增产开辟了新途径。随之，萧县县委便尝试在全县进行推广。1971 年，县委制定了水稻种植计划，全县一下子扩大水稻面积 30 多万亩，要求各社队推广郭庄大队的新耕作制度。结果，由于忽视许多社队的客观条件，经各方努力下才栽种 2 万 9000 亩，尚未达到预定目标的 1/10。[③]最终，县委决定先在客观条件允许的社队扩种水稻，在全县推广郭庄稻麦连作制度的计划便暂时搁置。

第二节　安徽全省“学大寨、赶郭庄”

一、萧县开展“学大寨、赶郭庄”运动

（一）郭庄式典型的出现

萧县采取了社社抓典型、层层树样板、行行有标兵的领导方法，抓老点，树新点，帮助后进队，带动一般队，全面推广郭庄经验。

首先，提高老点。郭庄这个农业学大寨的老点，一直由郭宏杰在抓。使郭庄大队不断前进，不断创造新经验，为萧县学大寨提供更加有利的条件。同时对其他老点——郝新庄、郑腰庄、陈腰庄等大队，萧县也加强了领导，以帮助这些队提高学大寨、赶郭庄水平；其次，为了更快地推广郭庄大队经验，萧县在加强对老点的领导的同时，又培养了新点。根据自然条件和地区特点进行布点，在北部黄河故道培养的是农、林、牧、副、渔

① 安徽省萧县郭庄大队：《碱地种稻闯新路，科学种田夺高产》，1974 年 1 月，萧县档案馆馆藏，全宗号 62，目录号 1-1，永久，案卷号 03。

② 安徽省萧县郭庄大队：《碱地种稻闯新路，科学种田夺高产》，1974 年 1 月，萧县档案馆馆藏，全宗号 62，目录号 1-1，永久，案卷号 03。

③ 中共萧县县委：《郭宏杰同志在省农业学大寨会议上的发言》，1972 年 11 月 14 日，萧县档案馆馆藏，全宗号 62，目录号 1-1，永久，案卷号 01。

全面发展的马场大队；在西南部平原地区培育的是杭子大队；在东南山区重点树立的是庄里公社和白土大队；在西北部集中产棉区重点帮助西陈河生产队；还对全区闻名的后进大队——赵圈大队派驻了干部，狠抓后进变先进；与此同时，层层树点，遍及各社各队、各行各业，抓先进更先进、后进变先进的典型。如小厂办大事的白酒厂和黄口农机厂，全心全意为农业生产服务的赵庄粮站等。①

为了大力推广各级典型学郭庄的经验，萧县采取了召开现场会，组织参观，举办学习班，请上来、派下去，经常广播（每周两次广播郭庄经验，一层广播其他点的经验）等多种形式，及时传播推广。以基点带多点，以多点带全面，使郭庄经验很快推及全县。②

在诸多“赶郭庄”的新样板中，表现尤为出色的是刘套公社。其中的马场大队和东方红大队最为典型。

刘套公社马场大队，紧靠黄河故道，水源充足，土壤肥沃，农业生产条件较好。但长期处于“运动推不开，大寨学不了，吃粮靠国家，生产靠贷款”的落后状态。“六九年以前，历年粮食亩产始终徘徊在三、四百斤左右，老是上不了《纲要》，吃了国家二十年的回销粮，成了全公社有名的‘老落后’、‘老大难’。”③1970年，该大队在省、专毛泽东思想宣传队和蹲点干部领导下，开展阶级斗争，整顿领导班子，展开“学大寨、赶郭庄、超纲要”群众运动，贯彻了“以粮为纲，全面发展”的方针。经过一年的时间，马场大队农、林、牧、副，全面发展，粮、棉、生猪都超过了《纲要》规定的指标。“一九七〇年，粮食亩产平均六百八十斤，皮棉亩产一百零五斤，生猪饲养量由去年八月的二十八头，发展到五百六十五

---

①　宿县专区革命委员会办事组：《社社抓典型，层层树样板——萧县全面推广郭庄大队学大寨的经验》，1971年7月30日，萧县档案馆馆藏，全宗号62，目录号1-1，永久，案卷号06。

②　宿县专区革命委员会办事组：《社社抓典型，层层树样板——萧县全面推广郭庄大队学大寨的经验》，1971年7月30日，萧县档案馆馆藏，全宗号62，目录号1-1，永久，案卷号06。

③　萧县革命委员会调查研究组：《关于印发“马场大队学大寨一年巨变的调查报告”的通知》，1971年9月17日，萧县档案馆馆藏，全宗号14，目录号1-1，永久，案卷号21。

头，平均每户合三点四头，这三项指标都跨过了《纲要》。”而且1971年小麦亩产达到402斤，比上一年增长49%。还养了一万尾鱼，建成果园150多亩，栽果树2500多棵，杂树2万多棵，同时还搞了磨石、碾米、榨油、轧花、粉坊、烧窑等副业生产。出现了农、林、牧、副、渔五业俱全，全面发展的大好局面。①

马场大队还大搞农田基本建设，大搞农业机械化。新建了电灌站一座，打机井6眼。新建一道拦水大坝，造地300亩，平整土地1000多亩，筑起850米的灌溉渠，使全部农田基本上实现了旱涝保收。还添置了电动机、水泵、磨面机、脱粒机、马车等农业机具。1970年超额完成国家粮、棉征购任务后，未要国家一粒回销粮，还留了三万斤储备粮，二十年的缺粮队变成了余粮队。②

刘套公社东方红大队，紧靠黄河故道，有水有电土质好，有苇有鱼有蒲草，适宜发展农、林、牧、副、渔等。1966年东方红大队粮食产量已达到《纲要》指标，但到1969年，粮棉产量不升反降。1970年东方红大队以大寨、郭庄为榜样，抓革命、促生产，领导班子开门整风。而且组织干部和社员围绕“为什么种田”话题展开大辩论，“大学大讲大用‘老三篇’，对照三个光辉形象揭矛盾，找差距”，③进行忆苦思甜、忆苦思权，吃忆苦饭。在辩论期间，还组织干部群众到全省农业学大寨“红旗”——郭庄大队参观学习。经辩论，大队统一了认识，顺利完成了各项生产任务。

刘套公社学大寨、赶郭庄取得的成绩，不仅在萧县闻名，还得到宿县地委的关注。

1971年12月，在宿县地区革委会第三次全委扩大会议上，宿县地委

---

① 萧县革命委员会调查研究组：《关于印发“马场大队学大寨一年巨变的调查报告”的通知》，1971年9月17日，萧县档案馆馆藏，全宗号14，目录号1-1，永久，案卷号21。

② 萧县革命委员会调查研究组：《关于印发“马场大队学大寨一年巨变的调查报告”的通知》，1971年9月17日，萧县档案馆馆藏，全宗号14，目录号1-1，永久，案卷号21。

③ 萧县刘套公社东方红大队党支部：《反骄反满学大寨，加快步伐赶郭庄》，《新安徽报》1971年8月18日，第2版。

以“宿地发［71］40号”文件的形式发出了《关于学习刘套公社由点向面推开大寨郭庄经验的决定》。《决定》指出：“刘套公社，近两年来拼死拼活学大寨，加快步伐赶郭庄，学精神，抓根本，人的精神面貌和生产面貌发生了很大变化。粮食、棉花过‘长江’，养猪上《纲要》，五业齐发展，为全区学大寨、赶郭庄的群众运动和迅速发展社会主义农业提供了很好的经验。”①《决定》还将刘套公社推广大寨、郭庄经验的主要措施概括为四点：步调一致，团结战斗；抓纲抓线，端正方向；深入基层，扎根群众；排除干扰，落实政策。②为此，宿县地委号召全区向刘套公社学习，“把学大寨、赶郭庄的群众运动由点到面迅速推开。”③

刘套公社成为萧县由点及面推广郭庄经验的范例与典型。

（二）萧县学郭庄——“誓把萧县建成郭庄县”

1970年，萧县便提出“誓把萧县变郭庄县”的口号。

郭庄被树为安徽省农业学大寨的典型后，全省开展“学大寨、赶郭庄、超纲要”的运动。

郭庄地属萧县，这给贫穷落后的萧县极大的压力。但萧县的“学大寨、赶郭庄、超纲要”运动很落后，成为全省闻名的“老大难”。④为了加强对萧县的运动的领导，1970年5月，省专（区）组织毛泽东思想宣传队进驻萧县，代行县革委会职责。⑤宣传队出发前夕，省革委会副主任宋佩璋在“省专赴萧县毛泽东思想宣传队负责人会议”的指示中，对萧县的

---

① 中共宿县地区委员会：《关于学习刘套公社由点到面推开大寨郭庄经验的决定》，1971年12月23日，萧县档案馆馆藏，全宗号14，目录号1–2，长期，案卷号05。

② 中共宿县地区委员会：《关于学习刘套公社由点到面推开大寨郭庄经验的决定》，1971年12月23日，萧县档案馆馆藏，全宗号14，目录号1–2，长期，案卷号05。

③ 中共宿县地区委员会：《关于学习刘套公社由点到面推开大寨郭庄经验的决定》，1971年12月23日，萧县档案馆馆藏，全宗号14，目录号1–2，长期，案卷号05。

④ 《学大寨赶郭庄，加快步伐变昔阳——萧县县委负责同志在省农业学大寨现场会上的汇报》（1971年6月1日），萧县档案馆馆藏，郭庄大队1971年长期卷，全宗号62，目录号1–2，案卷号5。

⑤ 《学大寨赶郭庄，加快步伐变昔阳——萧县县委负责同志在省农业学大寨现场会上的汇报》（1971年6月1日），萧县档案馆馆藏，郭庄大队1971年长期卷，全宗号62，目录号1–2，案卷号5。

问题分析得很透彻。他说，萧县上不去，淮北就上不去，安徽全省也就上不去。省专毛泽东思想宣传队到萧县的任务就是解决萧县的问题。

萧县问题中重要的是农业超纲要的问题。预计一二年，争取一年。超纲要问题，不仅是萧县的，希望萧县带个头。省专县有七八百人的宣传队在萧县，一定能把萧县搞成大寨式的，郭庄式的萧县。①

1970 年 8 月 1 日，时任安徽省革命委员会主任的李德生在郭庄接见萧县临时革命领导小组和各公社临时革命领导小组主要负责人时②说："萧县最重要、最迫切的问题，是要把郭庄的精神在全县普及，要把学大寨、赶郭庄、超纲要作为萧县全党和全体人民的实际行动，要像昔阳那样，大寨在全县普及，萧县就是要赶郭庄。赶郭庄就是学大寨。要求你们在一、二年之内把正（整）个萧县变成郭庄现在的水平。你们看可以不可以？"③李德生鼓励大家："你们要发扬'一不怕苦，二不怕死'精神和革命干劲，把人民动员起来，号召起来，把人民的积极性调动起来，把萧县变成郭庄。"④

根据李德生的指示，8 月 19 日萧县公布的《1971—1975 年农业发展规划（初稿）》中，明确提出："学大寨，赶郭庄，奋战一二年，誓把萧县变郭庄。"⑤的奋斗口号，并要求"粮食：一九七〇年面积一百一十万亩，总产五亿五千万斤，平均单产 500 斤，达到'纲要'指标；一九七一

---

① 省专赴萧县毛泽东思想宣传队办公室：《省革委会宋佩璋副主任在省专赴萧县毛泽东思想宣传队负责人会议上的指示》，1970 年 5 月 17 日，萧县档案馆馆藏档案，萧县革委会，长期卷，全宗号 14，目录号 1-2，案卷号 03。

② 1970 年 3 月，省、地派毛泽东思想宣传队进驻萧县，成立了萧县临时革命领导小组和核心小组，代行县革命委员会和革命委员会核心小组职权，平昌喜任两个小组的组长。（萧县地方志编纂委员会主编：《萧县志》，中国人民大学出版社 1989 年版，第 30 页。）

③ 中共萧县革命委员会：《李德生八月一日在郭庄大队接见萧县公社负责同志的指示》，1970 年 8 月 1 日，萧县档案馆馆藏，全宗号 62，目录号 1-2，长期，案卷号 03。

④ 中共萧县革命委员会：《李德生八月一日在郭庄大队接见萧县公社负责同志的指示》，1970 年 8 月 1 日，萧县档案馆馆藏，全宗号 62，目录号 1-2，长期，案卷号 03。

⑤ 萧县临时革命领导小组：《1971—1975 年农业发展规划（初稿）》，1970 年 8 月 19 日，萧县档案馆馆藏，全宗号 14，目录号 1-1，永久，案卷号 05。

年总产八亿八千万斤，平均单产 800 斤，赶上江南；一九七二年平均单产达到千斤，总产十一亿斤；一九七五年，总产达到十五亿四千万斤，平均单产 1400 斤。棉花：一九七〇年二十六万亩，总产二千零八十万斤，平均单产 80 斤，超过‘纲要’；一九七一年，总产达到三千一百二十万斤，平均单产 120 斤；一九七五年，总产达到六千五百万斤，平均单产 250 斤。油料：一九七一年面积十万亩，总产达到一千五百斤，平均单产 150 斤；一九七五年总产达到三千万斤，平均单产 300 斤。麻：一九七一年面积二万亩，总产达到二百三十万斤，平均单产 115 斤；一九七五年，总产达到三百二十万斤，平均单产 60 斤。水果：一九七一年，总产达到一千万斤，一九七五年总产达到二千五百万斤。大家畜：一九七〇年七万五千头，一九七一年发展九万头，一九七五年发展到十二万头。猪：一九七一年发展到三十万头，每户平均一头半；一九七五年发展到八十万头，达到一人一猪。羊：一九七一年发展到二十万只，一九七五年发展到三十万只，每户一只半。渔业：一九七一年捕捞量四十五万斤，一九七五年达到一百八十万斤。林业：七〇年准备，七一、七二年大干，到七四年达到荒山、四旁全部绿化起来，做到白天看不到庄，晚上看不到光。”①

1970 年 9 月 25 日《新安徽报》第 2 版刊登题为《高举红旗狠抓纲，誓把萧县变郭庄》的报道。报道称：萧县全县决心“拨亮郭庄一盏灯，照亮全县一片红，让郭庄大队的先进经验在全县开花结果，誓把萧县变郭庄。”

报道首先指出了萧县没有抓好学大寨、赶郭庄运动的原因。萧县在“学大寨，赶郭庄，超《纲要》”的运动中，没有学在根本上，只抓粮、油、棉，不抓纲、线、权，只看郭庄的高产量，没学郭庄人的红思想。郭庄虽然在萧县，萧县前进的步子却迈得不大。省、专区毛泽东思想宣传队进驻萧县以来，举旗抓纲，狠抓了根本。大寨是毛泽东亲自树立起来的光辉样板，郭庄是学大寨的典范，学不学郭庄，向郭庄学什么，是不是认

---

① 萧县临时革命领导小组：《1971—1975 年农业发展规划（初稿）》，1970 年 8 月 19 日，萧县档案馆馆藏，全宗号 14，目录号 1-1，永久，案卷号 05。

真推广郭庄的先进经验，是紧跟不紧跟毛泽东，对毛泽东忠不忠的大问题，是走什么路，举什么旗，执行什么路线的大问题。全县先后召开了五次县、社、队领导干部会议和一次七千人以上“学大寨、赶郭庄誓师大会”。开展了以“全省赶郭庄，郭庄在萧县，萧县怎么办？”和“为什么要学郭庄？怎么学郭庄”为题的大讨论。通过讨论，广大干部和群众提高了认识，端正了态度，明确了方向，鼓足了干劲，树立了学大寨、赶郭庄，超《纲要》的雄心壮志。他们决心“只争朝夕学大寨，加快步伐赶郭庄，誓把萧县变郭庄。”

萧县学郭庄的具体做法：县革委会有计划地分期分批组织各社、队去郭庄大队参观学习。一面抓郭庄样板，一面发现新的学大寨，赶郭庄的典型。全县社社队队都有自己的典型。

据《新安徽报》报道，萧县“学大寨，赶郭庄，超《纲要》”运动取得了巨大的成绩。1970 年全县有 179 个中间大队跃入先进行列，有 74 个后进大队摘掉了“落后”的帽子，有 9 个大队粮食亩产过“长江”。①

1970 年 8 月 25 日至 10 月 5 日，北方地区农业会议召开。会上山西昔阳县被认定为建成了全国第一个“大寨县”。②

9 月 23 日，《人民日报》头版发表了《从大寨大队到昔阳县——山西省昔阳县学大寨的调查报告》。同时在头条配发题为《农业学大寨》的社论。调查报告开篇即指出：“昔阳县已成为大寨式的县”。昔阳能够成为大寨式的县，重要的原因是解决了领导班子的问题，有了毛泽东思想。

调查报告和社论都提出同样的问题：“昔阳成为大寨式的县，向各县的领导同志提出了一个十分尖锐的问题：昔阳能办到，你们难道不行吗？

① 《高举红旗狠抓纲，誓把萧县变郭庄》，《新安徽报》1970 年 9 月 25 日第 2 版。

② 1967 年 2 月 11 日，陈永贵掌握了昔阳县的党政财文大权。3 月 18 日，陈永贵任山西省党的核心小组副主任。4 月 8 日，昔阳县革委会成立，陈永贵任主任。4 月 8 日召开的县革委会第一次会议上，重点讨论了怎样在全县开展学大寨运动，昔阳怎样尽快建成大寨县的问题，提出“三到五年内将昔阳建成大寨县。”的奋斗目标。之后，陈永贵用强制，甚至复制粘贴的办法，终于使“昔阳遍开大寨之花”，1970 年 8 月北方地区农业会议上，昔阳被认定为全国第一个“大寨县”。（参见李静萍：《农业学大寨运动史》，中央文献出版社 2011 年版，第 195 —196 页。）

一年不行，两年不行，三年行不行？四年、五年总可以了吧！”①

随后，各地农业学大寨运动重现高潮，“社队变大寨，县变昔阳”成为学大寨的奋斗目标。

10月9日至16日，安徽省召开了农业学大寨会议。安徽农业学大寨运动掀起新高潮。11月15日，安徽省革委会作出了《关于全面深入地开展农业学大寨群众运动的决定》。《决定》要求：“认真学习、落实毛主席‘农业学大寨’的指示，进一步深入开展全面学大寨的群众运动，下决心苦战两、三年，使全省社队变大寨，县变昔阳。”②

为了贯彻省革委会的决定，萧县提出“誓把萧县变昔阳”的奋斗目标，“建设郭庄县”提法便暂时告一段落。但如何实现“萧县变昔阳”？基本办法还是要学郭庄。

1971年3月17日，中共萧县第四次代表大会召开。

为在萧县全面推开郭庄经验，3月23日，经表决，中共萧县第四次代表大会通过了“关于进一步掀起农业学大寨、赶郭庄、誓把萧县变昔阳群众运动”的决定。要求学大寨，赶郭庄，就要像大寨、郭庄那样，坚持自力更生，艰苦奋斗的方针。最终把萧县尽快变成昔阳式的新萧县。③

1971年5月5日，《新安徽报》第2版刊登《萧县大步赶郭庄》的报道，并加了编者按。编者按说：我省农业“学大寨，赶郭庄”的群众运动正在蓬勃发展，先进社队不断成批涌现。当前的问题是怎样进一步把运动引向深入、扎实。在一个县的范围内迅速推开大寨和郭庄学大寨的经验，使县县都尽快地变成昔阳。萧县的领导班子来了一个革命化，以很大的干劲扎扎实实地抓“学大寨，赶郭庄”的群众运动，已经取得了很大的成绩。他们的基本经验是值得各县学习的。

报道指出：萧县全县都在学大寨，赶郭庄。其中典型的有郭庄公社郑

---

① 《农业学大寨》（社论），《人民日报》1970年9月23日第1版。

② 《安徽省革命委员会关于全面深入地开展农业学大寨群众运动的决定》（一九七〇年十一月十五日），《新安徽报》1970年12月1日，第1版。

③ 中共萧县县委：《中国共产党萧县第四届委员会第一次会议关于进一步掀起农业学大寨、赶郭庄、誓把萧县变昔阳群众运动的决定》（一九七一年三月二十三日通过），萧县档案馆馆藏，郭庄大队1971年长期卷，全宗号62，目录号1–2，案卷号05。

腰里大队和庄里公社。郑腰里大队学郭庄经验，主要是学郭庄人的思想革命化带动改碱治地，这才是郭庄经验的根本。庄里公社在1970年全县“学大寨，赶郭庄”运动的冲击下，才开始行动起来。公社领导班子带领干部群众三次到郭庄参观学习，回来后大搞水利建设。1970年冬和1971年春，兴建的水利工程超过了新中国成立以来二十年兴建水利工程土石方的总和。

“学大寨，赶郭庄，誓把萧县变昔阳”已经形成一股不可阻挡的潮流。

萧县的巨大转变，主要得益于省、地革委会毛泽东思想宣传队进驻，调整、加强了萧县领导班子，提高了对“学大寨，赶郭庄”的认识，把学大寨赶郭庄当成方向、道路问题来抓，加强了领导班子自身的革命化。学习郭庄党支部的“四带头，八在前”，及时推广“学大寨，赶郭庄”做出成绩的社队经验。根据郭庄经验，大队党支部是关键，萧县狠抓了大队党支部的建设。开展社会主义教育运动。萧县革委会主任郭宏杰认识到，学大寨，赶郭庄的根本任务，就在于用毛泽东思想教育群众，坚定不移地走社会主义道路。从1970年12月底全县开展了社会主义教育运动。社会主义教育运动，“涤荡着修正主义的污泥浊水，扫除着旧社会遗留下来的陈旧垃圾，塑造着一心为公的人”，“加快着‘把萧县变昔阳’的前进步伐！”①

1971年6月1日至5日，安徽省农业学大寨现场会议在萧县郭庄召开。会议的中心议题是向全省推广萧县“学大寨，赶郭庄，萧县变昔阳”的经验。②淮北和江淮地区各地、市、县负责人，各农业调查点即省委负责同志直接抓的点的代表，省军区、安徽生产建设兵团、驻皖部队代表等参加该会议，共500余人。这次现场会以批修整风为纲，学习了毛泽东批示“照发”的《国务院关于北方地区农业会议的报告》，参观了郭庄大队丰产现场。宋佩璋作了报告，要求要以批修整风为纲，狠抓两个阶级、两条路线、两条道路斗争，狠抓领导班子革命化建设，用毛泽东思想教育

---

① 《萧县大步赶郭庄》，《新安徽报》1971年5月5日，第2版。

② 《安徽省农业学大寨现场会纪要》，萧县档案馆馆藏，萧县革委会1971年长期卷，全宗号14，目录号1-2，案卷号15。

人，对农民进行社会主义教育，加快由点向面推广大寨郭庄经验步伐，早日实现“县变昔阳”目标。郭庄大队党支部副书记郭宏光回顾了郭庄自1964年以来的发展历程。一方面，郭庄大队通过路线斗争、阶级斗争与思想和政治路线方面教育的三次思想战役实现领导班子革命化；另一方面郭庄坚持以毛泽东思想育人为根本，突出无产阶级政治。县委负责同志汇报了自1970年省农业学大寨会议召开后，在郭宏杰带领下，萧县一年来学大寨、赶郭庄的情况。“全县深翻平整土地十七万三千亩，用郭庄大队改良盐碱地标准改碱七万三千亩，两项合计比六九年增加四倍多，打井二千五百眼，比六九年增加近五倍。”① 总结了萧县推广郭庄经验措施：第一，狠抓阶级斗争，扫清农业学大寨运动道路上的障碍；第二，狠抓领导班子，组织整顿和思想建设，在斗争中建设、考核班子，“五破五立”②，县委举办领导班子学习班，揭盖子；第三，广泛深入开展社教，狠抓用毛泽东思想教育人；第四，抓典型树样板；第五，狠抓各行各业大力支援农业生产等。③

会议认为，萧县县委和县革委会从方向、路线的高度认真学大寨、学昔阳，在全县推广郭庄大队的经验，狠抓根本，大搞群众运动，全县发生了很大的变化。萧县的经验，对各地进一步学大寨、学昔阳，由点到面迅速推开，实现“县变昔阳”的目标，具有很大意义。会议认为，萧县以昔阳为榜样，全县学大寨，赶郭庄，变昔阳的群众运动蓬勃发展，郭庄学大寨的经验遍地开花。与会人员表示，一定要认真学习和推广萧县的

---

①　中共萧县县委：《学大寨赶郭庄，加快步伐变昔阳——萧县县委负责同志在省农业学大寨现场会上的汇报》，1971年6月3日，萧县档案馆馆藏，全宗号62，目录号1-1，长期，案卷号05。

②　“五破五立”：即破资产阶级派性，立“九大”团结、胜利的路线；破临时观点，立长期建设的思想；破畏难情绪，立敢于斗争、敢于胜利的思想；破右倾保守，立继续革命、彻底革命的思想；破骄傲自满，立谦虚谨慎。

③　中共萧县县委：《学大寨赶郭庄，加快步伐变昔阳——萧县县委负责同志在省农业学大寨现场会上的汇报》，1971年6月3日，萧县档案馆馆藏，全宗号62，目录号1-1，长期，案卷号05。

经验。[①]

1971年6月18日《新安徽报》第2版发表了《拂晓报》记者、安徽人民广播电台记者、《新安徽报》记者共同采写的《萧县推广郭庄学大寨经验的初步成果——萧县推广郭庄经验的调查报告》，同时，配发了题为《把点上的先进经验向面上迅速推开——进一步深入开展农业学大寨的群众运动》的社论。

《调查报告》认为，萧县推广郭庄学大寨的经验主要有以下做法：1. 把推广郭庄学大寨的经验提高到落实毛泽东革命路线高度来认识；2. 加强领导班子革命化是推广郭庄学大寨经验的重要保证；把推广郭庄学大寨经验作为一项大事来抓。

社论对萧县经验评价很高。“今天本报发表了一篇萧县学大寨由点到面迅速推开的调查报告。萧县的同志给我们提供了一些好的经验，我们一定要认真学习和推广。萧县的经验之所以可贵，就在于他们认真学习昔阳变成大寨县的经验。在不到一年的时间内，萧县的形势就有了很大的发展，原来全省闻名的‘老大难’县，现在革命轰轰烈烈，生产热气腾腾，加快了学昔阳的步伐。”[②]

1971年底，学习郭庄经验，提出“建设大寨县”的目标，与“县变昔阳”的建设目标并存。

1971年11月17日《安徽日报》第2版刊登了中共萧县委员会和萧县革委会的文章《普及郭庄经验，建设大寨县》，同时配发题为《回顾一年——谈迅速推开大寨经验，加快县变昔阳步伐》的评论员文章。

中共萧县县委和革委会的文章主要谈了萧县学习郭庄学大寨的经验的具体措施，主要有：有计划地布点，领导亲自抓点，大力推广点的经验。

评论员文章对萧县经验给予了高度评价。文章认为，“一年前，萧县还是个‘老大难’，现在已经成为全省学大寨的先进县了。”文章要求

① 《高举毛泽东实现伟大红旗，以批修整风为纲，进一步掀起农业学大寨新高潮》，《新安徽报》1971年6月18日，第1版。

② 《把点上的先进经验向面上迅速推开——进一步深入开展农业学大寨的群众运动》，《新安徽报》1971年6月18日第1版。

“认真学一学他们的经验，对我们是有启发的。”①

1972 年 10 月 24 日至 29 日，中共萧县第四届委员会第六次全委扩大会议在郭庄召开。郭宏杰代表县委常委在会上作了题为《以毛主席的革命路线为纲，认真总结经验，夺取更大胜利》的报告。②

郭宏杰在报告中谈到萧县的“学大寨，赶郭庄”运动的开展情况时说：“现在，大寨精神，郭庄经验已经普及全县。”“在狠‘推’郭庄学大寨经验过程中，各级都抓点，都有点。1972 年老典型有新发展，同时又出现了一批新典型。目前，无论是山区还是平原，是‘老碱窝’还是‘老沙滩’，都有了先进的样板。全县、社两级有点达五十个。”“去年全县有十五个公社、二百五十八个大队超《纲要》，七个大队过千斤。”今年预计“全县有二十个公社三百七十七个大队超《纲要》，廿二个大队跨长江，十八个大队过千斤。”③

自 1971 年冬 1972 年春以来，萧县学郭庄经验主要是狠抓了农田水利基本建设和红芋、水稻、双杂等高产作物。“农田水利基本建设方面，全县已经深翻、平整土地、改良土壤五十万亩；其中今年深翻、平整土地、改良土壤九万亩；机井发展到五千零九十三眼，已配套二千零五十五眼，兴修大中小沟一千六百三十三条；水库三十八个；电灌站四十二处；架农村用电五百多公里，全县二十五个公社中有十七个公社通了电，一百三十个大队用电，比去年增加十三倍。全县水浇地由去年的二十万亩增加到三十四万亩。”“全县红芋、水稻、杂交玉米和杂交高粱等高产作物面积，

---

① 《回顾一年——谈迅速推开大寨经验，加快县变昔阳步伐》，《安徽日报》1971 年 11 月 17 日，第 2 版。

② 中共萧县县委：《以毛主席的革命路线为纲，认真总结经验，夺取更大胜利——郭宏杰在中国共产党萧县第四届委员会第六次全体委员会扩大会议的报告》（初稿），1972 年 11 月，萧县档案馆馆藏，萧县革委会，1972 年永久卷，全宗号 14，目录号 1–1，案卷号 03。

③ 中共萧县县委：《以毛主席的革命路线为纲，认真总结经验，夺取更大胜利——郭宏杰在中国共产党萧县第四届委员会第六次全体委员会扩大会议的报告》（初稿），1972 年 11 月，萧县档案馆馆藏，萧县革委会，1972 年永久卷，全宗号 14，目录号 1–1，案卷号 03。

由去年的三十四万亩扩大到五十三万亩。”[1]

报告认为，萧县所取得的成绩，是因为推广了郭庄学大寨的经验，抓住了路线这个纲，推广了郭庄大队坚持搞马克思主义、走社会主义道路的经验。

报告还回顾了萧县学郭庄经验的历程，认为：要发展萧县的形势，就要大力推广郭庄学大寨的经验。1970 年以前，萧县没有认真推广郭庄学大寨的经验，萧县停滞不前，成为全省有名的“老大难”；县临时革命领导小组成立以后，开始认真推广郭庄学大寨的经验，萧县的面貌开始变化，新县委成立后，继续推广郭庄学大寨的经验，萧县的形势继续发展。为了把萧县学大寨，赶郭庄，超《纲要》的运动掀起一个新高潮，同时，加快步伐，向“社队变大寨，县变昔阳”目标迈进。县委提出以下几点要求：1. 深入进行思想和政治路线教育，认真搞好批修整风。2. 继续加强党的建设，进一步加强党的一元化领导。3. 加强对农业学大寨运动的领导，全面推开郭庄学大寨的经验。4. 继续全面地落实毛主席的各项无产阶级政策。[2]

会议要求：要以大寨精神学大寨，以郭庄精神学郭庄，认真学习郭庄、大寨狠抓党的基本路线，点面结合，进行思想和政治路线方面的教育，批判干扰“九大”团结胜利路线贯彻落实的错误思想和倾向，进行批修整风等经验，尽早实现“社队变大寨，县变昔阳”的目标。

1972 年 11 月 8 日至 20 日安徽省委召开了全省第五次农业学大寨会议。为了贯彻会议精神，加快社队变大寨，萧县变昔阳的步伐，全面落实《全国农业发展纲要》，北方地区农业会议及北方十四省市区抗旱会议所提出的任务，萧县县委决定于 12 月 25 日在郭庄召开农业学大寨会议和先进代表会议。县委书记俞安庆在开幕式上的讲话中讲到萧县能不能大干

① 中共萧县县委：《以毛主席的革命路线为纲，认真总结经验，夺取更大胜利——郭宏杰在中国共产党萧县第四届委员会第六次全体委员会扩大会议的报告》（初稿），1972 年 11 月，萧县档案馆馆藏，萧县革委会，1972 年永久卷，全宗号 14，目录号 1–1，案卷号 03。

② 中共萧县县委：《以毛主席的革命路线为纲，认真总结经验，夺取更大胜利——郭宏杰在中国共产党萧县第四届委员会第六次全体委员会扩大会议的报告》（初稿），1972 年 11 月，萧县档案馆馆藏，萧县革委会，1972 年永久卷，全宗号 14，目录号 1–1，案卷号 03。

快上的问题时，说：“从全国、全省先进单位和我们萧县两三年来的实践，以及一些先进社队的经验来看，大干快上是完全可能的。昔阳三年建成大寨县，昔阳能办到的，我们应该能办到。”① 省委书记宋佩璋在讲话中也催促萧县大干快上，加快县变昔阳的步伐。② 省委副书记郭宏杰也在讲话中认为“在较短的时间内，萧县建成大寨县，实现大干、快上、多贡献是完全可能的。”③

1973 年 4 月 1 日《安徽日报》转载了 3 月 31 日《人民日报》发表的《鼓足干劲学大寨，加快步伐赶昔阳》的文章。该文报道了中共山西省委在昔阳召开农业学大寨经验交流会的情况。会议的核心即“鼓足干劲学大寨，加快步伐赶昔阳”。4 月 2 日，萧县革命委员会要求各公社和大队组织学习讨论《鼓足干劲学大寨，加快步伐赶昔阳》。④

5 月 23 日，安徽省委在郭庄召开安徽省第六次农业学大寨会议。萧县革委会从“抓批林整风，促农业大干快上；深入进行‘以农业为基础’的思想教育；抓思想发动工作，组织农业生产高潮”三方面向安徽省农业学大寨检查团汇报了萧县自省第五次农业学大寨会议以来，学大寨、赶郭庄的情况。王光宇代表安徽省委作了《深入批林整风，大鼓革命干劲，为完成和超额完成今年农业计划和力争明年全省粮食达〈纲要〉而斗争》的报告。王光宇总结了省第五次农业学大寨会议精神贯彻情况，重提 1970 年《人民日报》的《农业学大寨》社论中的问题：“昔阳能办到，你们

---

① 俞安庆：《在全县农业学大寨先进代表大会和农业学大寨会议开幕式上的讲话》，（1972 年 12 月 25 日），萧县档案馆馆藏，萧县革委会，1972 年永久卷，全宗号 14，目录号 1-1，案卷号 09。

② 《中共安徽省委书记宋佩璋同志在萧县农业学大寨先进代表大会和农业学大寨工作会议上的报告》（1972 年 12 月 30 日），萧县档案馆馆藏，萧县革委会，1972 年永久卷，全宗号 14，目录号 1-1，案卷号 10。

③ 《中共安徽省委副书记郭宏杰同志在萧县农业学大寨先进代表大会和农业学大寨工作会议上的指示》（1972 年 12 月 25 日），萧县档案馆馆藏，萧县革委会，1972 年永久卷，全宗号 14，目录号 1-1，案卷号 10。

④ 萧县革命委员会：《关于学习“鼓足干劲学大寨，加快步伐赶昔阳”一文的通知》（1973 年 4 月 2 日），萧县档案馆馆藏，郭庄大队，1973 年长期卷，全宗号 62，目录号 1-1，案卷号 13。

难道不行吗？一年不行，两年不行，三年行不行？四年、五年总可以了吧？”①进而询问到：“在过去的两年中，我省有一批县前进步伐较快，初步改变了面貌，不少县前进得不够快，差距还很大。现在已经是第三年了，今年行不行？明年总可以了吧！每个县委都必须作出自己的回答。”②与此同时，王光宇指示：各级负责人要抓好大事，即抓紧抓好批林整风这个纲；促进大干，即鼓足革命干劲，发扬大寨精神，大干快上，改变生产条件，夺取农业高产；夺取“两超”，夺取今年超额完成农业计划，实现明年全省粮、棉和生猪产量超《纲要》；加快“两变”，进一步加快“社队变大寨，县变昔阳”的步伐，并强调今明两年必须回答这个问题。这也促使萧县在1974年提出建设郭庄县的目标。

1974年1月20日，萧县县委正式回答安徽省委在多次会议上提出的“建设大寨县”问题，重提“建设郭庄县”目标，做出“以大寨、郭庄为榜样，苦干二年，誓把萧县建成郭庄县”决定。《决定》中历数萧县自1970年以社教运动推广大寨、郭庄经验以来，粮棉增产幅度：“1971年，粮食单产461斤，皮棉单产43斤；1972年，粮食单产542斤，皮棉单产57斤；1973年，粮食单产650斤，皮棉单产81斤。三年来，粮食总产每年递增1亿斤。”③形势喜人，也逼人，因为萧县在推广郭庄学大寨的经验上出现的大寨、郭庄式的大队少，农田基本建设上，像大寨田、郭庄地这样的大队少。所以，省委要求萧县要在全省带头。带头贯彻执行毛泽东的革命路线，带头走社会主义道路，带头学大寨、赶郭庄。④

---

① 中共安徽省委：《深入批林整风，大鼓革命干劲，为完成和超额完成今年农业计划和力争明年全省粮食达〈纲要〉而斗争——王光宇同志在全省第六次农业学大寨会议上的报告》，1973年5月23日，萧县档案馆馆藏，全宗号62，目录号1-1，长期，案卷号04。

② 中共安徽省委：《深入批林整风，大鼓革命干劲，为完成和超额完成今年农业计划和力争明年全省粮食达〈纲要〉而斗争——王光宇同志在全省第六次农业学大寨会议上的报告》，1973年5月23日，萧县档案馆馆藏，全宗号62，目录号1-1，长期，案卷号04。

③ 中共萧县县委：《中共萧县革委会关于以大寨昔阳为榜样，苦干二年誓把萧县建成郭庄县的决定（草案）》，1974年2月2日，萧县档案馆馆藏，全宗号14，目录号1-1，永久，案卷号06。

④ 中共萧县县委：《中共萧县革委会关于以大寨昔阳为榜样，苦干二年誓把萧县建成郭庄县的决定（草案）》，1974年2月2日，萧县档案馆馆藏，全宗号14，目录号1-1，永久，案卷号06。

县委认为建设郭庄县时机已较为成熟，要求从县到队，各行各业，各条战线皆要以郭庄为标准，建设领导班子，学习郭庄领导班子“四带头，八在前”的优良作风，坚持开门整风，一季一次小整风，年终一次大整风，在斗争中前进。党的基本路线要年年讲，月月讲，天天讲；干部、群众要学郭庄贫下中农，“思想红，路线正，方向明，干劲大，风格高”。“要饭改碱”，“四点钟精神”“四出勤，两带饭”，“万里千车一亩田”。全县社社队队的土地要像郭庄的土地那样，园林化，畦田化，路成线，田成方，树成行。

县委领导班子要学郭庄大队党支部，群众要学郭庄贫下中农，土地要变郭庄地。社社队队尽郭庄，山山水水变郭庄，使萧县真正成为郭庄式的县。①

2 月 2 日，“以大寨、昔阳为榜样，苦干二年，誓把萧县建成郭庄县”誓师大会在萧城广场上举行。会议首先宣读县委《以大寨、昔阳为榜样，苦干二年，誓把萧县建成郭庄县的决定》。县委书记韩九如代表县委作报告，明确把萧县建成郭庄县的五条标准：像郭庄大队党支部那样，建成一支革命化的领导班子；像郭庄大队贫下中农那样，拥有一支社会主义的劳动大军；像郭庄大队那样，努力改变生产条件，大搞农田基本建设；像郭庄大队那样，以粮为纲，全面发展，各项生产指标发展快；像郭庄大队那样，集体经济不断发展、壮大，对国家的贡献、集体积累、社员收入不断增加，无产阶级专政越来越巩固。②针对推广郭庄经验，建成郭庄县目标，提出五点要求：从路线斗争的高度认识郭庄；建设郭庄式的领导班子；学习郭庄，大干苦干，狠抓农业生产条件的改变；摸索客观规律，与大自然

① 中共萧县县委：《中共萧县革委会关于以大寨昔阳为榜样，苦干二年誓把萧县建成郭庄县的决定（草案）》，1974 年 2 月 2 日，萧县档案馆馆藏，全宗号 14，目录号 1-1，永久，案卷号 06。

② 中共萧县县委：《中共萧县县委书记韩九如同志在“以大寨昔阳为榜样，苦干二年誓把萧县建成郭庄县”誓师大会上的报告》，1974 年 2 月 2 日，萧县档案馆馆藏，全宗号 14，目录号 1-1，永久，案卷号 06。

作斗争；各行各业纳入学大寨、赶郭庄轨道中来。[①] 具体说来，就是在产量上，“七四年，粮食单产八百斤，皮棉单产一百斤；七五年实现大地园林化，畦田化，粮食单产一千斤，皮棉单产一百二十斤。争取八〇年粮食、皮棉单产量达到或超过郭庄现在的生产水平。”[②]

随后，郭庄大队党支部副书记郭宏哲汇报了元月郭庄前往昔阳、大寨参观的情况，郭宏哲谈了参观体会以及郭庄与大寨的差距。

二、宿县全区“学大寨、赶郭庄”运动

1969 年 4 月 29 日，郭庄被宿县专区革委会树立为农业学大寨的典型后，全区学大寨，赶郭庄运动开展起来。

8 月 29 日至 9 月 6 日，专区革委会在萧县召开第二次学大寨，赶郭庄现场会议。会议现场参观了郭庄大队学大寨的先进事迹展；广泛地交流了学大寨，赶郭庄的先进经验；找到了差距，制订出了措施。进一步提高了革命的觉悟，认清了形势，明确了战斗任务，统一了政策思想，丰富了斗争经验，鼓舞了学大寨，赶郭庄的干劲，增强了胜利的信心。[③]

为了促进全区学大寨，赶郭庄，超纲要运动的发展，专区革委会组织了 24 人的“学大寨、赶郭庄、超纲要”毛泽东思想宣传队，1969 年 11 月 8 日，分 3 组奔赴五河、固镇县的三个大队长期蹲点。[④]

1970 年 1 月 15 日，《新安徽报》头版头条刊登题为《拨亮郭庄一盏灯，照红全区一大片——宿县专区学大寨，赶郭庄，超“纲要”群众运动蓬勃发展》的通讯。通讯报道了宿县专区“学大寨，赶郭庄，超‘纲

---

① 中共萧县县委：《中共萧县县委书记韩九如同志在“以大寨昔阳为榜样，苦干二年誓把萧县建成郭庄县”誓师大会上的报告》，1974 年 2 月 2 日，萧县档案馆馆藏，全宗号 14，目录号 1-1，永久，案卷号 06。

② 中共萧县县委：《中共萧县县委书记韩九如同志在“以大寨昔阳为榜样，苦干二年誓把萧县建成郭庄县”誓师大会上的报告》，1974 年 2 月 2 日，萧县档案馆馆藏，全宗号 14，目录号 1-1，永久，案卷号 06。

③ 《在“备战备荒为人民”的伟大战略方针指引下把学大寨赶郭庄的群众运动推向新阶段》，《拂晓报》1969 年 9 月 9 日第 2 版。

④ 《专区组织学大寨赶郭庄超“纲要”毛泽东思想宣传队》，《拂晓报》1969 年 11 月 13 日第 1 版。

要’”群众运动的状况。

报道称，在农业学大寨运动中，宿县专区坚持活学活用毛泽东思想，狠抓两个阶级、两条道路、两条路线的斗争，深入开展三大革命运动，自力更生，艰苦奋斗，使农业生产不断发展，涌现出许多先进典型。萧县朔里公社郭庄大队就是“农业学大寨”的一面红旗。郭庄大队以大寨为榜样，自力更生，艰苦创业，战天斗地，改造自然，经过四年苦战，使一个长期“吃粮靠国家，用钱靠救济”的落后村庄，一跃而成为粮、棉双超“纲要”的先进典型。

宿县专区革委会为了改变宿县地区多灾低产的落后面貌，多次到郭庄调查研究，总结经验，并在全区推广，在全区开展学大寨，赶郭庄，超“纲要”的群众运动。

在大学郭庄先进经验的群众运动中，宿县专区采取了派出去“传经送宝”和请进来现场学习相结合的办法，并印发了郭庄大队的典型材料100多万份。专区革委会先后在郭庄召开了两次有县、社和部分大队、生产队干部参加的现场会，请郭庄大队的负责人现身说法，言传身教。各县、社也纷纷派出干部和社员代表到郭庄大队学习。一年来，到郭庄大队参观学习的已达50多万人。各地又以这批力量为骨干，举办学习班，层层带动，逐步推广。全区已举办以学大寨，赶郭庄，超“纲要”为中心内容的学习班10万多期，参加学习的有350多万人。同时，又组织郭庄先进经验讲用团和革命大批判队，在全区范围内巡回讲用，巡回批判。在当时历史条件下，他们讲的内容是：用活学活用毛泽东思想促进人们思想革命化，改变贫穷落后面貌的体会；批判“三自一包”“四大自由”等破坏农业学大寨的“罪行”。

在学大寨和郭庄先进经验的运动中，各县都作出了“学大寨、赶郭庄”的决定。各级革委会都认真学习郭庄的先进经验，联系实际，总结工作，对照检查，制定措施，决心以郭庄为榜样，虚心学习；以郭庄为镜子，狠找差距；以郭庄为目标，紧紧追赶。其中灵璧县提出“大寨能治山，郭庄能改碱，灵璧怎么办？”，发动全县大讨论。全县干部群众决心苦战一冬春，深翻土地50万亩，向土地要更多的粮食。萧县在学大寨，赶郭庄的运动中，全县贫下中农发扬“一不怕苦，二不怕死”的革命精神，深翻土地50万亩，力争尽快超“纲要”。

在宿县专区学大寨，赶郭庄，超“纲要”的群众运动中，全区县县有自己的典型，社社、队队有自己的样板。全区涌现出3600多个先进社队。其中粮食超“纲要”的有25个大队，523个生产队；棉花超“纲要”的有3个公社，26个大队，665个生产队。单位面积高额丰产典型也大量涌现。1969年宿县专区在全省第一个完成了全年粮食征购任务。

专区革委会正充分运用这些典型，开展一帮一、一带二的活动，更加广泛地开展学大寨，赶郭庄，超“纲要”的群众运动。①

宿县专区革委会为了推广郭庄学大寨的经验，掀起学大寨、赶郭庄的群众运动，从1969年春季开始，组织全区基层干部和贫下中农到郭庄参观学习。据不完全统计，全区到郭庄参观的已有30余万人次。各县和有些公社在郭庄大队办学习班计400多期。专区还在郭庄开了两次公社以上干部参加的农业学大寨现场会。②

1970年8月31日，宿县专区革命委员会第七次全委扩大会议上，把“赶不赶郭庄”上升到两条路线的斗争和对毛泽东的态度问题的高度。会议提出：“全省赶郭庄，郭庄在我区，我们怎么办？”会议要求：“大干特干，苦干实干，紧张快干，拼死拼活地干，打大仗、硬仗、恶仗，拼死拼活学大寨，加快步伐赶郭庄。”会议提出了五项措施：1. 向中间地带进军。中间地带是指泗、宿公路以南，淝、澥河以北的大片地区。占全区面积的40%。2. 主攻小麦，狠抓双杂（杂交高粱、杂交玉米），推广山芋，推广谷子，积极改种水稻。3. 狠抓水利建设。抓好新汴河的配套工程，发挥新汴河的排灌效益。1970年要保证打机井1.5万眼，1971年完成3万眼，还要打砖井、土井20万眼，加上河、塘、水库灌溉，保证全

---

① 宿县专区革委会生产指挥组通讯组：《拨亮郭庄一盏灯，照红全区一大片——宿县专区学大寨，赶郭庄，超“纲要”群众运动蓬勃开展》，《新安徽报》1970年1月15日第1版。

② 宿县专区革命委员会：《提高继续革命觉悟，认真抓好典型》，《拂晓报》1970年2月28日第2版。

区 600 万亩的灌溉面积。4. 大搞农家肥。5. 狠抓“五小”工业，迅速建立小而全的为农业服务的工业体系。①

三、以郭庄抓淮北，促全省

淮北地区是安徽省粮棉重要产区，人口约占全省 1/3，耕地面积约占全省的二分之一。这里大部分耕地土质瘠薄，易涝易旱。历史上是有名的多灾低产地区。“文化大革命”中，掀起了农业学大寨的群众运动，涌现了以郭庄大队、柳西大队、后常湾第二生产队等一大批农业学大寨的先进典型。②

因此，抓淮北，可以促进安徽全省的“学大寨，赶郭庄，超纲要”的群众运动。

根据中共九大指示，要求各省进一步狠抓革命，猛促生产，加快农业生产步伐，尽快实现《全国农业发展纲要》，加快建设社会主义新农村。在安徽省范围内，淮北地区农业生产条件较差，加之郭庄大队位于淮北地区，为加速发展淮北地区农业生产，进而改变淮北地区低产落后面貌，促进全省农业发展，安徽省革委会于 1969 年 10 月提出“抓淮北，促全省”口号，并强调其核心是“学大寨、赶郭庄、超纲要”。

1969 年 10 月 8 日，李德生在安徽省农业座谈会上的讲话中指出：“这次会议重点是座谈研究加速发展淮北地区的农业生产，改变淮北地区低产落后面貌，促进全省农业的进一步发展的问题。”“我们要把淮北作为重点来抓，淮北上去了，就可以促进淮南和江南地区。”③

因为郭庄大队地处淮北，“抓淮北，促全省”的主要方法还是学习郭庄学大寨的经验。所以，10 月 7 日，郭宏杰在会上汇报了郭庄学大寨

---

① 宿县专区革命委员会：《举旗抓纲，全面跃进——宿县专区革命委员会第七次全委扩大会议纪要》（1970 年 8 月 31 日），萧县革委会，1970 年长期卷，全宗号 14，目录号 1-2，案卷号 6。

② 《安徽淮北地区开展学大寨运动，一批后进队迅速改变低产面貌》，《人民日报》1970 年 8 月 21 日第 1 版。

③ 《李德生在全省农业座谈会上的讲话》（1969 年 10 月 8 日），萧县档案馆馆藏，全宗号 14，目录号 1-2，长期，案卷号 02。

情况。郭宏杰汇报的主要内容有以下两点：1. 学大寨前后郭庄的变化；2. 分析郭庄学大寨取得成绩的原因。一方面得益于活学活用毛泽东思想，促进人的思想革命化；另一方面是郭庄遵照“抓革命，促生产”指示，贯彻落实农业“八字宪法”。①

李德生说，淮北地区农业生产条件相较其他地区较差，就是要通过狠抓淮北，从而推动全省农业大发展。“淮北地区的农业生产，也是两个侧面。一方面以郭庄大队、柳西大队和孙土楼大队为代表，前进得比较快，比较好，实现或超过了《纲要》。另一方面，就是前进速度比较慢，比较差。淮北地区气候条件都差不多，只是土质可能有点差别。但主要的不是土的差别，是人的问题。”② 李德生对淮北地区充满了信心。他说：“淮北地区一定会形成一个贯彻落实‘纲要’的群众运动，把淮北地区农业生产很快搞上去，把全省带起来。淮北地区的农业生产条件比其他专区要差一些，我们就是要狠抓淮北，从而把条件好的一些专区促商丘，推动全省农业大发展。”李德生要求“淮北地区要苦战三五年，改变低产面貌，超‘纲要’，赶江南。”“到一九七五年，三千万亩粮食耕地，除去低产田外，至少要有二千五百万亩，亩产达到‘纲要’指标五百斤，总产一百二十五亿斤，另低产田五百万亩，亩产达到二百斤，总产十亿斤。棉花面积达到一百五十万亩，单产达到‘纲要’六十斤，总产达到九十万担。”③

1970 年 1 月 9 日至 21 日，安徽省革委会在郭庄召开“省、专（市）、县领导班子活学活用毛泽东思想讲用会”。会议听取了郭庄大队关于改变落后面貌、加强革命化建设的介绍，认真学习郭庄的革命精神，进一步加强和加速自身思想革命化。④ 会议讨论了各地区农业超《纲要》

① 《郭宏杰同志在全省农业座谈会上的汇报》（1969 年 10 月 7 日），萧县档案馆馆藏，全宗号 14，目录号 1-2，长期，案卷号 02。

② 中共安徽省委：《李德生同志在全省农业座谈会上的讲话》（1969 年 10 月 8 日），萧县档案馆馆藏，全宗号 14，目录号 1-2，长期，案卷号 02。

③ 中共安徽省委：《李德生同志在全省农业座谈会上的讲话》，1969 年 10 月 8 日，萧县档案馆馆藏，全宗号 14，目录号 1-2，长期，案卷号 02。

④ 《参加省、专（市）、县领导班子活学活用毛泽东思想讲用会的各级领导成员和贫下中农一起劳动，学习郭庄的革命精神》，《新安徽报》1970 年 1 月 15 日第 1 版。

问题，淮北地区表示要以郭庄大队为榜样，及早实现农业超《纲要》目标，尽快改变面貌。宿县专区提出：层层发动，层层落实，拧成一股绳，带好五百万，学大寨，赶郭庄，超纲要。泗县原打算五年超纲要，改为三年超纲要，1970 年粮食翻一番。萧县提出：“今年粮食增产一亿五千万斤，由去年的三亿四千万斤，增加到四亿九千万斤。今年先抓 1/3 大队超纲要。”①

为更好地贯彻“抓淮北、促全省”方针，掀起“学大寨、赶郭庄、超纲要”的群众运动热潮，6 月 1 日至 4 日，安徽省革委会在郭庄召开全省农业学大寨、赶郭庄、超纲要会议。到会人员参观了郭庄大队的丰产现场，总结了郭庄大队实现农业超《纲要》根本经验：举旗（高举毛泽东思想伟大红旗）、抓纲（狠抓两个阶级、两条道路和两条路线的斗争）、紧跟（紧跟毛泽东干一辈子革命）、照办（对毛泽东的每一个指示，都要不折不扣地照办）。会议强调，要制订切实可行的增产措施。根据郭庄大队和其他先进单位的经验，必须抓以下几点：1. 贯彻“八字宪法”要狠抓关键。首先要抓好水、肥、土、种。淮北地区主要抓水利，采取土洋结合，打好深浅程度不同的机井、砖井和土井，解决农田灌溉问题，也要解决涝的问题。肥料要坚持以农家肥为主。土壤方面，淮北要向盐碱地、犟三响和砂矸地进军。种子方面要建立健全三级良种繁殖体系。2. 认真贯彻“以粮为纲，全面发展”的方针。淮北要有计划地积极发展防护林带，要抓高产作物，小麦是能高产的，种植面积不能减少，1971 年淮北小麦面积，应不少于耕地面积的 65%，要积极开辟水源，逐步扩大水稻和杂交玉米、高粱的种植面积，相应减少山芋的种植面积。3. 扩大复种面积。淮北要扩大两熟制，全省要因地制宜，实行间种、套种，充分发挥土地潜力。4. 提高单位产量。大搞科学种田，推广良种，合理密植，防治病虫害，实行精耕细作，提高单位面积产量，增加总产量。批评了三种思想观

---

① 中共安徽省委：《会议情况》，1970 年 1 月 21 日，萧县档案馆馆藏，全宗号 14，目录号 1-2，长期，案卷号 03。

念："唯条件论""甘居中游论""生产到顶论"。[①]

会议特别强调，省革委会把"抓淮北，促全省"的方针坚持到底的决心。[②]

7月26日至27日，省革委会在蚌埠召开了淮北地区20个大队第二次座谈会议。省革委会主任李德生主持会议。与会的20个大队原本是后进大队，1970年4月曾赴京参观、学习、座谈。之后通过狠抓活学活用毛泽东思想，开展革命大批判，精神面貌和生产面貌皆发生明显变化，"出现六十二个'四好'生产队，二千三百多名活学活用毛泽东思想的积极分子。"通过学习毛泽东著作，群众的思想境界提高了，"过去关心的是自留地、开荒地和小家庭，现在关心的是集体，是中国革命和世界革命。"有的大队干部"带头活学活用毛泽东思想，带头斗私批修，带头参加集体劳动"，还有的大队干部把自己多占的自留地和自家喂养的牲畜交给了集体。"二十个大队目前已打机井九十二眼，砖井八十七眼，土井三百三十七眼……小麦产量平均比去年增产七成，最多的增产一点六倍。"[③]在20个大队中，"有六个大队今年超纲要，有四个大队争取达到纲要，有十个大队明年超纲要。""学大寨、赶郭庄、超纲要"群众运动开展起来了。

会议认为，要把淮北20个大队继续抓好，关键问题还是突出政治，狠抓根本。要继续深入开展活学活用毛泽东思想的群众运动。

8月4日，淮北地区科学种田经验交流会召开，李德生在讲话中再次强调了省革委会"抓淮北，促全省"的指导方针："去年十月，省革委会提出'抓淮北，促全省'的口号……我们提出抓淮北，并不等于不要江淮之间，不要皖南，不要淮河以南。淮河以南也要抓，皖南也要抓，但是我们突出一个重点，就是淮北这个地方首先应该很好抓一下，通过抓

① 安徽省革命委员会：《省农业学大寨、赶郭庄、超"纲要"会议纪要》，1970年6月4日，萧县档案馆馆藏，全宗号14，目录号1-2，长期，案卷号03。

② 安徽省革命委员会：《省农业学大寨、赶郭庄、超"纲要"会议纪要》，1970年6月4日，萧县档案馆馆藏，全宗号14，目录号1-2，长期，案卷号03。

③ 安徽省革命委员会：《淮北地区二十个大队第二次座谈会纪要》，1970年7月27日，萧县档案馆馆藏，全宗号14，目录号1-2，长期，案卷号03。

淮北，取得一些经验指导全省。”并且再次重申淮北在安徽全省的重要意义，“淮北在专区来说，全省九个专区，淮北有两个专区，而且两个专区都比较大，人口比较多。从人口来说，全省三千五百万人，这里就有一千三百万人，从耕地来说，七千五百万亩，淮北就有三千五百万亩，耕地占全省的将近二分之一，人口占全省三分之一。”①

在当时历史条件下，省革委会关于“抓淮北，促全省”主要抓了以下几件事请：1．更加广泛深入地宣传毛泽东关于发展农业生产一系列重要指示和农业发展四十条，掀起活学活用毛泽东思想群众运动的新高潮。2．进一步推广了郭庄大队、柳西大队学习大寨的先进经验。3．对淮北农业生产进行了一些调查。总结了先进经验，找到了落后的原因。4．组织了超“纲要”毛泽东思想宣传队，着重深入淮北农村进行宣传。从组织上保证“抓淮北，促全省”的落实。5．召开了一次淮北 20 个后进队座谈会。6．解决水利问题，打井、深翻土地，扩大稳产、高产面积，提高抗旱保丰收的条件，做到遇旱有水，遇涝能排。

淮北两个专区，“今年实现《纲要》和超纲要的就有萧县、砀山、临泉、界首、阜阳五个县，还有利辛和定远两个县争取超《纲要》，还有一个凤台。”②李德生说“抓淮北，促全省”的中心环节是“学大寨、赶郭庄、超《纲要》”，会议要求“加速普及先进经验，尽快使淮北所有大队都变成郭庄。”8 月 4 日晚，李德生在利辛县柳西大队召集了参加淮北地区科学种田经验交流会的萧县郭庄大队、利辛县柳西大队等 12 个先进样板社队询问各队的生产情况。会上，李德生指示：“你们郭庄大队可不可以搞个小化肥厂，带点农药？”③以支持各队发展县、社企业。并且要求各先进社队彼此交流先进经验，带好头，比贡献，继续学大寨赶郭庄、抓

---

① 安徽省革委会核心小组：《李德生同志在淮北地区科学种田经验交流会上的讲话》，1970 年 8 月 4 日，萧县档案馆馆藏，全宗号 14，目录号 1–2，长期，案卷号 05。

② 安徽省革委会核心小组：《李德生同志在淮北地区科学种田经验交流会上的讲话》，1970 年 8 月 4 日，萧县档案馆馆藏，全宗号 14，目录号 1–2，长期，案卷号 05。

③ 安徽省革委会核心小组：《李德生同志在先进样板社、队座谈会指示》，1970 年 8 月 4 日，萧县档案馆馆藏，全宗号 14，目录号 1–2，长期，案卷号 05。

淮北促全省。[①]

8月13日至31日，宿县专区召开第七次全委扩大会议。会议提出：“全省赶郭庄，郭庄在我区，我们怎么办？”以郭庄大队为镜子，经由大查、大议、大辩论的方式，定下战斗口号：“高举红旗狠抓纲，全面跃进打硬仗；拼死拼活学大寨，加快步伐赶郭庄；保证七一超《纲要》，七二七三跨长江！”[②]为实现目标，还制定了五项措施：向中间地带进军；主攻小麦，推广谷子，积极改种水稻；狠抓水利建设；大搞农家肥料；狠抓“五小”[③]工业。8月26日至31日，正值宿县专区第七次全委扩大会议期间，为响应专区指示，萧县召开了七千人的县、公社、大队、生产队四级干部大会。大会围绕“全省赶郭庄，郭庄在我县，我们怎么办？”的问题进行了路线大辩论。经过辩论，最终萧县定了“今年超《纲要》，明年跨长江”的目标。

1970年8月21日，《人民日报》第1版刊登题为《安徽淮北地区开展学大寨运动，一批后进队迅速改变低产面貌》的报道。[④]报道说，淮北地区许多干部深入基层，带动广大贫下中农，开展农业学大寨群众运动，使大批后进队迅速改变低产面貌，跨进了先进行列。

据1975年的统计：到1974年，原淮北20个后进大队，经四年苦战，粮棉产量持续增长，多种经营蓬勃发展，对国家贡献也越来越多。1973年粮食总产量上升至5262万斤，比1969年增产1.6倍；亩产由1969年的202斤增至673斤，增长2.3倍，全部超过《纲要》。四年里，20个大队共向国家提供商品粮2471万斤，比1969年的291万斤增加8.5倍左右。[⑤]

---

① 安徽省革委会核心小组：《李德生同志在先进样板社、队座谈会指示》，1970年8月4日，萧县档案馆馆藏，全宗号14，目录号1-2，长期，案卷号05。

② 宿县专区革命委员会：《举旗抓纲，全面跃进——宿县专区革委会第七次全委扩大会纪要》，1970年8月31日，萧县档案馆馆藏，全宗号14，目录号1-2，长期，案卷号06。

③ 即小钢铁、小水泥、小化肥、小煤矿和小机械等。

④ 宿县专区革命委员会机关报《拂晓报》1970年8月24日第1版转载。

⑤ 郭庄大队：《郭庄十年 · 江淮盛开大寨花（修改稿）》，1975年7月，萧县档案馆馆藏，全宗号62，目录号1-1，永久，案卷号07。

第六章　郭庄典型的陨落

第一节　郭庄声誉的顶峰、“反郭庄”思潮及郭庄形象的重树

一、郭庄声誉的顶峰

1974 年 1 月 5 日至 13 日，安徽省委召开了省农业学大寨先进单位代表大会。1 月 6 日上午，时任中共中央政治局委员、中共山西省委书记、昔阳县委书记陈永贵到达郭庄大队。时任中共安徽省委、省革委会负责人宋佩璋、李任之、郭宏杰、王光宇等专程前往徐州迎接，并陪同陈永贵来到郭庄大队。6 日下午，陈永贵听取了安徽省委负责人关于安徽省开展农业学大寨群众运动情况的汇报。7 日和 8 日陈永贵在省委及相关县委负责人的陪同下，到郭庄大队等一些农业学大寨的先进单位检查指导工作，并作了重要报告。9 日上午，陈永贵在安徽省农业学大寨先进单位代表大会上作了报告。参加大会的有中共安徽省委、省革委会、安徽省生产建设部队的负责人，各地、市、县委的负责同志，出席省农业学大寨先进单位代表大会的全体代表等共 5 万多人听了报告，萧县还设立了很多收听地点，组织基层干部、群众收听。①

1 月 8 日上午，陈永贵在安徽省委书记郭宏杰、王光宇及萧县和郭庄

① 《在省农业学大寨先进单位代表大会上陈永贵同志作重要报告》，《安徽日报》1974 年 1 月 11 日第 1 版。

大队负责人的陪同下，考察了郭庄大队，看了郭庄大队的展览馆、试验田、实验室、拉淤压碱的现场，还看了养猪场、养马场、队办工厂、打井工地等。

在看试验田时，陈永贵说："我们搞试验就搞那么几种嘛，你们搞了几百种。"看了大队的试验室，陈永贵问："都是你们搞的吗？"郭宏杰说："试验小组一共十个人，种了四十亩地，又搞科学试验。"陈永贵接着说："不参加实践，就不会化验，通过化验，再去实践，所以你们就搞好了。"看到实验室里都是年轻人，他向郭宏杰说："你本人是青年人，摸透了青年的规律，注意发挥他们的作用，是落实十大精神的典范。"①

陈永贵到了拉淤压碱的地头，郭宏杰说："我准备再把原来的土地盖上五六寸的淤土。"陈永贵说："现在摊起来，已经有一尺厚了，你们的地已经改过三遍了，这是第四遍，产量这么高，现在还要再改。但是，有些地方连一遍也不愿意改，这就看出是创业还是守业问题。""创业和守业也是个路线问题，你们是落实了十大精神，十大精神就是大干大变，都要这样干。"②

看了队办工厂，陈永贵说："你们真不简单，土洋结合，搞了这么多的车间，你们真会想点子，我还没有这些办法哪！"③

田间考察以后，陈永贵和郭庄大队党支部全体支委一起开了座谈会。在座谈会上，郭宏杰汇报了工作，请陈永贵指示，陈永贵说："安徽的大寨促大寨，一看我就看出了我们的差距，你培养了那么多的青年人，这就是我们的差距，我们还有右倾思想，不敢把青年人放在重要岗位上去锻炼，培养无产阶级革命事业接班人，这是十大精神，不解决这个问题，那就麻烦了。"在谈到郭庄过去条件很差，现在变化很大的时候，陈永贵说："各省都存在这样一个问题，都是条件差的地方先变化，穷则思变，

---

① 安徽省萧县革委会郭庄接待站宣传组：《陈永贵同志谈郭庄》（1974年1月29日），郭庄大队1974年永久卷，萧县档案馆馆藏，全宗号62，目录号1-1，案卷号3。

② 安徽省萧县革委会郭庄接待站宣传组：《陈永贵同志谈郭庄》（1974年1月29日），郭庄大队1974年永久卷，萧县档案馆馆藏，全宗号62，目录号1-1，案卷号3。

③ 安徽省萧县革委会郭庄接待站宣传组：《陈永贵同志谈郭庄》（1974年1月29日），郭庄大队1974年永久卷，萧县档案馆馆藏，全宗号62，目录号1-1，案卷号3。

大干促大变。我现在担心的是，那些条件好的地方的各级领导，若不注意抓，不注意抓条件好的地方，今后有可能变修。现在条件好的地方反而叫苦。”郭宏杰说：“我们之所以有一点成绩，主要是从大寨、昔阳学来的。”陈永贵说：“萧县变昔阳，干劲很大，我最近跑了一些省、市，像这样人山人海大搞农田水利基本建设的还很少见到。”郭宏杰请陈永贵多提些批评意见。陈永贵说：“我是不客气的，有意见一定要提，你也该多跑一些地方，看到了问题该批评的就批评。”陈永贵还说：“我们是老样板，你们是新样板，你们是贯彻十大精神的样板。不管你怎么说，反正我是这样认识的，我已经向家里写了信，要对照你们检查我们的自满情绪。你到了昔阳，肯定也看到了一些问题，你不愿意讲，我是自知之明的。”陈永贵再次提出郭庄大队重视培养接班人的问题，郭宏杰说：“年轻人，也有年轻人的弊病嘛！”陈永贵说：“你们已经有了好的基础，只要加强工作就更好了，我现在没有你这个基础。”郭宏杰说：“你们也有青年人嘛，郭凤莲啦，贾存锁啦。”陈永贵说：“就这么两个嘛！你们都是青年人，咱昔阳不行，提拔一些新生力量还是有阻力的。”郭宏杰一再请陈永贵多作一些指示，陈永贵说：“我回去以后，一定把你们的情况向中央作汇报。”①

陈永贵对郭庄的评价很高，在安徽期间给大寨写了两封信，让大寨党支部组织学习讨论。陈永贵从安徽回到大寨的当天晚上召开了支委会，一直开到深夜两点多钟。第二天又开了社员大会，传达了安徽和萧县的形势，特别介绍了郭庄的事迹。同时，还批评了大寨，说“大寨搞了二十多年，粮食产量才搞到一千多斤，而郭庄在那样的条件下，不到十年时间，搞了一千七百斤，这对我们大队正在进行的整风运动，增加了新的内容，使我们找到了差距。”② 在昔阳，几乎都知道萧县一年一个亿，郭庄一千七百斤。

---

① 安徽省萧县革委会郭庄接待站宣传组：《陈永贵同志谈郭庄》（1974 年 1 月 29 日），郭庄大队 1974 年永久卷，萧县档案馆馆藏，全宗号 62，目录号 1-1，案卷号 3。

② 安徽省萧县革委会郭庄接待站宣传组：《陈永贵同志谈郭庄》（1974 年 1 月 29 日），郭庄大队 1974 年永久卷，萧县档案馆馆藏，全宗号 62，目录号 1-1，案卷号 3。

安徽省农业学大寨先进单位代表大会于1月13日结束。1月15日，郭庄大队副书记一行来到了大寨。[①] 陈永贵、郭凤莲、贾承让、宋立英、梁便良、贾来恒等人接见了郭宏哲一行。大寨大队6个支委、昔阳县委副书记等9人与他们合影留念。

陈永贵对郭庄评价很高，他说："郭庄离大寨几千里，毛主席的革命路线把我们连在一起了，……你们干得很好，十大精神落实得很好，你们做得成绩很大，为革命作出了很大贡献。安徽就是因为有了郭庄，各方面的工作都做得很好。我在安徽参观学习了七天，就向家里写了两封信，他们在家里组织了学习讨论。我回来后，就把你们的成绩和经验都向他们作了介绍，现在他们正对照你们的经验找差距，我为你们取得这样大的成绩表示热烈祝贺。""回来后我在大队和县里都把萧县和郭庄大队的经验汇报了。使我最感动的是郭庄大队，在郭庄大队看到各个方面都是以青年为主。对照十大精神，感到你们做的是落实了十大精神，我看了那么多地方，使我感受最深的是萧县和郭庄大队。安徽有了萧县，有了郭庄大队，全县工作都搞得这样好，我们要向郭庄大队和萧县学习，……要向你们学习。"郭宏哲说："你看我们回去以后怎么办？"陈永贵说："回去以后怎么办？那就是干！""就是要大干大变。大干大变靠什么？靠党的基本路线，靠党的领导。郭庄大队改变落后面貌是很艰苦的，具体情况宏杰同志都给我们讲了，我是了解的。怎么办？那就是郭庄学大寨，大寨学郭庄，萧县学昔阳，昔阳学萧县，互相学习，互相交流，共同前进。"[②]

1月19日，昔阳县委组织县直各单位干部、昔阳驻军以及县城周围6个公社的社队干部，共计1500多人，其中包括昔阳县委6个副书记、县委常委、县革委会副主任、妇女主任、青年团书记、人武部长、政委等，听郭宏哲报告郭庄的农业学大寨。郭宏哲报告会前后，昔阳县委副书记赵满仓对郭庄给予了极高的评价。他说："郭庄大队是安徽的大寨，他们用

---

① 这次到大寨参观的有郭庄大队党支部的四个副书记、接待站的纵书记、郭庄公社荀道光书记、永堌公社书记蔡德明等一行70多人。

② 安徽省萧县革委会郭庄接待站宣传组：《陈永贵同志谈郭庄》（1974年1月29日），郭庄大队，1974年永久卷，萧县档案馆馆藏，全宗号62，目录号1-1，案卷号3。

很短的时间创出了惊人的奇迹，积累了宝贵的经验。”“郭宏哲同志的报告给我们上了一堂深刻的路线教育课，……他从路线的高度来认识学大寨深远的政治意义，他们用大寨精神学大寨，学得快，学得好，学得成绩显著，我们一定要把他们的宝贵经验学到手，在昔阳开花结果，把他们的报告铭记在我们心上，把它印发到全县每个生产队，组织广大干部群众和贫下中农认真学习，好好讨论，达到家喻户晓，人人皆知，以此作为我们前进的动力，把昔阳学大寨的群众运动推向一个新阶段。”①

陈永贵对郭庄评价很高，说郭庄是“安徽的大寨”，并邀请郭庄干部群众到大寨参观，并给予高规格的招待。这是郭庄及郭庄人最为荣耀的时刻，达到了学大寨典型的顶峰。

二、“反郭庄”与维护郭庄典型

1974 年 4 月起，在当时政治形势下，萧县干部和群众根据对“郭庄典型”的态度分成两派。一派认为，郭庄大队没多大变化，先进是吹出来的；郭庄不是学大寨而是反大寨；“郭庄是靠金钱培育的，是 ××× 树起来的黑样板、‘小桃园’”②；郭庄的历史是“奴隶”创造的，篡改郭庄的历史就是为“英雄”树碑立传；郭庄增产是化肥追的，土地有问题，实际上土地面积有 2000 多亩，郭庄靠人力支援起来的等言论。另一派认为“郭庄是我省农业学大寨的一面红旗，是经过省、地、县三级革委会，特别是《红旗》杂志社反复调查了的，是陈永贵同志考察郭庄后肯定的，是全省广大工农兵群众所公认的。”③两派僵持不下，部分县委负责人无病装病不上班，萧县、社两级班子基本停止活动。

---

① 安徽省萧县革委会郭庄接待站宣传组：《陈永贵同志谈郭庄》（1974 年 1 月 29 日），郭庄大队 1974 年永久卷，萧县档案馆馆藏，全宗号 62，目录号 1-1，案卷号 3。

② 粟继祥、邓守君、朱世良：《郭庄大队是农业学大寨的一面红旗不容污蔑——关于郭庄农业学大寨的初步调查》，1974 年 4 月，萧县档案馆馆藏，全宗号 62，目录号 1-1，永久，案卷号 03。

③ 粟继祥、邓守君、朱世良：《郭庄大队是农业学大寨的一面红旗不容污蔑——关于郭庄农业学大寨的初步调查》，1974 年 4 月，萧县档案馆馆藏，全宗号 62，目录号 1-1，永久，案卷号 03。

据刘怀德[1]的说法，当时萧县部分干部意图借批林批孔运动，把矛头指向各级党委、革委，并借机泄私愤。

对郭庄典型的否定主要集中在以下几个问题：1. 郭庄没有变化，先进是吹出来的。2. 郭庄不是学大寨而是反大寨。3. 郭庄是“英雄”树起来的。4. 郭庄增产的主要因素是使用大量的化肥以及各地劳动力的支援，而不是苦干。5. 郭庄瞒报了土地面积。

对此，栗继祥、邓守君、朱世良[2]三人于1974年4月对郭庄进行了初步调查。调查的结果表明：1. 郭庄从1964年农业学大寨之后，发生了巨大的变化。到1973年，粮食单产达1700斤，皮棉亩产187斤。与1964年相比，粮食增长了13倍多，棉花增长了6倍，林、牧、副、渔都得到了相应的发展，社员生活也随着提高。建立了一所十年制学校，适龄儿童全部入学。建立了卫生所，基本实现了公费医疗。2. 郭庄是学大寨的，不是“黑样板”“小桃园”。调查报告回顾了郭庄大队学大寨的历程和取得的成绩。事实证明，郭庄大队始终是沿着毛泽东指引的“农业学大寨”的道路不断前进的。同时也表明，郭庄是贫下中农干出来的，不是哪个“英雄”树起来的。3. 关于郭庄的粮食产量是化肥追的，外来劳力支援的说法，调查报告认为，这不是事实。郭庄使用的化肥量是符合当时国家农村经济政策的。按政策规定，皮棉过百斤，国家给化肥70斤，超过百斤者按斤加奖，粮食亦如此。郭庄每年按规定要分配十几万斤化肥，平均每亩可施一百多斤，而实际郭庄每亩仅仅用几十斤。对于“人力支援”的问题，调查报告说，郭庄不依赖外援，有县直机关干部、工人曾主动到郭庄参加“四夏”“三秋”劳动，这是学习郭庄，锻炼自己的好机会。1970年前没有多少人去郭庄劳动，郭庄照样夺高产。1973年的三秋，郭庄还主动把要来郭庄劳动锻炼的干部、工人让给其他大队。4. 郭庄瞒报土地的问题。初步调查报告认为，郭庄1751亩土地是有据可考的，凡是

---

① 刘怀德：男，74岁，现居安徽省宿州市萧县，1974年郭庄学大寨十周年活动时，在写作组撰写宣传材料。1976—1977年担任郭宏杰秘书。访谈时间、地点：2020年7月30日上午于萧县党史办公室。

② 栗继祥、邓守君、朱世良三人当时均为萧县教育局工作人员。

到过郭庄的亲眼看过庄稼的人是相信它的产量的。①

粟继祥、邓守君、朱世良三人对郭庄的初步调查，对于回应土地问题的证据显然是不充分的。1974 年 9 月，郭庄接待站、中国农科院驻郭庄服务组和县委调研组驻郭庄干部成立联合调查组的调查给出了较详细的证据：1962 年“四固定”时，郭庄大队耕地面积为 1751 亩。郭庄大队学大寨以来，平 9 口塘增地 39 亩 5 分，平 3 条河流增地 98 亩，填平 52 处坑洼增地 15 亩，平 1000 多座坟增地 57 亩，开荒地 25 亩，社员搬屋腾地 16 亩 5 分，收自留地 105 亩，共扩大耕地面积 356 亩；后因开沟挖河占地 64 亩 8 分 7，五面大场占地 40 亩，接待站及建设大队房屋占地 50 亩，工业基地和窑厂占地 50 亩，两条公路从中间穿过，占地 52 亩 1 分 3，留排房基地 24 亩，共占地 280 亩。增减相抵，到 1974 年，郭庄大队实际增加耕地 76 亩，用于发展多种经营。十年农田基本建设，耕地有增有减，这是正常现象。② 总的来说，郭庄的粮食总产量是靠增加单产来的，不是靠瞒报土地总数来的。

7 月 1 日，郭庄接待站宣传组为郭庄辩护的调查报告反去了“反郭庄”的言论，认为郭庄的变化是农业学大寨的结果，攻击郭庄就是破坏农业学大寨运动，郭庄大队是在毛泽东革命路线指引下，坚定不移地走大寨道路的典范。③

7 月 10 日，宋佩璋在全省宣讲中央 21 号文件广播大会上的讲话中，谈到郭庄问题时说：“郭庄就是我们省农业学大寨的先进单位，尽管我们领导在工作上有许多缺点错误，大家可以揭发批判，绝不能把郭庄大队贫下中农的成绩都不顾及了！在批林批孔运动的推动下，郭庄小麦搞到八百

---

① 粟继祥、邓守君、朱世良：《郭庄大队是农业学大寨的一面红旗不容污蔑——关于郭庄农业学大寨的初步调查》，1974 年 4 月，萧县档案馆馆藏，全宗号 62，目录号 1–1，永久，案卷号 03。

② 安徽省萧县革委会郭庄接待站党支部、中央农科院驻郭庄服务组、安徽省萧县县委调研组驻郭庄干部联合调查组：《关于郭庄十年学大寨的调查报告》，1974 年，萧县档案馆馆藏，全宗号 62，目录号 1–1，永久，案卷号 04。

③ 萧县郭庄接待站宣传组：《文革成果不准否定，社会主义新郭庄不许污蔑》，1974 年 7 月 1 日，萧县档案馆馆藏，全宗号 62，目录号 1–1，永久，案卷号 03。

多斤，那还是可以的嘛！还是要赶嘛！”[①] 在宋佩璋支持下，“反郭庄”的声音逐渐弱化。

据宿县地委工作会议介绍，7月，郭庄900亩春小麦平均单产817斤，一季便跨过“长江”，一季便向国家交售小麦25万斤，相当于全年粮食征购任务的10倍，完成了在萧县第二次农业学大寨先进代表大会上的承诺。萧县92万亩小麦，平均单产244斤，总产2亿2700多万斤，比1973年增长了15%。[②] 郭庄的高产增产，回击了“反郭庄”的声音。

1974年是“农业学大寨”运动十周年，也是郭庄学大寨十周年。为了纪念学大寨十周年，同时，也可以重新强调郭庄的典型地位，进一步回击“反郭庄”的声音。8月7日，萧县县委在郭庄接待站召开萧县农业学大寨工作会议。参加会议的有县、社领导班子成员、大队党支部书记和部分生产队长、县直机关、厂矿和驻社、队宣传队负责人，共计1267人。[③] 会议听取了郭庄大队的经验介绍，与会者参观了郭庄大队和郭庄展览馆。省委书记王光宇、地委书记任松筠、地区革委会主任郑淮舟到会作了重要指示。[④]

8月8日，王光宇代表安徽省委作讲话，主要谈了批林批孔和郭庄地位问题，肯定了郭庄。

“当前批林批孔和学大寨是一致的，是一码事，批林批孔推动了学大寨。”“我们郭庄怎么样？郭庄大队是学大寨学得很好的，是我省农业学大寨的先进典型。六九年七月份，参加省农业学大寨会议的同志都来参观

---

① 宋佩璋：《宋佩璋同志在全省宣讲中央21号文件广播大会上的讲话》，1974年7月10日，萧县档案馆馆藏，全宗号14，目录号1-1，永久，案卷号05。

② 巩本廉：《地区生产组巩本廉同志在地委工作会议上关于全区上半年国民经济形势和全面超额完成今年国民经济计划意见的汇报》，1974年7月30日，萧县档案馆馆藏，全宗号62，目录号1-2，长期，案卷号05。

③ 中共萧县县委：《关于召开农业学大寨工作会议情况的报告》（1974年9月4日），萧县档案馆馆藏，全宗号14，目录号1-1，案卷号05。

④ 中共萧县县委：《省委书记王光宇同志在萧县农业学大寨工作会议上的讲话》（1974年8月8日），《宿县地委书记任松筠同志在萧县农业学大寨工作会议上的讲话》（1974年8月8日），《宿县地区革委会主任郑淮舟同志在萧县农业学大寨工作会议上的讲话》（1974年8月8日），萧县档案馆馆藏，全宗号14，目录号1-1，案卷号04。

了嘛。现在郭庄和那个时候比，变化就更大了。但是那个时候，同志们看到郭庄就都服了嘛。郭庄在盐碱地上起了那么大的变化，这是毛主席革命路线的落实。所以在那时，省革委会就作出了决定，树立郭庄为全省农业学大寨的先进单位，号召全省学大寨赶郭庄。”“我们这个‘学大寨赶郭庄’是符合毛主席教导，符合党中央指示精神的，因为我们是学大寨赶郭庄，这么一个提法根本还是学大寨，赶郭庄是在学大寨的前提下，因为郭庄学大寨学得好，你为什么不去赶它呢？”自从1964年农业学大寨运动以来，十年间郭庄的变化是很大的，其“根本因素是毛主席的革命路线在郭庄得到落实，大寨精神得到了落实，坚持的是社会主义方向，走的是社会主义道路。”王光宇再次强调“郭庄的十年是落实毛主席革命路线和政策的十年，是落实大寨精神的十年，也是坚持社会主义方向和道路的十年，这是客观事实。这个事实你怎么能否定呢？”“这是应该肯定的……这个也不是吹的嘛，也不是抬的嘛。”王光宇认为，郭庄学大寨所取得的成绩，第一，靠“斗”，即和修正主义路线斗，和天斗、和地斗，和阶级敌人斗，和自然灾害斗，和各种错误思想斗，坚持共产党的斗争哲学。第二，靠“干”。郭庄人改碱，战天斗地的干劲，大干苦干加拼命干。第三，是靠“带”，即干部带头。郭庄大队党支部“四带头八在前”，这是很重要的，体现了党和群众的关心，体现了党的领导。“郭庄作为全省农业学大寨的先进单位，是起了作用的。几年以来，我们在学大寨推广郭庄经验上，对全省学大寨运动起了巨大的推动作用。我们要使农业学大寨运动深入发展，还是要继续推广郭庄的经验。”①

王光宇还肯定了萧县学大寨、学昔阳，推广郭庄经验的成效。

宿县地委书记任松筠、地区革委会主任郑淮舟代表地委讲话，任松筠说：“郭庄的十年是按毛主席革命路线办事的，郭庄十年是坚持走社会主义道路的，郭庄十年是学大寨的，郭庄十年是自力更生艰苦奋斗干出来的，郭庄十年是科学种田、逐步提高产量的。”“郭庄是经受住锻炼考验

---

① 中共萧县县委：《省委书记王光宇同志在萧县农业学大寨工作会议上的讲话》，1974年8月8日，萧县档案馆馆藏，全宗号14，目录号1-1，永久，案卷号04。

的先进单位，是全省学大寨的红旗，我们地区学大寨的红旗，是萧县学大寨的一面大红旗。郭庄的红旗插得稳稳地、高高的。”“郭庄不是黑样板，是红样板，萧县也是红的，不是黑的。”①

郑淮舟也对郭庄给予了很高的评价。他说：“过去我们要赶郭庄，现在仍然要赶郭庄，过去要向郭庄大队学习，现在仍然要向郭庄大队学习，过去要推广郭庄的经验，现在仍然要推广郭庄的经验。因为十年来郭庄响应毛主席的伟大号召，走大寨的道路，是沿着毛主席指引的方向，在大队党支部领导下，经过广大贫下中农艰苦奋斗创造出来的一个先进典型。”“郭庄大队是在斗争中前进的，这一切都是没有什么值得怀疑的。所以，我们相信郭庄。”“推广郭庄经验，不单单是萧县要这样做，我们全区也要这样做。过去这样做，今后还要这样做，让郭庄的经验在全区开花结果，把我们全区学大寨的运动推向一个新的高潮。”②

郭宏杰在会上作了报告。报告中谈到推广郭庄经验时，郭宏杰说：“郭庄大队的实践，体现了大寨精神，它走大寨道路，在发展集体经济方面给我们提供了经验……并不是郭庄有什么特殊，谁在学大寨上有好的经验都是要推广的。”③

萧县县委书记曲健民在会上作了报告。曲健民用大篇幅谈郭庄和萧县学郭庄的问题。他对郭庄同样给予很高的评价，对萧县的推广郭庄经验及成绩给予了肯定。他说：“郭庄大队，是农业学大寨的先进典型……处处以大寨为榜样，坚持无产阶级政治挂帅，坚持党的基本路线，狠抓用毛泽东思想教育人这个根本，使人的思想面貌发生了深刻的变化。”“今天的郭庄，经过十年学大寨，人变、地变、产量变，一切都发生了翻天覆地的变化。”“郭庄学大寨的十年是执行毛主席革命路线的十年，是走社

---

① 任松筠：《宿县地委书记任松筠同志在萧县农业学大寨工作会议上的讲话》，1974年8月8日，萧县档案馆馆藏，全宗号14，目录号1-1，永久，案卷号04。

② 郑淮舟：《宿县地区革委会主任郑淮舟同志在萧县农业学大寨工作会议上的讲话》，1974年8月8日，萧县档案馆馆藏，全宗号14，目录号1-1，永久，案卷号04。

③ 郭宏杰：《加强党的领导，把林批孔运动深入、普及、持久地开展下去，郭宏杰同志在县农业学大寨工作会议上的报告》，1974年8月11日，萧县档案馆馆藏，全宗号14，目录号1-1，永久，案卷号04。

会主义道路的十年，是农业学大寨的十年，是艰苦奋斗、自力更生的十年，是科学种田的十年。”“推不推郭庄学大寨的经验，是学大寨还是反大寨，是执行毛主席革命路线还是执行修正主义路线的大是大非问题，是走社会主义道路还是复辟资本主义的根本路线问题。”① 萧县坚持四年学大寨、赶郭庄，粮食产量出现了四年四个“双突破”，农、林、牧、副、渔五业，工业、农业、财贸、交通、文教各条战线都有不同程度的发展。因此，要坚持社会主义方向，发展社会主义大农业，就必须坚定不移地走农业学大寨的道路，不折不扣地推广郭庄学大寨的经验。②

萧县县委副书记韩九如在会上作了总结报告。韩九如在报告中驳斥了“郭庄是黑的”“是某个人树起来”的等“反郭庄”言论。他说，郭庄大队是“贫下中农在党支部的领导下，读马列书和毛主席的书，贯彻执行毛主席的革命路线，坚决响应毛主席‘农业学大寨’的伟大号召，从六四年开始学大寨人、走大寨路，战天斗地斗敌人斗出来的。六九年就成为全省学大寨的一面红旗，是在‘文化大革命’运动中涌现出来的新生事物，绝不是哪个人树起来的。”③

他说，通过这次会议，进一步把学大寨、赶郭庄的群众运动推向新阶段。到会同志充分肯定了郭庄，会议一致认为，郭庄是全省农业学大寨的一面红旗，是学大寨的典范。因为郭庄十年变化的事实，雄辩地证明，郭庄大队党支部带领广大贫下中农是坚定不移地贯彻毛主席革命路线的。郭庄这面红旗，经过批林批孔的洗礼，更加鲜艳夺目。他要求，要大张旗鼓地宣传和传达会议精神，8 月 20 日前后传达到广大群众，25 日前要求各公社、县直机关党委和县农林场站都写成书面材料报到县。④

---

① 曲健民：《曲健民同志在全县农业学大寨工作会议上的报告》，1974 年 8 月 12 日，萧县档案馆馆藏，全宗号 14，目录号 1-1，永久，案卷号 04。

② 曲健民：《曲健民同志在全县农业学大寨工作会议上的报告》，1974 年 8 月 12 日，萧县档案馆馆藏，全宗号 14，目录号 1-1，永久，案卷号 04。

③ 韩九如：《韩九如同志在萧县农业学大寨工作会议上的总结报告》，1974 年 8 月 15 日，萧县档案馆馆藏，全宗号 14，目录号 1-1，永久，案卷号 04。

④ 韩九如：《韩九如同志在萧县农业学大寨工作会议上的总结报告》，1974 年 8 月 15 日，萧县档案馆馆藏，全宗号 14，目录号 1-1，永久，案卷号 04。

11 月 5 日，在萧县广播大会上，省委书记宋佩璋在讲话中再次充分肯定了郭庄。他说："有人说郭庄是黑的，是黑的吗？我们在座的同志都很清楚！我们贫下中农都很清楚！""有些先进典型到底是黑的呀还是红的呢？"郭庄大队的方向是对的，团结起来，走社会主义道路，才有今天的郭庄大队。这怎么能说它是一个黑的呢？郭庄大队的成绩是干出来的。郭庄大队的粮棉双超纲要，是郭庄人艰苦奋斗，苦干十年，干出来的。①

宋佩璋还表示，典型不能否定。因为典型代表方向。1974 年 2 月，陈永贵到郭庄大队，充分肯定了郭庄，肯定了郭宏杰。

三、进一步巩固郭庄典型地位

面对"反郭庄"的声音，省、地、县领导全力支持郭庄，郭庄的典型地位得以维护。农业学大寨运动在继续，安徽的"大寨"——郭庄这面红旗就不能倒，不仅需要维持，还需要进一步巩固。要巩固郭庄学大寨的先进典型的地位，还需要更加有力的事实和更加强大的宣传。

1974 年 9 月萧县县委再次派出调查组到郭庄大队实地考察，形成了《郭庄十年学大寨》的调查报告。10 月 15 日，《萧县通讯》第七期全文刊登该调查报告。县委将其转发至生产队，要求各级党组织和革委会认真学习郭庄学大寨的经验。

萧县县委的调查报告回顾了郭庄十年学大寨的历程和取得的成绩。调查报告认为，经过十年的学大寨，郭庄由千年的盐碱窝变成了粮仓，变成了欣欣向荣的社会主义新农村，成为安徽省农业学大寨的一面鲜艳红旗，是多快好省建设社会主义新农村的一个典型。②

1974 年是全国农业学大寨十周年，同时也是郭庄学大寨十周年。传统上，重大事件逢五小庆，逢十大庆。郭庄大队计划举办"学大寨十周"的庆祝大会，以此继续宣传郭庄，进一步巩固郭庄的典型地位。

---

① 萧县革命委员会办事组整理：《省委书记宋佩璋同志在萧县广播大会上的讲话》，1974 年 11 月 5 日，萧县档案馆馆藏，全宗号 62，目录 1-2，长期卷，案卷号 06。

② 中共萧县县委调查组：《郭庄十年学大寨》，1974 年 9 月 5 日，萧县档案馆馆藏，全宗号 62，目录号 1-1，永久，案卷号 04。

11 月 14 日，郭庄大队党支部就召开“农业学大寨十周年庆祝大会”相关事宜向县委打了请示报告。报告说，召开庆祝大会是为了认真总结郭庄十年学大寨的经验教训。会议计划于 11 月 25 日召开，会期 1 天，邀请省内外一部分学大寨的先进单位参加指导，请求上级领导亲临指导。会议议程是：由郭庄大队负责人汇报郭庄十年学大寨取得的巨大变化的战斗历程；请各先进单位介绍学大寨的宝贵经验；请各级领导和各先进单位的代表检查、指导郭庄大队的各项工作。①

11 月 25 日，宿县地委向各县发出通知：地委决定在郭庄召开庆祝毛泽东发出“农业学大寨”号召十周年现场会议，要求各县委派出分管农业学大寨运动的负责人 1 人，每县选择一个农业学大寨先进公社和两个农业学大寨先进大队，各派 1 名负责人。要求出席会议的县、社、大队都要准备农业学大寨、赶郭庄的经验交流发言材料；会议定于 12 月 1 日召开，会期 5 天。② 应邀参加大会的安徽省内单位有：凤阳县东方红公社、舒城县舒茶公社、合肥市郊区蜀山公社、当涂县红星大队、利辛县柳西大队等 40 多个先进单位的代表。除此之外，还邀请了一部分省外农业学大寨先进单位，有河南省新乡县七里营人民公社、河南省偃师县岳滩大队、江苏省泗阳县棉花原种场、山东省滕县史村大队、山东省滕县张庄、中国农林科学院等。③

12 月 1 日，庆祝毛泽东发出“农业学大寨”号召十周年现场会议在郭庄召开。会议由郭庄大队党支部副书记李景春主持，副书记郭宏光致开幕词。王光宇、任松筠、郑淮舟、韩九如、曲健民、尹绣亭，郭庄公社党委书记谢金元等出席了大会开幕式。除各先进单位代表外，宿县军分区、省革委会政工组、省革委会生产指挥组的代表、宿县地区农业学大寨现场

---

① 萧县郭庄大队党支部：《关于召开〈农业学大寨十周年庆祝大会〉的报告》，1974 年 11 月 14 日，萧县档案馆馆藏，全宗号 62，目录号 1-1，永久，案卷号 04。

② 中共宿县地委：《关于在郭庄召开庆祝毛主席发出“农业学大寨”伟大号召十周年现场会议的通知》宿地发（1974）44 号，1974 年 11 月 25 日，萧县档案馆馆藏，全宗号 14，目录号 1-2，长期，案卷号 04。

③ 《郭庄大队召开纪念毛主席发出“农业学大寨”伟大号召十周年大会，认真总结经验，掀起农业学大寨新高潮》，《安徽日报》1974 年 12 月 15 日第 1 版。

会议和萧县县委扩大会议全体代表出席会议，干群总数达8000余人。[①]开幕式上，萧县县委、县革委会向郭庄致了长篇《贺词》，[②]《贺词》重申了郭庄学大寨艰苦奋斗的历程、取得的成绩，以及萧县推广郭庄经验、取得的成绩。萧县县委、县革委会以《贺词》向大会表示热烈祝贺！向参加大会的省内外、县内外各先进单位的代表和省、地首长及各兄弟县的领导同志、解放军的首长和同志们表示衷心的感谢！"您们的到来，不仅是对郭庄大队的支持、鞭策和鼓舞，也是对萧县全县人民的支持、鞭策和鼓舞。"[③]并要求郭庄以大寨为榜样，继续大踏步前进，带领全县各社队勇往直前，迎接国民经济新跃进。

会上，还公布了郭庄大队1975年至1980年的农业规划：到1975年，粮食面积保持1000亩，单产2000斤，总产200万斤以上；棉花500亩，单产200斤，总产10万斤以上。到1980年，粮食面积1000亩，单产2500斤，总产250万斤以上；棉花500亩，单产240斤，总产12万斤以上。农林牧副渔相应发展，到1980年，生猪饲养量达到2000头，养羊500只，搞好20亩水田，100亩果园，植树达到每人平均200棵。大搞农田基本建设。到1980年，把所有的沙碱地拉淤覆盖一遍，建成地下排灌工程，使地下灌溉渠与地下淋排渠配套；建成两个排水站，一个扬水站。同时培养一支能适应农业发展的技术力量，大力引进现代化科学，培育出自己的小麦、水稻、棉花新品种。[④]

时任安徽省委书记王光宇代表中共安徽省委、省革委会，向大会表示热烈祝贺。他说：郭庄大队是我省农业学大寨的先进单位，郭庄大队学大寨学得早，学得好，他们的基本经验就是抓路线，郭庄学大寨的经验，对

---

① 《郭庄大队召开纪念毛主席发出"农业学大寨"伟大号召十周年大会，认真总结经验，掀起农业学大寨新高潮》，《安徽日报》1974年12月15日第1版。

② 5页半，近4000字。

③ 中共萧县委员会、萧县革命委员会：《贺词》1974年12月1日，萧县档案馆馆藏，全宗号14，目录号1-1，永久，案卷号03。

④ 郭庄大队：《在社会主义大道上奋勇前进——郭宏杰同志在郭庄大队纪念毛主席"农业学大寨"伟大号召发表十周年大会上的讲话》，1974年12月，萧县档案馆馆藏，全宗号62，目录号1-1，永久，案卷号02。

全省农业学大寨运动起了很大的推动作用。我们要继续坚持开展“学大寨、赶郭庄、超纲要”的群众运动，进一步推广郭庄大队学大寨的经验，推动全省农业学大寨运动不断深入发展，加快社队变大寨，县变昔阳的步伐。①

中共宿县地委书记任松筠，萧县县委书记韩九如，郭庄公社党委书记谢金元，先后在大会上讲了话。参加大会的兄弟省学大寨的先进单位以及安徽省的学大寨的先进单位的代表，也先后在大会上致了贺词。随后七里营公社、红星大队和柳西大队等先进单位介绍了学大寨经验，各级领导和各先进单位参观了郭庄。②

12月15日，《安徽日报》第1版半个版面和第2版整版发表《大干社会主义的十年——郭庄大队开展农业学大寨群众运动十年来的经验述评》。《述评》说，郭庄十年来粮食单产和总产都比1964年增长了13倍以上，皮棉单产和总产都比1964年增长了约5倍，林、牧、副、渔全面发展；对国家作出了很大的贡献。1964年前吃国家救济粮，1966年至1974年向国家提供商品粮162万斤，商品棉62万斤；巩固壮大了集体经济；社员生活水平不断提高；文化、教育、卫生事业不断发展。《述评》高度评价了郭庄这个学大寨先进典型的意义，“郭庄大队十年的革命实践，进一步说明了只有社会主义能够救中国这个伟大真理；解放人们的思想；创造和积累了丰富的经验，为学大寨作出了优秀的榜样；推动了我省农业学大寨群众运动的深入发展。③

在纪念大会召开期间，萧县县委扩大会议也在郭庄举行。出席会议人员有县、社两级党委委员，大队党支部书记和党员干部，共1843人。④会

---

① 《郭庄大队召开纪念毛主席发出“农业学大寨”伟大号召十周年大会认真总结经验，掀起农业学大寨新高潮》，《安徽日报》1974年12月15日第1版。

② 《郭庄大队召开纪念毛主席发出“农业学大寨”伟大号召十周年大会认真总结经验，掀起农业学大寨新高潮》，《安徽日报》1974年12月15日第1版。

③ 《大干社会主义的十年——郭庄大队开展农业学大寨群众运动十年来的经验述评》，《安徽日报》1974年12月15日第1、2版。

④ 《中共萧县委员会扩大会议传达提纲》，1974年12月12日，萧县档案馆馆藏，全宗号14，目录号1-1，永久，案卷号03。

议抽出一天的时间参加郭庄大队庆祝“农业学大寨”十周年大会。[①] 县委书记韩九如在动员报告中说：“召开这次会议，……是把我县农业学大寨赶郭庄群众运动推向一个新阶段的需要，也是使我们的思想行动适应新形势，组织新跃进的需要。所以说，这个时候召开这个会议，时机是适当的，意义是重大的。”[②]

参会人员向县委提了474条意见，其中关于郭庄的有：“县委在紧要关头，对郭庄的态度不明朗。如四月份、五月份、六月份，对社会上反郭庄的逆流没有抵制，也没有在郭庄开会，又没有宣扬郭庄事迹。”[③]

关于郭庄问题，会议认为，郭庄大队是在农业学大寨运动中出现的一个先进典型。郭庄大队的经验最可贵之处，在于真正学大寨，坚持党的基本路线，坚持社会主义大方向，任何情况下都不能动摇学大寨赶郭庄的坚强信念。[④]

谈起郭庄定位问题时，会议明确“郭庄走的是大寨之路，坚持的是社会主义方向，为我们树立了学大寨的好样板。”[⑤] 会议最后立下1975年战斗口号：“批林批孔学大寨，大干快上赶郭庄。领导干部带头干，全县人民齐动员。努力决战七五年，坚决实现九、五、三[⑥]。”[⑦]

安徽省第七次农业学大寨会议（1975年2月20日至3月1日），[⑧] 第

---

① 中共萧县县委扩大会议秘书处：《中共萧县县委扩大会议意见》，1974年11月28日，萧县档案馆馆藏，全宗号14，目录号1-1，永久，案卷号03。

② 《县委书记韩九如同志在县委扩大会议上的动员报告》1974年11月29日，萧县档案馆馆藏，全宗号14，目录号1-1，永久，案卷号03。

③ 中共萧县县委：《中共萧县县委扩大会对县委提出的意见》，1974年（具体日期不详），萧县档案馆馆藏，全宗号14，目录号1-1，永久，案卷号03。

④ 中共萧县县委：《中共萧县委员会扩大会议传达提纲》，1974年12月12日，萧县档案馆馆藏，全宗号14，目录号1-1，永久，案卷号03。

⑤ 中共萧县县委：《中共萧县委员会扩大会议传达提纲》，1974年12月12日，萧县档案馆馆藏，全宗号14，目录号1-1，永久，案卷号03。

⑥ 九、五、三：1975年粮食总产9亿斤，棉花3000万斤，养猪50万头。

⑦ 中共萧县县委：《中共萧县委员会关于召开县委扩大会议情况的报告》，1974年12月25日，萧县档案馆馆藏，全宗号14，目录号1-1，永久，案卷号03。

⑧ 《全省第七次农业学大寨会议在萧县郭庄大队胜利闭幕，坚持党的基本路线，把农业学大寨运动推向新高潮》，《安徽日报》1975年3月6日第1版。

八次农业学大寨会议（1976年1月5日至19日），[①]第九次农业学大寨会议（1977年2月26日至3月9日）[②]都是在郭庄召开的，与会者均参观了郭庄大队。这本身就是对郭庄的肯定、支持和鼓励。

省委书记王光宇在第七次省农业学大寨会议上作了题为《以毛主席关于理论问题的重要指示为指针，进一步开展农业学大寨运动，夺取农业新胜利》的报告。报告提出了加快学大寨、赶郭庄、超《纲要》的步伐，实现农业新跃进的意见。郭庄、柳西等单位介绍了学大寨的情况和经验。[③]

在第八次省农业学大寨会议上，省委书记王光宇致开幕词。省委第一书记宋佩璋作了报告。报告说，要像郭庄大队、萧县那样，使全省更多县、社尽快地建成大寨式的县、社、队。[④]。

第九次农业学大寨会议有5000人参加。省委第一书记宋佩璋、省委书记郭宏杰在会上作了报告，郭庄大队党支部书记郭宏哲作了题为《举旗抓纲学大寨，大找差距攀高峰》的发言。

《安徽日报》继续宣传郭庄。

1974年8月20日第2版发表萧县郭庄大队党支部的《科学种田闯新路，稻茬小麦夺高产》的文章。文章的主要内容是郭庄大队坚持科学种田，实行稻麦连作的耕作制度，1974年900亩小麦比上年有较大幅度的增产，平均亩产由745斤，增长到817斤，一季小麦过“长江”。1974年11月30日第1版报眼处发表《郭庄大队在批林批孔推动下胜利前进》的通讯。12月15日第1版大字通栏标题报道了郭庄大队召开纪念“农业学大寨”十周年大会。[⑤]同时，在第1、2版刊登《大干社会主义的十年——

---

① 《省第八次农业学大寨会议今日在郭庄召开》，《安徽日报》1976年1月5日第1版。

② 《我省第九次农业学大寨会议在郭庄隆重开幕》，《安徽日报》1977年3月2日第1版。

③ 《全省第七次农业学大寨会议在萧县郭庄大队胜利闭幕坚持党的基本路线，把农业学大寨运动推向新高潮》，《安徽日报》1975年3月6日第1版。

④ 《省第八次农业学大寨会议在郭庄隆重开幕》，《安徽日报》1976年1月8日第1版。

⑤ 《郭庄大队召开纪念毛主席发出“农业学大寨”伟大号召十周年大会认真总结经验，掀起农业学大寨新高潮》，《安徽日报》1974年12月15日第1版。

郭庄大队开展农业学大寨群众运动十年来的经验述评》。1975年5月20日第2版，萧县郭庄大队党支部《改造小农需要经过几代的努力》。8月8日第2版，萧县郭庄大队党支部《夺取小麦持续高产的基本经验》。9月27日第1版《郭庄向生产深度和广度进军》。1976年1月5日第1版《路线班子速度——记郭庄大队学大寨的十一年》。1月14日第1版《坚定不移学大寨继续革命攀高峰——萧县郭庄大队党支部书记郭宏哲在省农业学大寨会议上的发言（摘要）》。1月17日第2版《要像郭庄、萧县那样真学真干——省第八次农业学大寨会议代表参观郭庄、萧县侧记》。2月2日第1版《坚持教育革命方向，为农业学大寨服务——萧县郭庄大队教育革命调查》。3月31日第3版，萧县郭庄大队三结合科研小组《科技战线的深刻革命》。6月17日第1版《萧县今年午季作物又获得丰收，郭庄大队小麦平均亩产过千斤》。6月18日第4版《第十个丰收年——萧县郭庄大队小麦喜获丰收》（摄影报道）。6月27日第2版，安徽大学工农兵学员、萧县革委会通讯组、宿县地区联络组《批邓鼓斗志，再攀新高峰——郭庄大队九百亩小麦亩产突破千斤，单产和总产都是“文化大革命”前最高年产量的十七倍。一季小麦向国家贡献三十五万斤，平均每人三百五十斤》。8月27日第1版《省教育革命经验交流会在郭庄隆重开幕》。8月30日第1版，萧县郭庄大队党支部书记郭宏哲《按照毛主席的指示搞好无产阶级革命教育》。10月8日第2版，萧县郭庄大队育红学校《按既定方针办把无产阶级教育革命进行到底》。10月11日第3版，郭庄大队党支部《世世代代走毛主席指引的路》。1977年1月29日第2版，萧县郭庄大队党支部《十二年坚持学大寨高速度发展社会主义农业》。2月28日第1版《来自“淮北大寨”的消息——郭庄大队见闻》（通讯）。3月5日第3版《举旗抓纲学大寨，大找差距攀高峰——萧县郭庄大队党支部书记郭宏哲在省第九次农业学大寨会议上的发言（摘要）》。3月19日第3版，萧县郭庄大队贫下中农《贫下中农不可侮》。3月22日第2版《省第九次农业学大寨会议表彰先进单位名单》，其中获得全省农业学大寨的一面红旗的是郭庄大队。

经多次大会的申明强调和《安徽日报》的继续宣传，针对郭庄的质疑声逐渐消弭，郭庄学大寨典型地位进一步巩固了。

第二节　调整安徽省、县领导班子

一、调整安徽省级领导班子

1976年10月6日，中共中央政治局一举粉碎了“四人帮”。全国各地开展了揭批“四人帮”的运动。在之后的8个月里，安徽省委主要负责人继续推行“左”的路线，领导揭、批、查很不得力，对若干重要问题捂盖子，揭、批、查难以深入下去。在指导思想和实际工作方面继续沿着“左”的轨道运行。直到1977年5月，在中共安徽省委给中共中央的报告里还把进行阶级斗争为纲的基本路线教育当作成功的经验，继续肯定在基本路线教育中打击党内外所谓“新老资产阶级分子”的错误做法。① 另一方面，安徽省委大肆散布“安徽特殊论”，认为“不是‘四人帮’不想插手安徽，而是我们顶住了，他插不进来。”② 按照“四人帮”的“老干部等于民主派，民主派等于走资派”理论，把矛头指向革命老干部。省委主要领导人还以“联系实际”“总结路线斗争经验”为名，把以下地、市、县、高等院校和省直机关领导班子集中起来“办学习班”，大整一些对他提过意见和写过大字报的干部。有的同志对所谓“理论讨论会”提出批评意见，他当即顶了回去，说什么理论讨论会，“过去正确，现在正确，今后还正确。”妄图死死捂住盖子。③

为了解决安徽问题，中共中央派人专门前往安徽实地调查。1977年6月16日至20日，华国锋、叶剑英和中央政治局委员其他领导人四次听取了中共安徽省委宋佩璋、李任之，省军区王文模、余光茂，十二军官峻

---

① 《当代中国的安徽》，当代中国出版社1992年版，第127—128页。

② 《坚决贯彻华主席、叶副主席和中央领导同志重要指示紧密联系安徽实际深入开展揭批“四人帮”的斗争》,《安徽日报》1977年7月1日第1版。

③ 《坚决贯彻华主席、叶副主席和中央领导同志重要指示紧密联系安徽实际深入开展揭批“四人帮”的斗争》,《安徽日报》1977年7月1日第1版。

亭等人关于安徽省揭批“四人帮”运动和省委领导情况的汇报。中央领导指出：“最近一个时期，中央不断收到安徽干部、群众的来信，反映了安徽省委主要领导同志在揭批‘四人帮’问题上的错误。中央对安徽情况十分关切，专门派人到安徽作了调查，对解决安徽问题作了重要指示。”中央下达了解决安徽问题的六条指示：第一，省委主要领导同志在1976年反击右倾翻案风中，背离毛主席、党中央的指示，另搞一套；在粉碎“四人帮”以后，不放手发动群众揭批“四人帮”，而是捂盖子。中央认为，“四人帮”对安徽是插了手的，对安徽的干扰和破坏是严重的，安徽“特殊论”的论点是非常错误的，是极其有害的。因此，必须迅速而又稳妥地解决好安徽问题；第二，解决安徽问题，就要遵照党中央指示，揭开盖子，大打揭批“四人帮”的人民战争；第三，各级党委要加强对运动的领导，认真执行党的政策；第四，希望安徽省委领导全省党政军民，抓革命，促生产，扎扎实实地开展工业学大庆、农业学大寨群众运动，大干社会主义；第五，基于安徽情况和宋佩璋所犯错误，将其调离安徽，由万里任安徽省委第一书记、省革命委员会主任、省军区第一政委，并派顾卓新、赵守一参加省委领导；第六，希望安徽省党政军民各方面顾全大局，加强团结。①

6月22日当天，万里就离京到安徽就任省委第一书记。与万里一同来到安徽的还有原东北局书记处书记顾卓新（任安徽省委书记、革委会副主任），原西北局副书记赵守一（任安徽省委副书记）。23日，安徽省委把中央的六点指示作为“省委（1977）21号”文件向全省传达。6月25日，《安徽日报》头版头条大字号通栏标题报道了中央的指示以及23日万里主持召开省委常委扩大会议，传达指示的消息。②同时，配发了题为《抓纲治皖，安徽大有希望》的社论。社论认为，解决好安徽问题，就是要坚决遵照华主席、叶副主席、党中央的重要指示，放手发动群众，排除

---

① 中共安徽省委：《关于解决安徽省委领导问题的指示要点的通知》，1977年6月22日，萧县档案馆馆藏，J001-WS-1977-C-005-0001。

② 《坚决拥护热烈欢呼迅速传达华主席党中央关于解决安徽省委领导问题的重要指示》，《安徽日报》1977年6月25日第1版。

阻力，揭开盖子，大打揭批“四人帮”的人民战争。[①] 此后，各地陆续展开揭批“四人帮”及宋佩璋等安徽省委前主要领导人的群众运动。

另一方面，以万里为第一书记的安徽省委还采取了以下措施来解决安徽的问题：

一是妥善地把“文化大革命”中到安徽“支左”，仍留在地方的军队干部调回部队。全省近千名支左部队干部，仅用了 5 天时间就全部撤出。二是发动全省揭批“四人帮”，并把被“四人帮”及其追随者颠倒了的路线是非、理论是非再颠倒过来，肃清其毒流和影响。三是健全各级领导班子。首先解决省委领导班子问题。省委原有常委 15 人，其中 5 名是部队“支左”干部，5 名是“文革”中上来的知识青年和群众代表；5 名是结合的老干部。5 名“支左”干部撤回部队，5 名知识青年和群众代表一律返回原单位，组成以万里为第一书记，顾卓新、赵守一为书记的省委常委会。[②]

二、调整萧县县、社两级领导班子

7 月 3 日至 8 日，刚到安徽不久的万里主持召开地、市委书记会议。会上，万里一方面指示继续揭批宋佩璋以及派工作组进驻此前由宋佩璋分管的《安徽日报》报社，另一方面要求继续开展农业学大寨运动，加快普及大寨县步伐。会议召开期间的 7 月 5 日，在李任之、顾卓新、赵守一、王光宇的陪同下，万里在合肥稻香楼接见宿县地委和萧县县委负责人。万里谈了宋佩璋、郭宏杰的错误，谈了萧县县委领导班子的问题和郭庄的问题。他说：“萧县是全国知名的大寨县，是安徽省农业学大寨的一面红旗。”“省里非常关心萧县的工作。省里宋佩璋同志犯了错误，全省都有他的大字报”“郭宏杰同志是个青年干部，跟着宋佩璋同志犯了错误，有错误改了就好，到底有多大的错误，现在还说不清楚，要看各方面群众的揭发。他在你们萧县有没有错误，有多少错误，你们萧县的同志应该是清

---

① 《抓纲治皖，安徽大有希望》（社论），《安徽日报》1977 年 6 月 25 日第 1 版。

② 张广友：《改革风云中的万里》，人民出版社 1995 年版，第 133 — 134 页。

楚的。”“为什么请你们来，省里没有找过其他县，就是要你们保持大寨县的红旗，包括郭庄也不是黑的。怕你们灰溜溜，不敢做工作。不能因为宋、郭的错误影响到萧县和郭庄……不能因为宋、郭出了问题，萧县人民就不光彩啦！”“郭庄的群众有没有压力？你们要做点工作，给他们传达一下，省委认为，郭庄大队的群众是干社会主义的，他们是有成绩的。郭庄的广大贫下中农是跟毛主席、华主席、党中央干革命的，又不是跟宋佩璋、郭宏杰干革命。”①谈到郭宏杰时，万里说：“我和他（郭宏杰）谈了话，郭宏杰同志是青年干部，跟着宋佩璋同志犯了错误，有错误改了就好。”“至于郭宏杰有多大错误，揭揭看。我们允许犯错误，也允许改正错误”。②

对萧县县委，万里基本上还是肯定的。他说：“你们的错误有多少，是受宋佩璋同志的影响问题，我看你们不要有负担，没有什么。过去他是省委书记，说了不听行吗？”“你们以前做了大量工作。出了宋郭怎么办？……你们要挺起腰杆……你们县委的同志多数是从基层锻炼出来的好干部嘛。”③

万里要求县委回去后，认真学习中央关于安徽问题的指示，把县委的认识统一到中央指示上来，使萧县这面大寨县的红旗保持住，而且搞得更好。安排好群众生活，要让群众吃上饭。发动群众，揭批宋佩璋和郭宏杰错误。至于你们跟着宋郭办过错事，说过错话，省委是理解的。④

万里再次强调，萧县的“大寨县红旗不能倒，你们不要自己搞倒了。有人说郭庄、萧县是黑的，这话是不对的。全县人民群众是跟毛主席、华

① 《万里同志接见宿县地委和萧县县委负责人的讲话要点》，1977 年 7 月 5 日，萧县档案馆馆藏，J001-WS-1979-Y-003-0001。

② 《万里同志接见宿县地委和萧县县委负责人的讲话要点》，1977 年 7 月 5 日，萧县档案馆馆藏，J001-WS-1979-Y-003-0001。

③ 《万里同志接见宿县地委和萧县县委负责人的讲话要点》，1977 年 7 月 5 日，萧县档案馆馆藏，J001-WS-1979-Y-003-0001。

④ 《万里同志接见宿县地委和萧县县委负责人的讲话要点》，1977 年 7 月 5 日，萧县档案馆馆藏，J001-WS-1979-Y-003-0001。

主席干革命的，是学大寨的。”[①]

万里鼓励萧县县委的同志说：“萧县的党和人民是有革命传统的，是有贡献的。是紧跟毛主席、华主席奋勇前进的，建设大寨县是有功劳的，包括郭庄。”[②]万里还交代将会议精神传达到县委常委，可以向郭庄进行传达。郭宏杰暂时不再管萧县事务，遇事向地委、省委请示汇报。[③]

7月6日晚，萧县县委召开常委会议，连夜传达万里接见宿县地委、萧县县委负责人时的讲话，继续揭批宋佩璋，着重揭批郭宏杰的问题。[④]7月7日至9日，县委常委又连续召开两天一夜的会议，学习贯彻万里的重要指示。参会人员一致表示：一定要认真学习，全面理解，深刻领会，坚决贯彻执行。带头揭发宋佩璋的严重政治错误，揭发郭宏杰跟着宋佩璋所犯的错误，划清界限是非，彻底肃清影响，发扬大寨县精神，在省地委的正确领导下，振作精神，团结一致，带领全县人民把大寨县的红旗举得更高，争取取得更优异的成绩。[⑤]

7月9日，县委召开了有公社党委委员、大队党支部书记和县直机关党员干部参加的2000人大会。

11月初，地委工作队进驻萧县，督促萧县开展揭批工作。11月6日至8日，县委召开公社以上领导干部会议，宿县地委第一书记孟亦奇对地委工作队进驻萧县，向各公社以上干部打了招呼。11月11日，萧县县委常委会研究决定：免去杨守信同志中共萧县县委组织部部长。任命葛维宝同志为中共萧县县委组织部部长，免去县委统战部长。免去李祥珍同志赵

---

① 《万里同志接见宿县地委和萧县县委负责人的讲话要点》，1977年7月5日，萧县档案馆馆藏，J001-WS-1979-Y-003-0001。

② 《万里同志接见宿县地委和萧县县委负责人的讲话要点》，1977年7月5日，萧县档案馆馆藏，J001-WS-1979-Y-003-0001。

③ 《万里同志接见宿县地委和萧县县委负责人的讲话要点》，1977年7月5日，萧县档案馆馆藏，J001-WS-1979-Y-003-0001。

④ 萧县地方志编纂委员会主编：《萧县志》，中国人民大学出版社1989年版，第34页。

⑤ 中共萧县县委：《县委常委学习贯彻省委负责同志指示情况汇报》，1977年7月10日，萧县档案馆馆藏，J001-WS-1979-Y-004-0002。

楼公社党委书记职务，回县委办公室工作。[①]11月13日，省地委改组了萧县领导班子。任命李少英为萧县县委第一书记。免去郭宏杰县委第一书记、曲健民县委书记的职务。任命李悌凯为县革命委员会主任，免去武洪顺县革委会主任职务。[②]12月24日免去陈荣厚县革委会副主任职务。[③]11月19日，宣传口成立了揭批办公室，下设材料组、来信来访接待组和秘书宣传组，共15人。[④]调整了县委办公室、组织部、文化局、教育局、公安局、广播局等一些重点单位的领导班子。11月23日，县委召开县、公社两级干部会议，宣读中共安徽省委（1977）52号文件：撤销郭宏杰党内外一切职务，由安徽省军区监护，彻底清查问题。[⑤]12月19日，免去赵忠圣县财税局局长职务，并交群众批判。[⑥]

省委（77）21号文件传达后，萧县部分公社领导思想不通，存在抵触情绪，企图继续捂盖子，压制群众，严重影响了揭批运动的正常进行。

郭庄大队是郭宏杰的老家，也是他曾经任党支部书记的大队。郭庄接待站是郭庄对外的一个重要窗口，是接待各级领导的重要场所，也是郭宏杰长期直接领导的单位，受宋佩璋、郭宏杰影响大，对宋郭的问题也知道得多，了解得清楚。但自省委（77）21号文件下达后，接待站领导“对宋佩璋、郭宏杰的毒害和所造成的恶果估计不足”，对揭批运动“抓得很不认真、很不得力，个别领导成员与郭宏杰秘密接触，刺探消息，散布舆论，压群众，捂盖子。”县委负责人曾多次对该站领导进行帮助、教育，但他们仍迟迟不动，揭批运动没有开展。根据省、地委的指示精神，1977年8月7日，经县委常委研究决定：1. 立即停止一切接待活动，组织全

① 中共萧县县委：《关于葛维宝等同志工作职务的任免报告》，1977年11月11日，萧县档案馆馆藏，J001-WS-1977-Y-014-0037。

② 《萧县志》，中国人民大学出版社1989年版，第34页。

③ 中共萧县县委：《中共萧县委员会关于免去陈荣厚同志工作职务的报告》，1977年12月24日，萧县档案馆馆藏，J001-WS-1977-Y-014-0031。

④ 《萧县情况》第四期，1977年11月22日，萧县档案馆馆藏，J001-WS-1979-Y-012-0004。

⑤ 《萧县志》，中国人民大学出版社1989年版，第34页。

⑥ 中共萧县县委：《中共萧县委员会关于免去赵忠圣工作职务的报告》，1977年12月19日，萧县档案馆馆藏，J001-WS-1977-Y-014-0025。

站干部职工集中学习、揭批。接待站党支部成员集中办学习班，由县委派人组织他们学习文件，揭批宋佩璋、郭宏杰的问题。同时所有职工也要集中学习、揭批。接待站的一切物资、账目应立即封存，切实保管好，不准遗失，不准毁坏。待适当时机，组织力量清仓查账，搞清问题。2. 为加强对站内运动的领导，县委派联络组进驻该站，由县委副书记纵兆钧挂帅，并抽调一批得力干部组成有力的联络组协助指导站领导把运动抓好。3. 站党支部副书记、副站长陈怀瑞，与郭宏杰关系密切，省委 21 号文件下达后，曾去合肥与郭宏杰单线联系，长达十余天。回来后，散布流言蜚语，压群众，捂盖子，已成为运动的绊脚石，立即停止陈怀瑞的工作，令其学习、揭发检查交代问题。① 同时，萧县县委将本决定报告给宿县地委和安徽省委。8 月 10 日，宿县地委同意了萧县县委《关于停止郭庄接待站接待活动的请示报告》。②

1977 年 12 月 12 日，萧县县委请示地委，将郭庄公社改为“朔里公社”。郭庄原来是朔里公社的一个大队，随着农业学大寨运动的深入，郭庄大队的名声日隆，1974 年将朔里公社改为了郭庄公社。为了彻底肃清郭宏杰的影响，县委研究决定，把郭庄公社改为朔里公社。③12 月 19 日，宿县地区革命委员会批复了萧县县委的请示，同意将郭庄公社改为朔里公社。④

萧县县委还对与郭宏杰关系密切的公社领导的职务做了调整。

11 月 11 日，免去了赵楼公社党委书记李祥珍的职务。⑤

11 月 19 日，免去刘先明黄口镇公社革委会副主任、人武部长、党委

① 中共萧县县委：《关于停止郭庄接待站接待活动的请示报告》，1977 年 8 月 7 日，萧县档案馆馆藏，J001-WS-1979-Y-014-0008。

② 中共宿县地委：《关于撤销郭庄接待站的批复》，1977 年 8 月 10 日，萧县档案馆馆藏，J001-WS-1979-Y-014-0008。

③ 中共萧县县委：《中共萧县委员会关于恢复朔里公社名称的报告》，1977 年 12 月 12 日，萧县档案馆馆藏，J001-WS-1979-Y-014-0008。

④ 宿县地区革命委员会：《关于将郭庄公社仍改为朔里公社的批复》，1977 年 12 月 19 日，萧县档案馆馆藏，J001-WS-1979-Y-014-0008。

⑤ 中共萧县县委：《关于葛维宝等同志工作职务的任免报告》，1977 年 11 月 11 日，萧县档案馆馆藏，J001-WS-1979-Y-014-0037。

委员的职务。①

12 月 1 日，在县委召开的扩大会议上，揭发出刘套公社书记姬传德、萧城公社书记张志城、马井公社书记纵超都有严重的问题，均被免去公社书记职务，并报地委。为了加强这三个公社党委的领导，经县委常委会议研究决定：任命孙德信为萧城公社党委书记，孙扬修为马井公社党委书记，常荣生为刘套公社党委书记，纵从丰为刘套公社党委副书记兼革命委员会主任。②

12 月 19 日，免去郝明军马井公社党委委员、人武部长的职务，并交群众批斗。③ 免去欧儒臣淮海公社党委书记职务。④

庄里公社党委副书记冯新芝在揭批运动中“不认真检查，公然挑动派性斗争”“为确保运动的顺利开展，促其认真检查问题，彻底清查庄里地区帮派内幕。”12 月 20 日，经公社党委研究，撤销冯新芝党内外一切职务，隔离审查。⑤

三、否定郭庄经验

7 月 5 日，万里单独和宿县地委、萧县县委副主任谈话之后，7 月 6 日下午县委负责人返回萧县，连夜召开常委会，传达万里的指示精神。7 月 7 日至 9 日，萧县县委常委召开了两天一晚的会议，认真学习贯彻万里的重要指示。会议联系安徽实际，彻底清查和“四人帮”篡党夺权阴谋活动有牵连的人和事，揭发宋佩璋的严重的政治错误，因为萧县是郭宏杰的家乡，做过县委第一书记，所以常委会着重揭发郭宏杰跟着宋佩璋所犯的

---

① 中共萧县县委：《中共萧县委员会关于免去刘先明工作职务的报告》，1977 年 12 月 19 日，萧县档案馆馆藏，J001-WS-1979-Y-014-0027。

② 中共萧县县委：《关于孙德信等四同志任职的报告》，1977 年 12 月 1 日，萧县档案馆馆藏，J001-WS-1979-Y-014-0036。

③ 中共萧县县委：《中共萧县委员会关于免去郝明军工作职务的报告》，1977 年 12 月 19 日，萧县档案馆馆藏，J001-WS-1979-Y-014-0026。

④ 中共萧县县委：《中共萧县委员会关于免去欧儒臣工作职务的报告》，1977 年 12 月 19 日，萧县档案馆馆藏，J001-WS-1979-Y-014-0024。

⑤ 中共萧县庄里公社委员会：《关于对冯新芝材料的揭发综合报告》，1977 年 12 月 20 日，萧县档案馆馆藏，J001-WS-1979-Y-014-0029。

错误。当时提出的郭宏杰的错误主要有：第一，在反击右倾翻案风中，跟着宋佩璋背离党中央的指示，另搞一套。具体有：1. 1976年在肥东召开全省基本路线教育经验交流会上，宋佩璋煽动层层揪走资派，郭宏杰跟着宋佩璋的调子，一再批评萧县基本路线教育没有新发展，跟不上形势。萧县的发言材料原本是写如何教育改造小生产的，宋佩璋认为调子低，没有突出与走资派斗，强令修改。郭宏杰亲自指挥修改材料。丁楼公社的发言材料本来是介绍整党整风经验的，郭宏杰指使修改成突出与走资派的斗争的。2. 宋佩璋举办省理论研讨会，讨论民主派倒走资派的问题，郭宏杰积极支持。3. 宋佩璋在全省大批“三株大毒草”①，郭宏杰也强令萧县批。4. 在第二次全国农业学大寨会议上，各省的发言都没有提到批邓。而郭宏杰代表安徽省委的发言中大讲批邓，最后《人民日报》刊登时被删掉了，而后《安徽日报》又全文刊登。郭宏杰是有直接责任的。②第二，郭宏杰跟着宋佩璋，大搞帮派体系。郭宏杰与“四人帮”及其余党有可疑关系。第三，郭宏杰违背党的民主集中制，搞“一言堂”，家长作风，个人凌驾于党委之上，主观主义严重，不调查，不研究，随意表态。第四，在揭批“四人帮”中，郭宏杰紧跟宋佩璋，捂盖子，压群众。③

7月9日，县委召开了有公社党委委员、大队党支部书记和县直机关党员干部参加的2000人大会，传达万里的指示精神；10日至14日，县委又召开有县委委员、候补委员、县革委会党员委员、各公社一、二把手和县直各部、办、局负责人135人参加的常委扩大会议。会议肯定萧县学大寨成绩，并将其与宋佩璋、郭宏杰的错误划清了界线。会议认为，萧县学大寨的成绩是萧县的党和人民创造的，决不是宋佩璋、郭宏杰的功劳。会议揭发了宋佩璋、郭宏杰的问题。县委副书记、革委会主任武洪顺代表

---

① “三株毒草”是指1975年邓小平主持工作期间形成的三个文件：《论全党全国各项工作的总纲》《关于加快工业发展的若干问题》《中国科学院工作汇报提纲》。简称：《论总纲》《若干问题》和《汇报提纲》。

② 中共萧县县委：《县委常委学习贯彻省委负责同志指示情况汇报》，1977年7月10日，萧县档案馆馆藏，J001-WS-1979-Y-004-0002。

③ 中共萧县县委：《县委常委学习贯彻省委负责同志指示情况汇报》，1977年7月10日，萧县档案馆馆藏，J001-WS-1979-Y-004-0002。

县委常委作了揭发发言，参会人员积极揭发，两天时间里，贴出大字报225张，大幅标语30多张，揭发宋佩璋、郭宏杰的问题940条，其中宋佩璋425条，郭宏杰515条。7月14日，县委又召开了有县直机关7000多人参加的揭批大会，参加县委常委扩大会议的全体人员也出席了大会。武洪顺代表县委常委作了揭批发言。党群、工交、农林、宣教、财贸、计委、政法七个系统的主要负责人也在会上作了揭批发言。大会实况在全县广播。全县迅速掀起了揭批高潮，几天之内，全县贴出大字报51000多张，大标语39000多幅，召开了大小批判会4400多场，揭出宋佩璋、郭宏杰的问题14000多条。①

7月14日，县委向省、地委请示，将郭宏杰带回萧县批斗，安徽省委并未批复。②

中共安徽省三届十三次全委扩大会议联系安徽实际揭批“四人帮”。7月28日，宿县地区揭发：郭宏杰在批林批孔运动中，凡是写过郭宏杰、郭庄、萧县大字报的，甚至态度不够明朗的，都被整。萧县农村大队以上干部有二三百人挨整，县直机关有一百人左右挨整。有的不仅检讨，还挂着牌子游工地、游街，以至扣口粮。萧县文化局一位搞文艺创作的同志，因编写郭庄的作品少了，被郭宏杰责令调出文化局，两三年不安排工作；1976年底，宿县地委准备提郭宏杰的妹妹郭淑兰当地委常委、泗县一把手。向郭宏杰汇报时，郭耍两面派，说：我个人不同意，但你们可以报。郭宏杰反对农业学大寨。1974年初，他亲自主持炮制了一个萧县县委《关于建设郭庄县的决定》。县委讨论时曾发生激烈的争论，有的同志主张提建设昔阳式的县，有的同志主张提建设郭庄式的县，郭宏杰都不同意，硬要提建设郭庄县。最后通过这个决定，印发到全县，并报省委。③

8月1日，郭宏杰在安徽省委三届十三次全委扩大会议上的自我检查

---

① 中共萧县县会：《关于贯彻省委负责同志指示精神和省委22号文件情况的汇报》，1977年7月15日，萧县档案馆馆藏，J001-WS-1977-Y-004-0004。

② 中共萧县委员会：《关于要求批斗郭宏杰的请示报告》1977年7月14日，萧县档案馆馆藏，J001-WS-1977-Y-014-0015。

③ 《联系安徽实际揭批“四人帮”》（三）1977年7月28日，《中共安徽省三届十三次全委扩大会议简报》（第七期），萧县档案馆馆藏，J001-WS-1977-C-004。

交代："在宋佩璋紧跟'四人帮'的影响下，我积极紧跟宋佩璋，充当了他推行'四人帮'反革命修正主义路线的得力助手和干将，犯了严重的政治错误和路线错误，对党和人民犯下了不可饶恕的罪过。"主要表现在：

第一，思想上紧跟宋佩璋，宣扬"四人帮"反动观点。从1976年反击右倾翻案风，我紧跟宋佩璋，大肆攻击、污蔑邓小平同志，在抓基本路线教育中，贯彻了所谓整"党内资产阶级"的"新鲜经验"，积极部署批判所谓"三棵大毒草"，紧密配合了"四人帮"篡党夺权的反革命大合唱。在这个大合唱里，我充当了"四人帮"的吹鼓手。第二，政治上紧跟宋佩璋推行了一条极右路线。"四人帮"的所谓"老干部是民主派""民主派就是走资派"。这是"四人帮"的极右反革命政治纲领。我紧跟宋佩璋积极推行了这条极右路线，打击迫害了老干部和持不同意见的中青年干部、革命群众。水利局在批林批孔中贴了宋佩璋和我的大字报，宋佩璋就点名批水利局路线不端正，农科院仅仅因为搞基本路线教育停了一段，宋佩璋就大批，我办了这两个单位的学习班，致使这两个单位的老同志以及提过宋佩璋和我意见的同志，人人自危，个个检查。安农整了孟亦奇同志，我有直接的责任。1976年农林局的整风，整的主要是在批林批孔中贴了宋佩璋和我的大字报的同志，给他们扣上了"路线不端正"的大帽子，逼迫他们核心组的同志检查。萧县这几年的整风，在我直接或间接领导下，也出现了打击报复、整人的严重问题。粉碎"四人帮"以后，宋佩璋继续坚持"四人帮"的极右路线，我也认为"四人帮"对安徽没有插进手来，影响不大，因而思想上同宋佩璋宣扬的安徽"形势大好""安徽特殊"的谬论一拍即合，帮助捂盖子。第三，组织上推行宋佩璋的一套，拉帮结派。我有时对宋佩璋的乱吹乱捧，用郭庄作棍子打人，也不赞成，但又不能以公心提出来，有时点露一句，又被宋佩璋顶回去，说什么"这是路线问题，不是哪一个人的问题"，加上自己的个人主义严重，竟以"新生事物"，"抓学大寨有贡献"自居，突出自己，宣传自己，扩大了郭庄成绩，影响了学大寨、学昔阳的根本经验在全省推广。①

---

① 《郭宏杰同志揭发、检查发言》（1977年8月1日），《中共安徽省三届十三次全委扩大会议简报》（第十三期），萧县档案馆馆藏，J001-WS-1977-C-004。

1977年7月29日，王光宇在宿县地区小组会上的发言中说，在农业学大寨、搞基本路线教育等问题上，过分地宣传了和不适当地支持了萧县、郭庄，产生了许多不好的效果。①

8月7日，萧县县委认为郭庄接待站长期由郭宏杰领导，揭批郭宏杰时畏首畏尾，且个别成员与郭宏杰秘密接触，刺探消息。于是，向省、地委请示，立即停止一切接待活动，组织全站干部、集中办学习班，组织学习相关文件，揭批宋佩璋、郭宏杰问题，县委派联络组进驻该站，由纵兆钧担任组长。②8月10日，宿县地委批复同意撤销郭庄接待站，并上报省委。宿县地委批复：基本同意萧县县委《关于停止郭庄接待站接待活动的请示报告》，并强调：1．撤销郭庄接待站，立即停止一切接待活动。接待站的公章自8月10日起停止使用。2．接待站全体干部、职工，要集中学习、揭批，参加劳动，把宋佩璋、郭宏杰的问题以及其他问题彻底揭开，接待站的一切物资、财产、车辆，立即集中到二所专仓妥善保管，一所、三所的房屋要有专人看管，防止破坏。3．加强对接待站运动的领导。工作组进驻接待站后的工作部署要迅速通告地委，地委同意后开展工作，地委派观察员了解情况。③

随着揭批运动推进，郭宏杰的问题愈发严重。8月7日至15日召开的县委扩大会议集中揭发郭宏杰和郭庄，共揭发出宋佩璋的问题126条，郭宏杰的问题1213条，写大字报400多张，贴标语80多幅。④

8月9日，在萧县县委扩大会议上，武洪顺代表常委初步揭发郭宏杰的错误。据武洪顺的发言，在政治上，郭宏杰不仅投靠“四人帮”，还

---

① 《王光宇同志在宿县地区小组会上的发言》（摘要）1977年7月29日，《中共安徽省三届十三次全委扩大会议简报》（第十三期），萧县档案馆馆藏，J001-WS-1977-C-004。

② 中共萧县委员会：《关于停止郭庄接待站接待活动的请示报告》，1977年8月7日，萧县档案馆馆藏，J001-WS-1977-Y-014-0008。

③ 中共宿县地委：《关于撤销郭庄接待站的批复》，1977年8月10日，萧县档案馆馆藏，J001-WS-1977-Y-014-0009。

④ 中共萧县县委：《武洪顺同志在县委扩大会议上的总结讲话》1977年8月15日，萧县档案馆馆藏，J001-WS-1979-Y-005-0002。

与“四人帮”的余党来往密切。而且“紧跟‘四人帮’，明目张胆地与毛主席‘农业学大寨’的指示相对抗，以郭庄压大寨。”[①]理由是在1974年1月的县委常委会议上，多数常委建议建设昔阳式的县，郭宏杰坚决不同意，非要变成郭庄式的县，最终县委决定，要全县山山水水尽郭庄，社社队队变郭庄，把郭庄凌驾于大寨之上，并要求县委听郭庄指挥。郭宏杰紧跟“四人帮”的具体事例有：极力推广所谓小靳庄经验，在郭庄试点，让全县都来搞。对朝农经验也十分推崇，大力推广。他在全县提出“学朝农，赶育红”的口号，有的学校开门不办学，学生不是以学为主，而是以劳动为主，对教师“轮流下放劳动”，取消寒暑假制度，与国务院的规定相抵触。在组织上，郭宏杰根据“四人帮”一套，大搞帮派体系，以郭宏杰划线，借整风之名，大整革命干部和群众，培植私人势力。在生产上，实行高估产、高征购，虚报浮夸，对萧县的粮食产量上欺下压。而且郭宏杰要求萧县粮食产量要保持一年一个亿的增长速度，以此为标准层层检查，逼着基层社队多报浮夸。1975年，根据各公社上报的数字，萧县粮食总产为7亿8000多万斤，郭宏杰压着社队多报，结果报了7亿9600万斤。1976年全县受旱涝灾害，多数地区无法增产，郭宏杰一压再压，开始报8亿1200万斤，后又报8亿2000多万斤，郭宏杰不满意，又施压。为此，不少社队做两笔账，一笔上报，另一笔则为实际产量。郑腰庄公社一笔便多报了300多万斤。最终，1976年上报的粮食总产为8亿3400万斤。[②]据1977年核实，1975年全县向国家卖了1亿2百多万斤，回销了1千多万斤。1976年粮食总产量为6亿5500万斤。然而该年萧县农村吃回销粮为1700万斤，萧县群众吃苦耐劳，生活水平仍不高，集体积累和社员收益分配逐渐下降，先进大队如郝新庄甚至卖光了储备粮。[③]

会上还揭发出郭宏杰大搞形式主义，瞎指挥，浮夸吹嘘，破坏党的政

① 中共萧县县委:《武洪顺同志在县委扩大会议上的讲话》，1977年8月9日，萧县档案馆馆藏，J001-WS-1979-Y-005-0001。

② 中共萧县县委:《武洪顺同志在县委扩大会议上的讲话》，1977年8月9日，萧县档案馆馆藏，J001-WS-1979-Y-005-0001。

③ 中共萧县县委:《武洪顺同志在县委扩大会议上的讲话》，1977年8月9日，萧县档案馆馆藏，J001-WS-1979-Y-005-0001。

策，打击群众积极性，破坏生产。郭宏杰经常搞全县千人、万人大参观，汽车、拖拉机到处跑。在召开省第九次农业学大寨会议时，为了参观的人方便，强令刘套公社把 30 里的土路两天内铺成石子路，结果调动县直所有车辆，全公社大人小孩两天三夜没有休息也没有完成任务。郭宏杰还为参观郭庄人员布置参观路线，几步一岗几步一哨，不准人车通行，不准路有尘土，突击搞语录牌，跃进门，大批劳动力脱产为参观服务，造成劳力、财力的极大浪费。公路沿线吃小锅饭，多给化肥等，沿线以外不管，参观人员只允许去先进队，很少去后进队。①

郭宏杰与郭庄大队是不可分的，郭宏杰因郭庄而步入县省级领导行列的，郭庄也因郭宏杰而更加巩固其典型地位。因此，在揭批郭宏杰时，很难不涉及郭庄。

一是郭庄特殊化的问题。在县委扩大会议上，部分部门揭批郭宏杰支持先进单位，搞农村两极分化，对郭庄大队搞特殊化。"郭庄大队办磷肥厂一次就动用郭庄供销社资金六万九千多元。"② 郭宏杰强行把支持穷队的化肥、贷款，支持了郭庄大队。支持了郭庄拖拉机、大马。③ 县里兴办水利工程，不让郭庄参加。三秋四夏县直机关、厂矿抽出大量人员帮助郭庄大队干活。郭庄公社有事都得给他弟弟郭宏哲汇报。④ "郭大搞以我划线，以郭庄整人"，郭庄公社有些大队干部对郭庄持有不同意见，都被调出大队去搞副业。1976 年 14 个大队搞社教被换掉 11 个大队书记。⑤

二是经济问题，即郭庄接受人力、物力、财力援助的问题。郭宏杰无论什么时候讲话，"都讲郭庄是自力更生，就连建楼也是自力更生干

---

① 萧县县委扩大会议秘书处：《萧县县委扩大会议简报第五期》，1977 年 8 月 11 日，萧县档案馆馆藏，J001-WS-1979-Y-006-0005。

② 萧县县委扩大会议秘书处：《萧县县委扩大会议简报第十八期》，1977 年 8 月 12 日，萧县档案馆馆藏，J001-WS-1979-Y-006-0018。

③ 萧县县委扩大会议秘书处：《萧县县委扩大会议简报第七期》，1977 年 8 月 11 日，萧县档案馆馆藏，J001-WS-1979-Y-006-0007。

④ 萧县县委扩大会议秘书处：《萧县县委扩大会议简报第八期》，1977 年 8 月 11 日，萧县档案馆馆藏，J001-WS-1979-Y-006-0008。

⑤ 萧县县委扩大会议秘书处：《萧县县委扩大会议简报第八期》，1977 年 8 月 11 日，萧县档案馆馆藏，J001-WS-1979-Y-006-0008。

的，实际是建造厂抽去的很多工人和技术人员干的，甚至工人的开支也是郭庄接待站付的。”[①]“对郭庄大队无代价支援拖拉机、大牲畜以及大量资金。”[②]“每年三秋四夏，大批人马前去支援，全县搞大型工程，郭庄却不出工。大队干部有六个是国家干部，还有各级技术人员作指导。生产不讲成本，投资大，成本高。几年来，大队欠郭庄供销社的钱达十万元。”“苹果树是国家的成材树移过来的；三十匹马是国家给的，一百多万斤马草是国家调进的；半细毛羊是国家羊场支持三十多头。”“大队业余宣传队一百多人，国家支持四个业务干部，长期帮助工作。武术队也从外地高工资请来教师教，服装各种乐器也是花国家的钱购买的，大队医务室也是由接待站两名医生长期为其服务。”[③]郭宏杰还多次说，郭庄没要过国家一分钱，但据萧县农口初步揭发：郭庄占用皇藏峪林场 8500 元，凤虎山林场 2000 多元，永固林场 1000 多元，沙河林场 5000 多元，牧场价值 5000 元的大马两匹，庙唐庙配种等价值千元的大牛两头，羊场羊 30 头，羊肉 600 斤，农林局 8 万元，科技局 2 万元，气象局 2000 元，水利局 2 万元，合计近 10 万元。不仅是物资和钱，而且人力也很多。如黄河故道职工晁元红、农林局干部蒋锡瑜等，有的在那工作十多年，有的在那工作四五年，工资也都是国家的。[④]郭庄建新村，用郭庄接待站的水泥几百吨，发工人工资 8000 多元。郭庄大队用国家的电费 18 万多元，多年不给，直到 1977 年省委 21 号文件下达，才付给一部分。[⑤]

郭庄接待站揭发出郭宏杰和郭庄大队更多的经济问题。

郭宏杰个人与接待站的经济问题：1977 年春节，接待站送给郭宏杰

---

① 萧县县委扩大会议秘书处：《萧县县委扩大会议简报第九期》，1977 年 8 月 11 日，萧县档案馆馆藏，J001-WS-1979-Y-006-0009。

② 萧县县委扩大会议秘书处：《萧县县委扩大会议简报第三期》1977 年 8 月 11 日，萧县档案馆馆藏，J001-WS-1979-Y-006-0003。

③ 萧县县委扩大会议秘书处：《萧县县委扩大会议简报第十二期》，1977 年 8 月 11 日，萧县档案馆馆藏，J001-WS-1979-Y-006-0012。

④ 萧县县委扩大会议秘书处：《萧县县委扩大会议简报第十五期》，1977 年 8 月 11 日，萧县档案馆馆藏，J001-WS-1979-Y-006-0015。

⑤ 萧县县委扩大会议秘书处：《萧县县委扩大会议简报第十六期》，1977 年 8 月 12 日，萧县档案馆馆藏，J001-WS-1979-Y-006-0016。

一只羊，一袋白面，四斤白糖，四瓶酒。郭宏杰的母亲生病，接待站送150元钱。一所春节给郭家送被子，二所送牛肉、鱼。郭家的床、桌子、凳子都是接待站的。郭宏杰母生病期间，郭宏杰在二所请客，共用粮票79.5斤，菜钱88.4元，烟钱11.5元。1976年3月11日，郭宏杰借接待站400元，7月15日，又借50元，接待站帮郭宏杰到苏州购买收音机、手表，共399.9元，一直未付。①

郭庄大队与接待站的经济问题：郭宏杰把接待站与郭庄大队基建要统一计划，统一指挥，统一买物资，他建的楼房用的玻璃、油漆、电线、小五金都是接待站的，共折现金2100元。接待站的六架梁头都被郭庄大队拉去用了。1970年，泗阳棉花原种厂到郭庄，接待一次就花了800多元的生活费，1973年又来住了两天，房费没收，还花了1000多元的生活费。1973年，为了大队办食堂，接待站给了2000元和4个大案子；春天植树时，大队买树苗用接待站2000元。1976年，郭庄大队用了接待站30立方木料，2吨0.6进口铁板。自从1976年郭庄大队买了解放汽车以来，都是用接待站的汽油，每天50公斤上下。1976年还用了接待站的栅子70多条，油毡纸60捆，价值780元，水泥146吨。郭宏杰指使接待站给育红学校盖20间房子，用8000多元，木材15立方。每年办三秋四夏战报时，笔墨纸张、人员都是接待站的。郭庄大队成立样板戏宣传队，买两块地毯花5000元，文教局付2000元，接待站付3000元。接待站价值200元的幕布被大队拿去盖棉花沤坏了。大队建排房，接待站开工人工资8000多元，从建造厂抽来一名技术人员，盖房子一年多，工资由接待站负担。凡是到大队和大队到外地参观，车、油、房间费几乎都是接待站承担。大队拉接待站20的变压器一台。1974年，郭庄举办学大寨十周年庆典，花费接待站的现金近5000元。1976年、1977年两年把展览馆的展品电动机和接待站潜水泵拉到大队用了。1977年初，宿县地区农篮赛的住宿费8000多元，被大队买戏剧的东西用了。大队办幼儿园、缝纫

---

① 萧县县委扩大会议秘书处：《萧县县委扩大会议简报第二十二期》，1977年8月11日，萧县档案馆馆藏，J001-WS-1979-Y-006-0022。

组用的桌凳都是接待站的，办敬老院的门窗、炉子、被子、席子都是接待站的。①

8 月 10 日，宿县地委基本同意县委安排，郭庄接待站停止工作。同一天，地委下达指示，立即封闭郭庄展览馆，停止一切接待活动；展览馆图章即日起停止使用；馆内人员集中到接待站学习、揭批；馆内展品、图片及其他物品妥善保管，不准分散转移或遗失损坏。由此，郭庄展览馆也被查封。9 月 13 日，原郭庄接待站三所移交县委作为党校基地。

9 月 13 日至 19 日和 11 月 21 日至 12 月 5 日，萧县两次召开县委扩大会议，进一步揭发宋佩璋、郭宏杰的问题。9 月的会议上揭发出宋佩璋、郭宏杰的各种问题 3692 条，其中宋佩璋 766 条，郭宏杰 2926 条，贴出大字报 456 张。② 后一次会议揭发出更多的问题。11 月 6 日，宿县地委工作组进驻萧县。11 月 6 日至 8 日，县委召开了公社以上领导干部会议，地委第一书记孟亦奇到会作了两次报告。9 日，孟亦奇到郭庄接待站、郭庄大队召开座谈会，地委工作队进驻十个公社，县委派出联络组进驻其他十五个公社。③12 月 3 日，经省、地委批准，郭宏杰被拉回萧县批斗，分别在萧城、县直机关、郭庄、黄口四地召开了批判郭宏杰的大会，主会场设在萧城体育场，共 5 万人参加，孟亦奇出席大会。同时全县设立 24 个分会场，参加人数达 30 多万人。综合起来，对郭宏杰和郭庄的批判主要有以下几个方面：

一是，虚报浮夸，隐瞒土地亩数。

9 月 15 日，原郭庄接待站职工揭发："郭宏杰说假话，吹牛皮，压着叫下面多报产量，说萧县每年增产一个亿，这是欺骗上级，向自己脸上贴金，捞取政治资本。他在郭庄大队也是大搞虚假浮夸，郭庄大队上报和对外宣传都是 1,751 亩土地，实际上有 2,000 多亩，少报 200 多亩；上报

① 萧县县委扩大会议秘书处：《萧县县委扩大会议简报第二十二期》，1977 年 8 月 11 日，萧县档案馆馆藏，J001-WS-1979-Y-006-0022。

② 中共萧县委员会：《在县委扩大会议上的总结讲话》，1977 年 9 月 19 日，萧县档案馆馆藏，J001-WS-1979-Y-008-0002。

③ 中共萧县县委揭批办公室：《萧县情况第一期〈一周以来的工作情况〉》，1977 年 11 月 17 日，萧县档案馆馆藏，J001-WS-1979-Y-012-0001。

储备粮 80 多万斤，实有 40 多万斤，多报一倍；上报公共积累 80 多万元，实际有 30 万元，远远还不上国家的债。”① 原郭庄大队党支部委员、革委会副主任孟凡跃也揭发关于虚报问题“从 1972 年以来，粮食虚报 71 万斤，棉花虚报 7.4 万斤。1968 年粮食根本没有超纲，1970 年也没有超千斤，当时的数字都是郭宏杰硬叫凑起来的，生猪也没有实现一人一头。”②

其他社队同样存在瞒产虚报问题。当时为了培养更多大寨典型，要求其他公社也要努力学郭庄、赶郭庄，也就出现了所谓“马场一年一个纲、郭洼一年一个江”的口号，但是实际与口号相差甚远，如马场的粮食产量，1970 年单产为 753 斤，1971 年为 881.5 斤，1972 年为 1,388 斤，1973 年为 1,438 斤，1974 年为 1,191 斤，并没有实现一年一个纲的计划。③ 群众揭发郭洼大队也是一个完全用人、钱、物培养出来的假典型。郭洼大队是一个自然村，280 户，97 人，4 个生产队。国家在两年内对该大队共支援钱款 214,224 元，支援物资包括：拖拉机 3 部，大小柴油机、电动机 30 余部，自动喷水高压泵 1 部，化肥、磷肥 42 万斤，饼肥、酒糟、棉籽 22 万斤，国家投资打百米深井 6 眼，浅井 23 眼，全部架上电。每年四夏、三秋大忙都会抽调马场中学学生、机关职工劳力干活，据统计劳力支援共计 555,00 劳动日。就是在这样的生产条件下，全大队生产地 21000 亩，上报 1,584 亩，瞒报 516 亩，粮田面积 1,520 亩，上报 980 亩，瞒报 540 亩，1976 年全年上报总产 130 万 8 千斤，实收 96 万斤，虚报 34 万 3 千斤，上报面积每亩单产 970 斤，按实种面积每亩单产 631.5 斤，却上报单产 1,320 斤，每亩虚报 688.5 斤。④ 虚报就会导致高估产、高征购，

① 中共萧县县委驻原郭庄接待站工作组：《原郭庄接待站干部职工揭发郭宏杰的罪行初步综合材料》，1977 年 9 月 15 日，萧县档案馆馆藏，J001-WS-1979-Y-008-0004。

② 中共萧县县委揭批办公室：《萧县情况第三十一期〈郭庄“红旗”的真相〉》，1977 年 12 月 9 日，萧县档案馆馆藏，J001-WS-1979-Y-014-0007。

③ 中共宿县地委工作队办公室、中共萧县县委揭批办公室：《萧县情况第二十五期〈二十三日至二十五日大会揭发王存正的问题综合〉》1977 年 12 月 1 日，萧县档案馆馆藏，J001-WS-1979-Y-014-0001。

④ 中共宿县地委工作队办公室、中共萧县县委揭批办公室：《萧县情况第二十五期〈二十三日至二十五日大会揭发王存正的问题综合〉》1977 年 12 月 1 日，萧县档案馆馆藏，J001-WS-1979-Y-014-0001。

进而出现生产上瞎指挥。还出现有的公社搞两笔账，从下面统计是一笔账，向上报又是一笔账。

郭宏杰曾向宋佩璋上报萧县粮食情况："1976 年总产量比 1970 年增产一倍，萧县要 5 年走完郭庄 10 年的路，到 1980 年亩产达 1,600 斤，总产达 17 亿斤，对国家贡献粮 1976 年是 2 亿 7 千 6 百万斤，1977 年将贡献 4 亿 7 千万斤。到 1980 年萧县对国家，每个农业人口贡献粮 1 千斤。"但是 1976 年对国家贡献粮食数实际上只完成 1 亿 1 千多万斤，并且农村回销 2 千 7 百万斤。[①]1975 年全县虚报 1.5 亿斤粮食，1976 年虚报 1.8 亿斤，要求交售 1.5 亿斤，最少也要交售 1.3 亿斤，结果交售了 1.15 亿斤，加上水利粮开支过大，结果弄得群众到外地买私价粮，甚至外出要饭。[②]

这种弄虚作假，虚报粮食数字，是郭宏杰一手控制的。比如，1972 年秋，报产量时，郭宏杰让郭庄大队副书记阎宏书统计，阎如实反映了粮食产量，郭宏杰看后不满意，阎宏书只好按照郭宏杰的意图虚报。[③]

正是因为要保持萧县和郭庄学大寨的典型地位，才出现了各公社大队层层加码，一压再压，迫使基层社队多报、浮夸、瞒报、虚报棉粮产量的现象。

二是，不尊重生产队自主权，图形式，瞎指挥，不顾客观实际，盲目制订生产计划。

萧县地处淮北，干旱少雨，水利条件、土质肥料等均不适合水稻生长，郭宏杰硬性要求大面积种植水稻。1976 年，萧县大旱，郭宏杰要求种水稻 45 万亩，遭到强烈反对，才减少到 35 万亩，并再三强调少一亩都要经过批准，结果造成无水灌溉，大面积干死。有的改种，有的无收，最

---

① 中共宿县地委工作队办公室、中共萧县县委揭批办公室：《萧县情况第二十五期〈二十三日至二十五日大会揭发王存正的问题综合〉》1977 年 12 月 1 日，萧县档案馆馆藏，J001-WS-1979-Y-014-0001。

② 中共宿县地委工作队办公室、中共萧县县委揭批办公室：《萧县情况第三十七期〈我的揭发交待〉》武洪顺，1977 年 11 月 29 日，萧县档案馆馆藏，J001-WS-1979-Y-015-0002。

③ 中共萧县县委揭批办公室：《萧县情况第三十一期〈郭庄"红旗"的真相〉》，1977 年 12 月 9 日，萧县档案馆馆藏，J001-WS-1979-Y-014-0007。

后实收不到23万亩。其中新庄公社张庄大队地势高，水源缺，不宜种稻。1976年分给水稻任务700亩，被迫提水栽水稻200亩，实收120亩，单产250斤，每斤成本3.5角。梅村公社后梅大队偷种了150亩玉米，被犁了改种水稻，平均产量100多斤。①

郭庄大队的稻麦连作是作为典型经验大肆宣传的。最开始实行稻麦连作，结合改碱是有利于农业发展的，但随后的发展偏离了正常轨道，硬性大面积扩种水稻，提高了生产成本，降低了实际收入。这种情况还存在于其他生产队，比如铁佛大队西南咀生产队，无地栽稻时，硬叫犁掉3亩好麦再栽，并且调动全大队学生、劳力共计380多人才栽上，结果每亩只收55斤。而没犁的小麦，每亩收了280多斤。有群众气愤地说："这简直不是搞生产，像这样种地，庄稼人都得喝西北风！"萧县扩种水稻影响了其他作物的肥料，占用了劳动力，影响了经济作物的发展。

新庄公社党委、县驻新庄公社联络组揭发关于任意收回自留地，破坏社员家庭正当副业生产的问题，指出在自留地问题上，擅自搞土政策，实行"统管"，把自留地变相抽回，破坏了社员家庭经济。以张庄大队肥庄三队社员李现东为例，全家5口人，自留地1亩，每年大概可收粮食700斤，统管后只分给150斤，集体分粮又很少，结果导致1976年全家外出要饭。对家庭副业，限制养鸡、养羊，甚至限制屋前屋后栽树。②郭庄大队刘庄生产队1976年30多亩旱茬麦出的苗全苗旺，仅因为没有打畦田，又耕掉重种，结果每亩只收几十斤。③据统计，1976年全县农村副业总收入比1975年下降3.06%，其中参加分配的数额占24%，比全省平均水平

---

① 中共宿县地委工作队办公室、中共萧县县委揭批办公室：《萧县情况第三十七期〈我的揭发交待〉》武洪顺，1977年11月29日，萧县档案馆馆藏，J001-WS-1979-Y-015-0002。

② 中共宿县地委工作队办公室、中共萧县县委揭批办公室：《萧县情况第五十三期〈认真贯彻省委"六条"规定，全面落实农村经济政策〉》新庄公社党委、县驻新庄公社联络组，1978年11月20日，萧县档案馆馆藏，J001-WS-1979-Y-016-0009。

③ 中共宿县地委工作队办公室、中共萧县县委揭批办公室：《萧县情况第五十三期〈认真贯彻省委"六条"规定，全面落实农村经济政策〉》新庄公社党委、县驻新庄公社联络组，1978年11月20日，萧县档案馆馆藏，J001-WS-1979-Y-016-0009。

降低 49%。[①] 把发展副业当作资本主义来批判，是不符合经济发展客观规律，也损害了社员生产积极性，不利于农村经济的恢复与发展。

郭宏杰还不顾萧县的实际情况，盲目兴办大型水利工程。1975 年冬开始，同时兴办淮河河网化、永堌和黄河故道水库三大工程，上工 20 多万人，大干五六个月，国家投资 250 万至 300 万元，社队支出 500 万元，开支粮食五六千万斤。由于工程过大，当年不能受益，甚至成为半拉子工程。群众反映说，扒了地，乱了系，要不了三年就报废。有的扒河断了交通，有的冲开了村庄，给当地生产和群众生活都造成了一些困难。[②]

其他方面的弄虚作假。11 月 27 日，农口组揭发郭庄大队刘世侠“一篮红土”是假的，实际去闺女家挎来的是一篮子细粉和大白菜，为了写材料生动，改为一篮子红土。[③]12 月 9 日，刘世侠自己在党员大会上揭发说：“我一辈子没说过瞎话，啥时候也没有挎过红土，那年我从闺女家送鸡回来，挎着半篮子萝卜，一棵白菜，路上遇到王 × ×，他给我编了一篮子红土的顺口溜，郭宏杰如获至宝，到处吹嘘，硬叫我向大家介绍，那时候郭宏杰叫说啥，你就得说啥，你不说就管啦吗？”[④]“老英雄”晁应堂也是假的，张冠李戴。原来是小郭庄的一个老同志，在改碱中被评为模范，因历史有点问题，把英雄的称号放到晁应堂身上去了。实际上晁应堂作风败坏，又是赌博鬼。[⑤]

---

① 中共宿县地委工作队办公室、中共萧县县委揭批办公室：《萧县情况第五十三期〈认真贯彻省委“六条”规定，全面落实农村经济政策〉》新庄公社党委、县驻新庄公社联络组，1978 年 11 月 20 日，萧县档案馆馆藏，J001-WS-1979-Y-016-0009。

② 中共宿县地委工作队办公室、中共萧县县委揭批办公室：《萧县情况第三十七期〈我的揭发交待〉》武洪顺，1977 年 11 月 29 日，萧县档案馆馆藏，J001-WS-1979-Y-015-0002。

③ 中共宿县地委工作队办公室、中共萧县县委揭批办公室：《萧县情况第十六期〈郭庄内幕二十七例—农口学习组〉》1977 年 11 月 27 日，萧县档案馆馆藏，J001-WS-1979-Y-013-0001。

④ 中共萧县县委揭批办公室：《萧县情况第三十一期〈郭庄“红旗”的真相〉》，1977 年 12 月 9 日，萧县档案馆馆藏，J001-WS-1979-Y-014-0007。

⑤ 中共宿县地委工作队办公室、中共萧县县委揭批办公室：《萧县情况第十六期〈郭庄内幕二十七例—农口学习组〉》1977 年 11 月 27 日，萧县档案馆馆藏，J001-WS-1979-Y-013-0001。

三是，大搞“商业革命”，取消集市贸易。

1975年10月，华国锋主持召开了全国财贸工作座谈会，会上邓小平作出了“商业要整顿”的重要指示。但是“四人帮”却叫嚣“政策允许论”“整顿就是复辟”“给资本主义输血供养”，把商业整顿与阶级斗争相联系，歪曲政策。在这样的背景下，郭宏杰与时任萧县县委书记的曲健民和在萧县商业系统担任要职的纵超，策划召开了商业系统负责人会议。会上郭宏杰作出取消集市贸易的指示。会后，武洪顺带领全县25个基层供销社主任到刘套、杨楼搞试点。但是在推行过程中受到基层供销社负责同志抵制，曲健民批评说：“商业革命主要是解决各级领导的问题，就是革你们供销社主任的命”。① 并把商业革命不积极的三个老主任打成“民主派”“走资派”“逍遥派”，接着在全县商业系统大整持不同意见者，轻则批判，重则批斗或戴上“走资派”等帽子。省、地区商业系统持不同意见者也被诬为“老右”或“右倾”。② 1976年在郭庄召开省财贸“两学”会议时，曲健民作了《从商业革命的实践，看与党内走资派的斗争》和《回顾商业革命的历程，狠批‘四人帮’》两篇文章，把反对进行商业革命的省供销社和商业局负责人说成是“走资派”“阶级敌人”。之后用行政高压手段强迫推行商业革命，声称：“萧县商业革命的大方向是正确的”，“萧县商业革命是学习昔阳的经验”，是和“哈尔套经验对着干的”。

“萧县商业革命的特点，就是对农村采取了行政措施，断然地封闭了集市贸易”。县委批发了杨楼公社商业革命试点“切实把商业革命拿到自己手上”的经验，要求“各公社党委一、二把手亲自抓‘商业革命’”，“把集市贸易坚决卡死。”因此，农村出现了所谓“三兵管市场”（民兵、红卫兵、红小兵）、“联合作战”（人保、打办、民兵指挥部、财税、粮

① 中共宿县地委工作队办公室、中共萧县县委揭批办公室：《萧县情况第四十九期〈郭宏杰及其亲信破坏社会主义商业的罪行必须彻底批判〉》1977年12月31日，萧县档案馆馆藏，J001-WS-1979-Y-016-0005。

② 中共宿县地委工作队办公室、中共萧县县委揭批办公室：《萧县情况第四十九期〈郭宏杰及其亲信破坏社会主义商业的罪行必须彻底批判〉》1977年12月31日，萧县档案馆馆藏，J001-WS-1979-Y-016-0005。

食、供销、贫管联合作战）、“全面摸底排队”（每个生产队对赶集上店的人全面登记、逐一审查）、“现场批斗”（抓住赶集上店的人现场组织批斗）等所谓“新鲜经验”。在这种“左”的思想指导下，全县农村市场出现到处都是“围、追、堵、截、撵、冲、抓、打”现象，严重影响农村生产生活秩序，激起了农村社员的愤怒，王寨公社有一位50多岁的社员，牵着自己养的羊去赶集，被管理市场的人看到后，喝令民兵当场把羊戳死，这位社员气愤地说：“羊是我牵到集市上的，要说赶集该杀，你有种就把我杀死”。另一方面，为了表现供销社的商品充实，品种繁多，应付外地参观，各公社供销社到各地乱抓商品，装潢门面，有的供销社插手外地市场，高买高卖，破坏国家的价格政策。全国供销总社一个负责人来考察“商业革命”，仅仅几天时间就搞了孤山分站、卫楼供销站、马场供销站、郭洼供销店、赵庄供销社等假现场。“商业革命”，在政治上造成了极坏的影响，经济上造成了严重的后果。全县仅蔬菜经营管理亏损28万元。1976年利润较1974年降低15%，1977年11月的利润实绩较1974年同期降低91.4%。①

四是，省内外对郭庄大队的无偿援助。

郭庄大队造纸厂一套机器设备基本上是蚌埠造纸厂支援的，1976年12月，蚌埠造纸厂不仅带来了安装的机器和部件、工具、设备、材料，还来了十几名技术工人。郭庄大队搞马钢炉的设备，施工是杨楼、黄口机械厂支援的，不仅带来了材料，还来了技术人员和工人。郭庄大队建小水泥厂，使用县水泥厂、耐火材料厂来的技术人员和材料设备。郭庄大队的轮窑厂是山东阳谷县帮助建的，大烟囱是县建造厂搞的。另外，袁庄煤矿支援切砖机一套，电缆线接头一套，还有其他材料、设备等。大队的磷肥厂的球磨机安装时，设备、物资、工具有部分是地区水泥厂支援的，升降

---

① 中共宿县地委工作队办公室、中共萧县县委揭批办公室：《萧县情况第四十九期〈郭宏杰及其亲信破坏社会主义商业的罪行必须彻底批判〉》1977年12月31日，萧县档案馆馆藏，J001-WS-1979-Y-016-0005。

机全套都是地区水泥厂支援的，价值 1000 多元。[①]

郭庄大队会计账面上，从 1970 年算起，就用国家 70 多万元（侵占、抢夺的未计算在内）。6 台拖拉机，只花了半台的钱，一台脱粒机分文未花。从 1972 年 3 月算起，用国家化肥 180 多万斤（无会计手续，无偿支援的不计算在内，其中很多到钱没有还清），郭庄大队每年每亩合化肥 150 斤以上，每亩粮田合化肥 200 斤以上，比一般大队要高许多倍。农药、农械要多少有多少，什么时候要，什么时候给，要什么给什么，有钱没钱都行。无偿占用别处的劳动力。几年来，郭宏杰利用郭庄的特殊地位，每年都从机关、城镇、学校、工厂抽调大批劳动力来郭庄劳动，仅从 1970 年到 1977 年，义务劳动支援的约有 15 万个劳动日，几乎相当于郭庄大队一年总的劳动量。1974 年四夏时，还从其他社队抽调劳力来支援郭庄约有 600 多劳动日。此外，还有许多工人拿国家工资，在大队干活，如建筑工人，给大队建楼，工资由接待站付给 2000 多元。[②]

据武洪顺[③]1977 年 12 月 12 日在县委扩大会议上揭发：萧县对郭庄样样满足，他们指名要尿素，年年强占联合收割机也不交费用。郭宏杰想向农科部门要钱，但不好公开讲，就多次大会批评农林局不搞科学试验，结果农科两局拿出五万元支持郭庄搞温室才算了事。郭庄周围也要特殊照顾，1977 年 5 月底 6 月初，郭庄公社以周围大队名义写了欠淮北 11 万元电费的报告，就批给郭庄公社 10 万元的无偿贷款。[④]

1977 年 12 月 6 日，《安徽日报》报道郭庄吃“小灶”的情况。1969 年成为安徽农业学大寨的先进典型后，侵占国家资金达 137 万元之巨，至 1977 年 12 月，仍欠 54 万多元。肥壮的牛马，不少是从省农学院和县畜

---

① 中共萧县县委驻原郭庄接待站工作组：《原郭庄接待站干部职工揭发郭宏杰的罪行初步综合材料》，1977 年 9 月 15 日，萧县档案馆馆藏，J001-WS-1979-Y-008-0004。

② 中共萧县县委揭批办公室：《萧县情况第三十一期〈郭庄“红旗”的真相〉》，1977 年 12 月 9 日，萧县档案馆馆藏，J001-WS-1979-Y-014-0007。

③ 武洪顺时任萧县县委副书记、县革委会主任。

④ 中共宿县地委工作队办公室、中共萧县县委揭批办公室：《萧县情况第三十七期〈我的揭发交待〉》武洪顺，1977 年 11 月 29 日，萧县档案馆馆藏，J001-WS-1979-Y-015-0002。

牧场弄来的；已经结果的苹果园，是从苗山艺场移栽的，头年栽树，次年收益；大队栽的许多树，是从凤凰山林场、皇藏峪林场迁移过来的；队办企业的一些大型机具，也都从省内外一些厂矿刮“共产风”刮来的。①

1977 年 12 月 15 日，在郭庄大队原展览馆举办了郭宏杰罪行展览。②

对郭宏杰和郭庄大队的揭批，实际上，否定了郭庄大队农业学大寨的在全省的典型地位。

第三节　安徽省率先开启农村改革

一、安徽省消极对待学大寨运动

安徽揭批宋佩璋、郭宏杰和郭庄大队的同时，全国的农业学大寨运动仍在继续，“普及大寨县”运动重掀高潮，“建设高标准的大寨县”成为这一时期农业学大寨的目标，同时基本核算单位向大队过渡也在进行中。

1976 年 10 月，打倒“四人帮”之后，拨乱反正并没有触动“农业学大寨运动”。中央高层反而将中国农业发展的希望寄托在“农业学大寨运动”上。

1976 年 12 月 10 日，全国第二次农业学大寨会议在北京召开。李先念主持会议。在宣布会议正式开始时他说，要把这次会议开成庆祝两个伟大胜利的大会，开成大揭大批“四人帮”的大会，开成掀起农业学大寨、普及大寨县新高潮的大会。③ 会议的主题是“检查总结各地普及大寨县运动和实现农业机械化的情况和经验，布置今后的任务，进一步动员全党，充分发动群众，鼓足更大的干劲，加快农业学大寨、普及大寨县的步

① 《骂大寨人搞“郭庄县”刮“资本风”充当反对农业学大寨的急先锋》，《安徽日报》1977 年 12 月 6 日第 3 版。

② 《〈“四人帮”黑干将郭宏杰罪行展览〉展出内容》1977 年 12 月 15 日，J001-WS-1979-Y-033-0002。

③ 《全国第二次农业学大寨会议在京隆重举行》，《人民日报》1976 年 12 月 11 日第 1 版。

伐，促进整个国民经济的全面发展。”[①] 陈永贵代表中央作了题为《彻底批判“四人帮”，掀起普及大寨县运动的新高潮》的讲话。华国锋在总结讲话中指出：“会议之后，在全国广大农村，深入揭批‘四人帮’，进一步开展农业学大寨、普及大寨县的伟大革命群众运动，必将迅猛兴起一个新高潮。这是关系全局的大事，它将极大地促进全党全国各项工作的蓬勃发展。”[②] 参会者表示，一定要更高地举起“农业学大寨”的红旗，把普及大寨县运动的声势造得更大，干劲更足。[③]11 日，《人民日报》发表题为《更高地举起农业学大寨的红旗——热烈祝贺第二次全国农业学大寨会议开幕》的社论。社论认为，大寨是七亿农民的方向，要更高地举起大寨的红旗，进一步推动农业学大寨和普及大寨县运动。[④]

第二次全国农业学大寨会议之后的 1977 年，中国农村的形势十分严峻，普遍的贫困，甚至基本生活和简单的生产都无法维持。[⑤] 但农业学大寨的步伐依然在加速。

10 月 30 日至 11 月 18 日，“普及大寨县工作座谈会”在北京召开。名为“座谈会”，但规格很高，华国锋等中央领导会见了代表，听取了汇报，陈永贵等各位副总理参加，出席的人员有各省、市、自治区主管农业的党委书记，部分学大寨先进地市的代表和有名的“大寨县”代表。11 月 16 日座谈会形成了《汇报提纲》，12 月 19 日，中共中央批转了这个提纲。中共中央在批语中说：“加速发展我国农业，最根本的还是要靠学大寨，要真学大寨，高质量地学大寨。”“那些农业长期落后的省，要下决心

---

① 《全国第二次农业学大寨会议在京隆重举行》，《人民日报》1976 年 12 月 11 日第 1 版。

② 《中国共产党中央委员会主席华国锋在第二次全国农业学大寨会议上的讲话》，《人民日报》1976 年 12 月 28 日第 1 版。

③ 《全国第二次农业学大寨会议在京隆重举行》，《人民日报》1976 年 12 月 11 日第 1 版。

④ 《更高地举起农业学大寨的红旗——热烈祝贺第二次全国农业学大寨会议开幕》，《人民日报》1976 年 12 月 11 日第 2 版。

⑤ 参见陈大斌：《“穷过渡”的最后挣扎——1977 年 11 月“普及大寨县工作座谈会”的一段史实》，《炎黄春秋》1999 年第 10 期。

转变思想，转变作风，切实加强对农业学大寨这个伟大运动的领导。”①

《提纲》汇报了所讨论的 12 个问题②。座谈会的主题是继续推动“农业学大寨”、“普及大寨县”运动，并突出强调在全国农村大搞“过渡”。其中关于“所有制问题”是讲农村的“过渡问题”。会议指出：“随着建设大寨县运动普及和提高，农田建设规模的逐步扩大，农业机械化进程的加快，公社、大队两级经济的壮大，将有越来越多的以生产队为基本核算单位不能适应农业生产的发展，实现基本核算单位由生产队向大队的过渡，进一步发挥人民公社一大二公的优越性，是前进的方向，是大势所趋。各级党委应当采取积极热情的态度，做过细的工作，因势利导，努力创造条件，逐步向以大队为基本核算单位过渡。”③会议还明确提出“过渡”的任务、期限：“今后三年或者更长一点时间，基本上完成向大队核算过渡，以便与 1980 年基本实现农业机械化的要求相适应。”④

陈永贵尤其对“过渡问题”情有独钟。他曾说，不搞穷过渡，等富了还过渡得成吗？1977 年，他曾设想把昔阳全县的大队核算再提高一步，“过渡”到公社核算，真正实现毛泽东当年提出的“人民公社”的“一大二公”，然后再向县一级核算过渡，建成第一个全民所有制的县。⑤

但是，普及大寨县座谈会上对于“过渡”问题就有不同的意见。会下敞开谈时，反对的声音更加强烈。

---

① 《中共中央通知——中央原则同意〈普及大寨县工作座谈会讨论的若干问题〉》1977 年 12 月 19 日，中华人民共和国国家农业委员会办公厅编：《农业集体化重要文件汇编》下册，中共中央党校出版社 1981 年版，第 943 页。

② 这 12 个问题是：1. 农业发展速度问题；2. 全面坚大寨县六条标准问题；3. 深入揭批“四人帮”，进行党的基本路线教育；4. 整党整风问题；5. 工作队问题；6. 干部参加集体生产劳动问题；7. 人民公社的分配问题；8. 所有制问题；9. 农田水利基本建设问题；10. 加强农业科学试验；11. 农业机械化问题；12. 加强领导，改进作风。

③ 《普及大寨县工作座谈会讨论的若干问题——汇报提纲》1977 年 11 月 16 日，中华人民共和国国家农业委员会办公厅编：《农业集体化重要文件汇编》下册，中共中央党校出版社 1981 年版，第 952 页。

④ 陈大斌：《“穷过渡”的最后挣扎——1977 年 11 月“普及大寨县工作座谈会”的一段史实》，《炎黄春秋》1999 年第 10 期。

⑤ 陈大斌：《“穷过渡”的最后挣扎——1977 年 11 月“普及大寨县工作座谈会”的一段史实》，《炎黄春秋》1999 年第 10 期。

座谈会最后一天，华国锋等中央领导接见各省带队的负责人。据当时参加接见的新华社记者陈大斌记载：农业部负责人作简略汇报后，华国锋讲话。他除了强调抓纲治国、批判“四人帮”、加快农业发展之外，也谈到“过渡”问题。他的态度比陈永贵等要缓和一些，比会议文件后退了一步。他虽然仍然坚持要搞过渡，但主张“现阶段农村人民公社‘三级所有、队为基础’的制度，就全国多数地区来说，它和农村生产力的发展还是基本适应的”这几句话，文件上还是要写上。他说，这对于不具备过渡条件的队，是个安民告示。不要引起杀猪、砍树，这是毛主席说过的。经积极工作，因势利导，成熟一个，过渡一个，成熟一批，过渡一批，不要限定期限。各省情况不同。搞不好大家就赶时间，带来副作用。条件成熟了，就过渡，在过渡后，一定时间承认队与队之间的差别，这很重要。既是积极的，又是稳妥的，不会带来大的波动。①

会后，全国并没有出现“过渡”的新高潮。多数省份采取了消极应付或抵制的态度。1978 年 1 月 31 日，据农林部的调查了解，只有山西把过渡问题作为一个重点，云南、四川、广西、广东、河南、安徽、江苏、山东等省，没有要求“过渡”，也没有安排试点。内蒙古、甘肃、贵州、湖南、浙江、江西等省，搞了一些试点。北京、陕西、吉林等省、市除进行必要的试点外，还要求再过渡一批。②

主政安徽的万里是最早抵制农业学大寨的。万里抵制农业学大寨，但没有否定大寨自力更生、艰苦奋斗的精神，而是抵制各行各业、事事处处“一刀切”地学大寨，尤其是“文化大革命”之后大寨“以阶级斗争为纲”的各种极“左”的做法。

1997 年 10 月 10 日，万里在接受中共中央党史研究室秘书长魏久明、《百年潮》记者韩钢专访时说，农村改革的过程，是同“左”倾错误斗争

---

① 陈大斌：《“穷过渡”的最后挣扎——1977 年 11 月“普及大寨县工作座谈会”的一段史实》，《炎黄春秋》1999 年第 10 期。

② 《关于过渡到大队核算问题的简况》1978 年 1 月 31 日，中华人民共和国国家农业委员会办公厅编：《农业集体化重要文件汇编》下册，中共中央党校出版社 1981 年版，第 956 —957 页。

的过程，这个斗争的第一个回合就“突破学大寨的框框，坚持以生产为中心”。

他说：

“大寨本来是个好典型。周总理专门总结过几条，特别是自力更生、艰苦奋斗的精神，应当认真学习，发扬光大。但是，‘文化大革命’时期，毛主席号召全国学大寨，要树这面红旗，事情就走到反面去了。中国这么大，农村的条件千差万别，只学一个典型，只念大寨‘一本经’，这本身就不科学，就不实事求是。何况这时学大寨，并不是学它如何搞农业生产，搞山区建设，而主要是学它如何把阶级斗争的弦绷紧，如何‘大批促大干’。农村‘四清’中，曾提出基层‘四不清’干部有走资派做后台，后来又提出官僚主义者阶级的问题，党内资产阶级的问题，逐步形成所谓无产阶级专政下继续革命的错误理论。有些人就吹捧大寨不是生产典型，而是政治典型，是无产阶级专政下继续革命的典型。大寨也自我膨胀，以为自己事事正确，一切正确，一贯正确，把‘左’倾错误恶性发展到登峰造极的地步，成为‘四人帮’推行极‘左’路线的工具。”

“我为什么会有这样看法呢？我对大寨有什么成见，而是我到安徽工作以后，从农村的实际中逐渐体会到的。”

“1977 年 6 月，党中央派我到安徽当第一书记。安徽是个农业大省，又是‘左’倾错误的重灾区。‘四人帮’在安徽的代理人推行‘学大寨’那一套‘左’的东西特别积极，农村的问题特别严重，农民生活特别困难，我又不熟悉农村工作，所以一到任就先下去看农业、看农民，用三四个月的时间把全省大部分地区都跑到了。我这个长期在城市工作的干部，虽然不能说对农村的贫困毫无所闻，但是到农村一具体接触，还是非常受刺激。原来农民的生活水平这么低啊，吃不饱，穿不暖，住的房子不像个房子的样子。淮北、皖东有些穷村，门、窗都是泥土坯的，连桌子、凳子也是泥土坯的，找不到一件木器家具，真是家徒四壁呀。”

“所谓‘普及大寨县’，也就是说，不仅农业要学大寨，连工业、财贸、文教、卫生都要学大寨。大寨有什么工业？有什么文化？据说中学生都没有几个，大部分是文盲，怎么值得全国学习？这样学法，只能是越大越公越‘先进’，管理越僵化，弄虚作假、强迫命令越严重。我刚到安徽那一年，全省28万多个生产队，只有10%的生产队能维持温饱；67%的队人均年收入低于60元，40元以下的约占25%。我这个第一书记心里怎么能不犯愁啊？而北京有些不了解实际情况的官老爷，还在大喊大叫‘把普及大寨县推向高潮’，‘决战三年，实现农业机械化’，一再强调这才是中国农业的出路。这不是瞎折腾么！”

“1978年初，党中央决定召开全国‘普及大寨县’的现场会议。实际上那时候我们已抛弃了‘学大寨’的那一套，而且开始用行动批大寨了。我们认定，大寨那一套办法不能够调动农民的积极性，而是压制了农民的积极性，所以不能继续学大寨那一套，而必须改弦更张，用新的政策、新的办法去调动农民的积极性。”

“我们不能按全国这一套办，又不能到会上去说，说也没有用。怎么办才好呢？按通知，这个会应该由省委第一把手去，我找了个借口没有去，让书记赵守一代表我去。我对他说，你去了光听光看，什么也不要说。大寨这一套，安徽的农民不拥护，我们不能学，也学不起，当然我们也不能公开反对。你就是不发言、不吭气，回来以后也不必传达。”

“如果不反掉学大寨以阶级斗争为纲那一套，就不可能提出和坚持以生产为中心，这实际是最初也是最重要的拨乱反正，可以说是第一个回合。”①

1978年春，全国农业学大寨运动正酣，万里在安徽省委党校工作会议上明确表示：“什么这个学大寨学歪了，那个学大寨学错了，大寨本身就不正。”② 这之前，万里对大寨是暗抵制，这之后，就明批评了。

1978年5月万里继续批评学大寨，他说：

“大队核算、‘穷过渡’、‘大概分’，这些东西我这里没法学，学不了，难道还要强迫学？你可以不要自留地，不让社员养猪，不要集市贸

① 张广友、韩钢记录整理：《万里谈农村改革是怎么搞起来的》，《百年潮》1998年第3期。

② 宋连生：《农业学大寨始末》，湖北人民出版社2005年版，第242页。

易，我们这里可不行。当然大寨过去那些自力更生、艰苦奋斗的好思想、好作风我们可以学，但不能什么都要别人学，不要动不动就说人家不学大寨，动不动就给人家扣上个‘反大寨’的帽子，各地有各地的具体情况嘛！你认为以生产队为核算单位太小了，我认为生产队自主权是个大问题，我们强调这个问题，是反对‘瞎指挥’的，是要依靠群众的。我看只要去掉‘瞎指挥’，就可以增产 10% 以上。”

“从实际出发，实事求是，这是我们的行为准则。今后不管谁管农业，符合我们的实际情况的就执行，不符合的就不能听。只要各自能顶得住，他们错误的东西就贯彻不下去。”①

1978 年 10 月 22 日，万里为参加中共十一届三中全会准备的题为《农业上需要研究解决的几个重大问题》的书面发言。其中“关于农业学大寨的问题”，万里较为详细地论述了学大寨的危害，并对农业学大寨如何进行提出了建议。其中写道：

“长期以来对于‘学什么’这个问题，许多地方并没有解决。从安徽来说，真正学得好的是少数，学得差或者学走样的也是不少的。特别是一九六八年以后，由于林彪、‘四人帮’的干扰破坏，很多地方没有学习大寨的好经验，而是学表面，学形式，搞些‘左’的东西。比如收回自留地，取消家庭副业，关闭集市贸易；搞政治工分，‘大概工’，劳动计酬上的平均主义，以及不顾客观条件的许可随意改变所有制形式，搞扩社并队，搞穷过渡；在新农村建设和农田基本建设方面，大搞形式主义；有些地方不讲实效，打破了原来生产队的体制，打破了各队土地界限，打乱了水系，把集体粮、款、物、牲畜等全部重新平均分配。有的公社还规定，凡是妨碍规划实施的树木要砍掉，村庄要移址，房屋要拆迁，沟塘要填平，道路要重修，甚至还专门成立了砍树队。由于体制被打乱，土地被占用，土壤被破坏，经营管理一片混乱，严重削弱了集体经济，减少了社员收入。以上这些严重后果，给农业生产带来了破坏。”

农业学大寨如何进行，万里的建议如下：

---

① 张广友：《改革风云中的万里》，人民出版社 1995 年版，第 206 页。

1．就全国来说，最好以建设大寨式大队或大寨式公社为好，不提普及大寨县的口号。这样，范围小些，在工作指导上，在检查验收上都比较容易，也能充分发挥县委的领导作用。建设大寨县的要求，实际上是不容易办到的。因为，第一，县作为一级行政区划，既有农业，也有工业、文教、财贸等部门，既有全民所有制企业，也有集体所有制企业，既有经济部门，也有党政部门。而大寨只有大队一级的农业集体经济单位，它的经验，特别是农业生产上的具体经验，不能作为指导各部门的普遍经验。第二，先进与后进的矛盾，是经常存在的。就一个县的范围来说，一般都有几百个以至上千个大队，要求在同一个时间内，都要达到同一个标准是不可能的。第三，不利于促进县委领导班子兢兢业业、扎扎实实地做艰苦细致的工作，容易滋长弄虚作假、文过饰非的不良作风。有些地方把学大寨和执行党的政策对立起来，对违反党的政策的行为，采取纵容迁就的态度；有的人不顾客观条件许可，盲目提出想大的，干大的，搞形式主义，结果增加生产队和社员群众的负担，影响了集体经济的巩固和发展。

2．大寨的艰苦创业的经验，是宝贵的。但是，我国农业的情况比较复杂，自然条件千差万别，应当在不同的地区、不同的农业生产部门，树立各种各样高速度发展生产的样板，把农村搞得更活跃一些，使我们党的方针政策更能够做到因时制宜，因地制宜。

3．为了避免“一刀切”，“瞎指挥”的现象，建议去大寨参观的人数要严格控制。中央有关部门不要向各省下达指标，摊派任务。①

关于大寨和陈永贵热衷的“过渡”问题，万里也提出否定意见。他说，“三级所有，队为基础”的“所有制形式与当前生产力法制水平和群或者的觉悟程度仍然是基本适应的。但是，要把以生产队为基本核算单位过渡到大队乃至公社为基本核算单位，就多数地区来说还需要一个相当长的发展过程。从长远的观点讲，在今后若干年内，以不提过渡为好。公社化以后，在所有制问题上，我们吃过不少苦头，有许多深刻教训。条件不

① 《农业上需要研究解决的几个重大问题》（一九七八年十月二十二日），全国人大常委会办公厅万里论著编辑组编：《万里论农村改革与发展》，中国民主法制出版社 1996 年版，第 22—24 页。

成熟，硬是搞‘穷过渡’，搞盲目过渡，就不可避免地出现杀猪砍树，破坏生产力，使农业生产倒退，这方面的事实不仅过去有，现在仍然有，应当引起重视。”①

十一届三中全会以后，安徽召开省委工作会议贯彻三中全会精神。万里在讲话中，继续批评农业学大寨。他说：“大寨是应该学习的，他们艰苦奋斗起家的那种精神应该学习。可是有些人认为，大寨搞大队核算，你也应该从生产队过渡到大队核算；大寨没有自留地、记政治工分，你不跟着学也不行。我们《六条》里没有这几条，他们就说是不学大寨，砍大寨红旗。”②

二、开启农村改革，扶助郭庄转型

万里抵制学大寨中错误做法另一方面的行动是调整农村政策，开启安徽的农村改革。经过揭批宋佩璋、郭宏杰，郭庄全省农业学大寨的典型地位被否定。也正因为曾经是学大寨的红旗单位，受到宋佩璋、郭宏杰的影响巨大，贯彻执行省委新的农业政策的阻力也大。因此，省、地委领导亲临郭庄，帮助郭庄走出往日阴影，走向农村改革的新生。

安徽作为一个农业大省，同时也是农业落后的省份，深受“文化大革命”和农业学大寨的危害，粉碎“四人帮”后，又被宋佩璋为首的省委捂盖子八个月之久。万里到任安徽后，一方面传达中共中央关于处理安徽问题的指示；另一方面，了解安徽农村的真实状况。当时主管农口的主要有两个部门，一是省农业学大寨办公室，另一个是省农委。省农业学大寨办公室仍然坚持“左”的思想，很难反映农村的真实情况。8月下旬，万里让时任省农委政策研究室主任的周曰礼系统汇报农村情况。周曰礼汇报的主要内容有：安徽是农村“左”倾政策的重灾区，农村经济已经到了崩溃

---

① 《农业上需要研究解决的几个重大问题》（一九七八年十月二十二日），全国人大常委会办公厅万里论著编辑组编：《万里论农村改革与发展》，中国民主法制出版社 1996 年版，第 24 页。

② 《贯彻三中全会精神，首先要解放思想》（一九七九年一月三日），全国人大常委会办公厅万里论著编辑组编：《万里论农村改革与发展》，中国民主法制出版社 1996 年版，第 31 页。

的边缘，全省90%的生产队不能维持温饱，基本是“三靠”，30%的生产队，集体经济是个一无所有的空壳，连简单的再生产都不能维持。强迫命令、瞎指挥现象相当普遍。完全剥夺了生产队和农民的自主权。分配上大锅饭，生产上大呼隆，严重挫伤了农民的生产积极性。①等等。听完汇报，万里感到安徽农村问题的严重，他明确表示，“要拿出百分之八十的时间和精力，来研究和解决农村问题。”“省委领导同志都要下去搞调查研究。你们农委的同志也要进一步调查研究，尽快拿出一个切实有效的政策性意见。”②

通过几个月的走访，万里发现农村情况严重，农民的贫穷超出了他的想象。有的地方农民衣不遮体，食不果腹，家徒四壁。这使万里对当时的普及大寨县和穷过渡产生了重大怀疑，并进而抵制。同时，调整农村政策，调动农民的积极性，发展农业生产，解决农民的生产生活问题。

1977年11月15日至22日，省委召开农村工作会议。③万里主持会议并作了总结。万里说，会议的中心议题是“讨论研究当前我省农村迫切需要解决的一些经济政策问题。”④

会议经过反复讨论修改，20日形成了《关于当前农村经济政策几个问题的规定》（试行草案）（简称《省委六条》）。对于《省委六条》形成的前期工作，万里说：“省委和许多地、市、县委都做了一些调查研究工作，向会议提出了六个问题。经过大家认真讨论，又提出许多好的意见，省委研究后把同志们的许多好意见都吸收了。”王郁昭曾回忆，省委六条是在滁县8月16日《关于落实党的农村经济政策的调查情况和今后意见》

① 周曰礼：《家庭承包制是解放思想的产物——农村改革回眸》，周曰礼：《农村改革理论与实践》，中共党史出版社1998年版，第1—4页。

② 周曰礼：《家庭承包制是解放思想的产物——农村改革回眸》，周曰礼：《农村改革理论与实践》，中共党史出版社1998年版，第4页。

③ 《认真落实农村经济政策加快农业发展速度》，《安徽日报》1977年11月26日，第1版。

④ 中共安徽省委：《万里同志在省委农村工作会议上的讲话要点》1977年11月22日，萧县档案馆馆藏，J001-WS-1977-C-005-0003。

的基础上，结合全省其他地方的调查形成的。①

《六条》的主要内容有：一、搞好人民公社的经营管理工作。二、积极地有计划地发展社会主义大农业。三、减轻生产队和社员的负担。四、分配要兑现。五、粮食分配要兼顾国家、集体和个人利益。六、允许和鼓励社员经营正当的家庭副业。从这六条来看，绝大部分内容在当时也是平常的，没有什么超纲超限。万里也说："我们这次会议上议定的'六条'，是符合华主席指示精神的，是符合中央召开的普及大寨县工作座谈会精神的。""达到巩固集体经济、发展农业生产的目的。"② 但其中第一条在讲到加强生产管理时，有"县、公社、大队既要加强对生产队的领导，又要尊重生产队自主权，防止瞎指挥"，以及第六点"允许和鼓励社员经营正当的家庭副业"中有"社员可以经营少量自留地和家庭副业"的规定。③ 这是和当时普及大寨县，向大队所有制过渡的方向背道而驰的，表现了安徽省委实事求是的精神和相当的勇气。

万里要求，会后就要认真贯彻，落实政策，搞好分配，以充分调动广大干部群众的社会主义积极性。各级党委一定要把贯彻《六条》作为一件大事来抓，采取有力的措施，认真落实，作出成效。④

11 月 28 日，《省委六条》以"试行草案"的形式正式下发全省各地农村贯彻执行。1978 年 2 月 3 日，《人民日报》农村部部长姚立文在《人民日报》头版报眼位置发表题为《一份省委文件的诞生》的通讯，详细介

---

① 其实，早在 1977 年春，围绕落实党的农村政策中存在的问题，滁县地区组织了 394 名熟悉农村工作的干部组成 115 个调查组，历时 80 多天，对全区 401 个不同类型的社、队进行一次大型的调查。在此基础上，形成了《关于落实党在农村经济经济政策的调查情况和今后意见》，上报省委后被省委批转。（王郁昭：《包产到户、包干到户的前前后后》，滁州市地方志办公室、中共滁州市委党史研究室编：《滁州农业大包干》，安徽人民出版社 2015 年版，第 406–407 页。）

② 中共安徽省委：《万里同志在省委农村工作会议上的讲话要点》1977 年 11 月 22 日，萧县档案馆馆藏，J001–WS–1977–C–005–0003。

③ 中共安徽省委：《关于当前农村经济政策几个问题的规定（试行草案）》1977 年 11 月 20 日，萧县档案馆馆藏，J001–WS–1977–C–005–0019。

④ 中共安徽省委：《万里同志在省委农村工作会议上的讲话要点》1977 年 11 月 22 日，萧县档案馆馆藏，J001–WS–1977–C–005–0003。

绍了《省委六条》的诞生过程，《人民日报》还加了编者按。由此，安徽农村改革拉开序幕。

安徽的《省委六条》某种程度上是和当时的农业学大寨，普及大寨县以及“穷过渡”背道而驰的。作为安徽省农业学大寨的一面红旗的郭庄大队，如何理解贯彻执行《省委六条》，如何从学大寨的先进典型转向农村改革，这是个大问题，也是个难题。对此，安徽省委、宿县地委给予了很大的帮助。

1977 年 12 月 22 日上午，万里到萧县视察工作，萧县县委书记李少英向万里作了汇报。参加汇报会的有宿县地委第一书记孟亦奇、阜阳地委第一书记张祚荫、萧县县委副书记李悌凯、李景星、纵兆君、谷宗仁，县委常委潘成谋、郑忠响，地委工作队队长陈仁其、副队长陈树楼等。万里不仅关心萧县的揭批问题，更关心《省委六条》的贯彻情况。李少英汇报了萧县揭批郭宏杰、曲健民等人的情况。万里问：“六条政策宣传贯彻了吗？”“六条一讲，郭宏杰一批，我看很快可以稳定地。”① 当李少英汇报下一步打算时，万里说：“农村公社的问题解决了，大队、生产队就宣布没事了，过去打走资派解决了，然后就要宣传六条，把生活抓好，不抓这两条，积极性就调动不起来。六条赶快贯彻，无论如何春节前解决好，把农民安定下来。”②

下午，万里在宿县地委第一书记孟亦奇和县委负责人的陪同下，到郭庄大队，在原郭庄接待站召开了郭庄大队的干部、社员代表及接待站部分职工座谈会。

万里除了询问郭庄的揭批情况之外，更关心郭庄的“三秋”情况、生产、分配、社员生活、大队副业（企业）、牲畜喂养、如何过春节、来年的粮食产量和社员收入等。郭庄大队代表汇报说，“小麦种的比去年好，就是氮肥少。”因为“过去郭宏杰要多少给多少，也不给钱，现在也

---

① 中共萧县县委：《省委第一书记万里同志的指示》1977 年 12 月 22 日，萧县档案馆馆藏，J001-WS-1979-Y-009-0001。

② 中共萧县县委：《省委第一书记万里同志的指示》1977 年 12 月 22 日，萧县档案馆馆藏，J001-WS-1979-Y-009-0001。

没钱买。”郭庄还“欠国家一百多万，帐都没法还。”“欠国家现金一百零六万，其中有五十多万有关部门整天跟着要。”不仅有外债，还欠内债，“分配的钱还欠社员好几千元。”1977年年终分配，吃饭问题不大，就是现金不行，产量不低，钱不多，“高产穷队”。当万里问到郭庄的副业时，大队的代表说，副业停了，过去靠人家给东西，方向也不对，水泥、马钢炉，没办法干了，造纸厂设备也是人家的。磷肥厂、轮窑厂因为不挣钱，主要是搞花样给人家看的，也都停了。孟亦奇鼓励说：“油料加工厂、机械厂还要干。”①

万里特别关心养猪问题，因为养猪关系到肥料和粮食产量问题。

他说：“养猪场要办好，我看你们的猪不大高兴，没有精神。”大队代表说，没啥喂。集体留饲料不多，过去靠县里供应酒糟。万里说：“猪场必须办好，榨油厂要办好，可以结合养猪。养猪有没有人问，为什么饲养员情绪不高？”大队代表说：“主要是饲料不足，光靠稻草不行。”万里说：“猪下降了不行，没有郭宏杰批化肥了，猪少了肥料怎么办？不然，郭宏杰下来了，生产也下来了，这是政治问题，欠账现在不还可以，吃饭要保证，生产不能下降，这得保证。”“猪要养好，现在处理掉也不行，特别是母猪更不能卖。不然肥料少了，没有郭宏杰捣鬼了，人家生产上去了，你下来了。现在，一是揭批，把路线搞端正；二是要搞好生产，艰苦奋斗，自力更生。生产上只准提高，不能降低。你们的猪比小叶园少多了，圈比小叶园好。……当前，要把猪养好，牲口养好，麦田管好。争取明年大丰收，抓纲治郭庄。今天我看养猪场那个样子，凄凄惨惨的，人也很少。”万里接着说：“化肥今年不会再多给了，再多给人家也有意见。化肥少了，猪再降下来，生产也得下来，生活也得下来。”“开个会把养猪饲养员动员起来，我看你这里不像积肥的样子，不像艰苦奋斗，学大寨的样子。你们养多少猪？（答：六百多头）那么多猪、牲口，管好能积不少肥料，现在没有人管，积肥要记分，马上讨论个制度，积肥多了受奖。

---

① 中共萧县县委：《万里同志在郭庄大队座谈会上谈话记录》1977年12月22日，萧县档案馆馆藏，J001-WS-1979-Y-009-0002。

你端正路线，肥料问题解决了，大有希望。小猪、小牲口成活了受奖。这个制度赶快讨论，这是当务之机（急）。坏事要变好事。队办企业不行的，劳力回来参加积肥、田管，搞农业生产。要着眼于这个东西，不光是生产问题，也是个政治问题。要宣传贯彻六条经济政策，定制度，把群众的积极性调动起来，向生产深度广度进军。……现在麦苗很好，比去年好，明年午季来个大丰收。"①

万里还很关心郭庄大队群众的生活，他说："当前，还是要抓好养猪、牲口，抓好麦田管理。老百姓没有饭吃不行。至于外债内债以后再说。"对于即将到来的春节如何过的问题，万里说："你们郭庄大队过春节可以杀几头猪，分给社员吃。"②

虽然揭露出郭宏杰和郭庄的严重问题，但万里还是肯定了郭庄群众的大干精神，他说，"群众是大干的。"鼓励郭庄要靠自力更生，艰苦奋斗，走真大寨的路，不能再走郭宏杰批这批那，搞特殊化学大寨的路了，要把学大寨路线端正，要按大寨精神办事。③

1978 年 1 月，萧县各公社在继续揭批的同时，召开了大、小队干部会议对"六条"内容进行宣传贯彻，并要求党委成员分片包干，深入群众中宣讲。各公社根据"六条"精神进行政策调整。

3 月 7 日至 12 日，宿县地委召开常委扩大会议。要求各地认真落实省委"六条"，抓好定额管理和评工计分，重新评定每位社员的劳动底分，评定每个劳力全年出勤天数，实行男女同工同酬，建立生产责任制，恢复小段包工、季节包工和常年包工的制度，多数农活推行定额到组，活评到人，检查验收的办法。④

---

① 中共萧县县委：《万里同志在郭庄大队座谈会上谈话记录》1977 年 12 月 22 日，萧县档案馆馆藏，J001-WS-1979-Y-009-0002。

② 中共萧县县委：《万里同志在郭庄大队座谈会上谈话记录》1977 年 12 月 22 日，萧县档案馆馆藏，J001-WS-1979-Y-009-0002。

③ 中共萧县县委：《万里同志在郭庄大队座谈会上谈话记录》1977 年 12 月 22 日，萧县档案馆馆藏，J001-WS-1979-Y-009-0002。

④ 中共宿县地委：《以揭批"四人帮"为纲，以春耕生产为中心，迅速掀起春季大生产高潮——地委常委扩大会议纪要》，1978 年 3 月 12 日，萧县档案馆馆藏，J001-WS-1978-C-006-0002。

3 月 18 日至 20 日，萧县县委召开三级干部会议。会上，县委提出继续贯彻落实省委关于农村经济政策的六条。

4 月 10 日，省委书记赵守一到萧县检查工作。11 日上午听取了县委第一书记李少英关于揭批运动和生产情况的汇报。赵守一听完汇报后，对萧县的揭批运动给予了肯定。赵守一说，生产建设要千方百计地恢复起来。这不光依靠你们的努力，也依赖省、地委的努力，只要你们符合实际的要求，省、地和各部门都要支持。新县委一定要踏踏实实解决问题，包括群众关心的柴米油盐煤问题，要真正和群众一起同甘苦共患难，渡过难关，凡是你们解决不了的就提出来，属地区的向地区提，属省的向省提，地区解决不了的向省里提。萧县受的创伤太大，县委的同志要放手去干，“重新安排萧县河山。过去破坏成那个样子，不重新安排不行。”“只要认真落实六条，形势会越来越好。”“要使老百姓过得好点，化肥、机器才有人买，那么多机械没钱买嘛！”我们把事情搞好了，六条才有踏实的基础，党的政策被群众掌握了就会变成强大的物质力量，物质基础雄厚了，政策也就越有效，物质的东西反过来又能使政策贯彻得更好，威力更大。[①]

萧县贯彻《省委六条》，开启农村改革。之后萧县的改革基本上跟得上中央的节奏，但与安徽其他地方相比，是滞后的，毕竟有复杂的政治问题需要理清。而郭庄大队更加滞后。

1982 年 10 月 24 日至 11 月 1 日，时任中共中央总书记的胡耀邦等视察安徽，[②]25 日上午，在萧县县委招待所会议室，听取了萧县县委常委的汇报。参加汇报的有宿县地委副书记王振鹏，萧县县委全体常委。宿县地委常委、副专员、萧县县委第一书记李少英汇报了三中全会以来萧县工

---

① 《赵守一同志的指示》1978 年 4 月 13 日，萧县档案馆馆藏，J001-WS-1979-Y-009-0004。

② 陪同胡耀邦视察安徽的有中共中央书记处书记胡启立，候补书记乔石、郝建秀和中央委员、中央办公厅第一副主任杨德中，中央委员、水电部第一副部长李鹏，中央候补委员中国农业科学院院长卢良恕，商业部副部长姜习，团中央书记处书记陈昊苏等。安徽省方面陪同的有安徽省委代理第一书记、省长周子健，省委常委、副省长兼公安厅长程光华。（中共安徽省委：《胡耀邦同志视察安徽期间在沿途听取汇报时的讲话》1982 年 10 月 25 日，萧县档案馆馆藏，J001-WS-1982-C-007-0004。）

农业生产形势等。当李少英汇报萧县农业生产责任制情况后，胡耀邦问："萧县全部实行大包干吗？郭庄怎样？过去典型多半是国家支持，当然老百姓还是好的。他（指郭宏杰）下台了，你们当领导的把它搞好了，这就有说服力。"① 李少英回答："绝大部分都是大包干，只有个别队因为原来粮食单产高，群众不愿意大包干，其余作物也都实行大包干。"② 省代理第一书记周子健说："凤阳也有不少地方是这样的。"③ 李少英接着说："郭庄粮食没有包，棉、油包了，粮食产量始终没有掉下去。过去国家贷款三百多万元，现在还欠国家贷款一百二十四万元，平均每人欠一千二百四十元，实际上是贷款种庄稼，群众分配。现在不背贷款，群众生活提高了。"④

在萧县全县范围内，甚至在宿县地区，⑤ 郭庄也是实行大包干最晚的，直到 1983 年 4 月上旬"郭庄大队还是以大队为核算单位"。⑥ 从 1980 年以来，郭庄大队生产逐年下降。1980 年粮食总产 140 万斤，棉花单产 120 斤，总收入 38 万元；1981 年粮食总产 132 万斤，棉花单产 100 斤，总收入 35 万元；1982 年粮食总产 103 万斤，棉花单产不到 80 斤，总收入 26 万元。干部社员亲眼看到各地近年来出现的新形势，特别是周围一些过去落后的大队，实行生产责任制后，已远远超过自己，对他们触动很大，在群众的迫切要求下，大队在 4 月下旬将 500 亩棉田包给社员耕种，其他项

① 中共安徽省委：《胡耀邦同志视察安徽期间在沿途听取汇报时的讲话》1982 年 10 月 25 日，萧县档案馆馆藏，J001-WS-1982-C-007-0004。

② 中共萧县县委：《关于胡耀邦同志来萧县视察工作的报告》1982 年 10 月 25 日，萧县档案馆馆藏，J001-WS-1982-Y-007-0001。

③ 中共萧县县委：《关于胡耀邦同志来萧县视察工作的报告》1982 年 10 月 25 日，萧县档案馆馆藏，J001-WS-1982-Y-007-0001。

④ 中共安徽省委：《胡耀邦同志视察安徽期间在沿途听取汇报时的讲话》1982 年 10 月 25 日，萧县档案馆馆藏，J001-WS-1982-C-007-0004。

⑤ 1982 年 11 月 9 日，宿县地委农村工作部统计，全区农村实行大包干的达到 99% 以上。地委农村工作部：《尊重群众意愿，完善生产责任制》，《拂晓报》1982 年 11 月 9 日第 2 版。

⑥ 《"老包"进郭庄》，《拂晓报》1983 年 4 月 28 日第 1 版。

目正在逐步承包给农民经营。[①]

郭庄真正结束学大寨，实行家庭联产承包责任制，是上下压力的被动行为。即上面是上级省、地、县的压力，下面是农民的压力。就大队干部来说，是不愿意分的。他们想看看大寨大队的情况，想走七里营刘庄和江苏华西村等地的路子。[②]

据当时担任郭庄大队党支部书记的何元斌[③]回忆："大概（19）83 年开始分地（实行家庭承包制，皖北人习惯说'分地'），（19）84 年分完。当时郭庄大队分田，我们考虑了很长时间。因为过去物质基础很好，我们还有水渠。我们跑到河南七里营去看，我们又跑到大寨去找郭凤莲，又跑华西，我们也不想分，当时区委书记说：安徽省都分了，就你郭庄不分，你们不分就是路线问题。郭庄地都是大块，机械化程度很高，一直拖到（19）82 年都没分。"据郭庄村民说："还是想分，最起码分了过得自由。"曾在郭庄大队工作过的蔡洼村民杨某[④]说："（郭庄）分地之前，公社除了卖给国家的，还剩不少，但是就农户分得少，日子过得很紧。单干（大包干，当地当时称为'单干'）以后，除了给国家的，剩下都是自

---

① 《"老包"进郭庄》，《拂晓报》1983 年 4 月 28 日第 1 版。

② 河南新乡七里营刘庄和江苏江阴的华西村都是集体经济的典型。改革开放后，仍然坚持走集体经济的道路。华西村还坚持大队核算，统一经营，统一分配。刘庄保持了集体经济，实行了专业承包，成立了农工商总公司，下分农业、园林、畜牧、工副、商业、农机、建筑 7 个专业，36 个生产经营承包单位，实行"综合经营、专业生产、分级管理、奖惩联产"的集体专业联产承包制。郭庄大队干部曾想学习刘庄和华西村，继续走集体化的道路。2020 年 7 月 29 日，笔者在丁里镇郭庄村委会会议室与当年任郭庄大队干部和亲历过那个年代的村民座谈时，他们一致惋惜承包制损害了村办企业，因为农业学大寨时，郭庄办了一系列的企业，有油坊、面粉场、机械厂、养殖场等。直到 1996 年，郭庄大队以及丁镇领导都没有放弃重拾往日学大寨时的辉煌。这一年，在外地工作的郭宏杰的长子郭平回丁里镇政府工作，1998 年任镇长助理兼郭庄村支部书记，试图重新举起"郭"字旗，恢复当年的荣光。无奈由于种种原因，未能如愿。2006 年，郭宏杰到华西村，与吴仁宝畅谈。一些郭庄人认为，郭庄当年比华西村强多了，如果坚持集体化，今天的明星村就是郭庄，就没有华西村什么事了。

③ 何元斌，男，78 岁，居安徽省萧县丁里镇郭庄村，1977—1985 年任过郭庄大队党支部书记。访谈时间：2020 年 7 月 29 日，地点：萧县丁里镇郭庄村委会会议室。

④ 杨某，男，69 岁，居安徽省萧县丁里镇蔡洼村，1971—1972 年在郭庄工作。访谈时间：2020 年 8 月 2 日，地点：萧县丁里镇蔡洼村杨某家中。

己的，社员的个人收入多了。”老百姓想分，而干部不想分。老百姓看到其他已经实行农业生产责任制的村社农民的劳动积极性明显提高，生活显著改善，所以想分。而干部有顾虑，怕上面的政策有变。蔡洼杨某①说：“心里都是想分，以前吃大锅饭不自由，分完以后自由，我不想干的时候，还可以歇歇，所以，还是想分的。但干部摸不清上面的政策，1962 年包产到户，那时候，挨着饿，猛一分地，大家都吃上饭了。一开始说包产到户好，还宣传包产到户十大好处，到后面又说包产到户是走资本主义，又宣传包产到户的十大罪状。”所以，干部在一时之间不知道实行包干到户会不会再次被批判，正如 1982 年 11 月 1 日邓力群在全国农村思想政治工作会议上的讲话中所说，“大跃进”以来，特别是“文化大革命”期间那种“左”倾错误思想指导下的农村工作，“提倡什么，推广什么，都是自上而下，一级一级往下压，最后压到农民身上，愿意也得办，不愿意也得办，其实是‘运动群众’。这种办法，好事也得办糟，更不要说有些主意是上面单凭主观想出来的，本来脱离群众，脱离实际，就更办不好了。”②

“左”倾思想对集体化时期的先进典型单位影响巨大，在改革开放的新时期转型就更加困难。大寨大队即是如此。直到 1982 年年底，大寨将 860 亩耕地分给 130 户农民，实行大包干责任制。原来集体经营的 1 个煤窑、1 座粉坊、3 台拖拉机、200 亩果园、800 亩山林，也全部承包给个人。③

郭庄的转向比大寨还晚。直到 1984 年，省委工作组进驻郭庄，什么时候分完，工作组什么时候撤回。在工作组的强大压力下，郭庄完成了大

① 杨某，男，69 岁，居安徽省萧县丁里镇蔡洼村，1971 —1972 年在郭庄工作。访谈时间：2020 年 8 月 2 日，地点：萧县丁里镇蔡洼村杨某家中。

② 邓力群：《加强和改进农村思想政治工作的几点意见——一九八二年十一月一日在全国农村思想政治工作会议上的讲话》，中共安徽省委：《地市县委书记会议文件之五》，萧县档案馆馆藏，J001-WS-1982-C-004-0011。

③ 光梅红：《集体化时期的村庄典型政治—以昔阳县大寨村为例》，社会科学文献出版社 2015 年版，第 203 页。

包干责任制。[①]

自此，郭庄作为安徽全省农业学大寨典型的时代结束了，开始实行家庭联产承包责任制。

---

① 关于省委工作组进驻郭庄的材料，笔者没有找到相关档案资料、报刊资料，但在郭庄访谈时，干部群众异口同声这么说，“省里的工作组就坐镇郭庄，强迫分地，分不完他们就不走。”——郭平（男，1957 年生，安徽萧县人，曾任丁里镇政府镇长助理兼郭庄村支部书记，丁里镇党委委员、纪委副书记，丁里镇副镇长；现任丁里镇人大主席）、何元斌（男，1942 年生，安徽萧县人。1977—1985 年任郭庄大队大队书记。）、王文彩（男，1950 年生，安徽萧县人。农业学大寨时期是郭庄大队教书先生，后在大队要求下，又学医，从事过《郭庄简报》刊印）等。（访谈时间：2020 年 7 月 29 日上午，访谈地点：萧县丁里镇郭庄村委会议室。）

结　语

农业学大寨运动是中国当代史上众多运动中持续时间较长的运动，也是全国农业战线开展的广泛运动。除了大寨之外，全国各地都树立了自己学大寨的典型。地处淮北平原，自然条件极差的萧县郭庄大队因改碱治地的突出成绩被树为安徽省农业学大寨的典型。成为安徽省典型后的郭庄，一方面更加积极地改碱治地，另一方面，被大力宣传。同时倾全省之力甚至外省及中央之力进行宣传和建设。一度成为安徽人的“圣地”。

作为安徽省农业学大寨典型的郭庄，在长达十几年的时间里，确实实现了改天换地，生产生活水平显著提高。就笔者所接触到的，在郭庄工作过或在郭庄插队的知青等，对郭庄以及郭宏杰至今都赞不绝口。对于郭庄“辉煌”的那段时间，是留恋和不舍，对于郭庄红旗的坠落，更多的是惋惜。甚至还曾一度试图重回郭庄往日的“辉煌”，对于郭庄得与失的反思，在他们的概念里是没有的。当地的干部、群众，可以说是郭庄典型的受益者，或者是因为文化水平、见识的原因仍然沉浸在往日的荣光里而无力反思，那么作为外来者，后又离开者——插队郭庄的知青，他们有能力，有见识，更有他者的眼光，去反思那段历史，去审视郭庄。但是他们却没有。他们不仅没有反思，还与当地人一样留恋和沉浸在过去里。他们唯一感到不满的是，劳动强度太大，劳动时间过长。但这与郭庄的荣誉和郭庄食堂里白面馍随便吃相比，根本不算什么。和到其他地方插队的同学相比，他们还有了些许优越感。多年以后，他们全部离开了郭庄，有的上了大学，有的当了干部，有的去海外工作，成为国际著名学者，但他们对郭庄的感情一如既往。[①]

首先需要肯定的是郭庄人的苦干精神。这在批判郭庄学大寨和揭发郭宏杰时也是被肯定的。郭庄因改碱治地成为农业学大寨的典型，成为典型之后，也继续保持苦干精神。从笔者访谈和郭庄有关的人员的叙述中可以得知，虽然郭庄的农业生产和农民生活不如当时鼓吹的那么高，但远高于周边地区，甚至也高于当时北方农村的一般水平。这虽然有作为典型、上级支援的成分，但主要还是郭庄人自己苦干出来的。据插队郭庄的合肥知青说，他们在郭庄，一般是早上 4 点下地干活，晚上 10 点以后才收工。干活苦、累、时间长，劳动强度大。[②]

其次是要承认郭庄作为典型受到了特别的支持。一是劳动力的支持。到郭庄参观学习的、来开会的，都需要参加郭庄的农业劳动。郭庄周边村庄的农民也时常被组织到郭庄劳动，郭庄农学院的学生的主要任务是在地里劳动。这些都增加了郭庄的劳动力。二是农业技术上的支持。郭庄的农业发展，不仅依靠郭庄人的苦干精神，还依靠农业科学技术。中国农科院、省农学院和宿县地区农校的专家或长期驻郭庄，或短期亲临指导。[③]郭庄还建有自己的气象站。三是农业生产物资的支持。二十世纪六七十年代，农药和化肥是计划生产，国家专营，村庄要购买农药和化肥是有计划数额限制的。而由于郭庄的典型地位，在购买农药化肥时几乎不受限制，而且还可以低价获得。当时，农村用电还没有普及，很多地方没有通电，[④]而郭庄却可以用到电，甚至免费用电。

最后则是郭庄积累的大量的集体经济。改革开放前的中国农村，绝大部分地区的集体经济只是个空壳，一家一户的农民很穷，生产队、生产大队集体更穷。但郭庄不同，郭庄的集体经济很可观，1977 年，郭庄大队基本实现了农业机械化半机械化，先后建了窑场、耐火砖场、面粉场、农

---

① 2019 年，插队郭庄的知青编写了一部名为《郭庄知青插队生活琐忆》的书（自印），从这本书里，看不到任何对郭庄和农业学大寨的反思和审视。

② 2021 年 2 月 15 日访谈插队郭庄的知青匡冬萍、相蓝欣、孔再良、袁丽娜等人。地点：合肥市花园路栖巢咖啡馆。

③ 中国农科院专家辛正勇驻点郭庄。

④ 笔者老家在邻近萧县的河南永城市农村，直到 1980 年代才通电。

机具修造厂、马场、油坊果园场等大队企业。[①] 这也是笔者访谈与郭庄有关的人对郭庄留恋惋惜的地方，也是他们在 1990 年试图重新打起“郭”字旗，使郭庄再度辉煌的底气。

2024 年春节前夕，郭庄“知青园”作为春节旅游的景点建成并开放。“知青园”里保留更多的是当年农业学大寨的痕迹，因为当年大批知青到郭庄插队，就是因为郭庄是农业学大寨的典型。郭庄至今保留有“供销社”、“大礼堂”、“知青宿舍”、三所招待所（旧址）等。

从萧城网的公众号发布的视频看，郭庄“知青园”在 2024 年春节期间人山人海。这或许只是人们春节期间外出游玩的一个去处，或许是郭庄高光之后的余晖斜阳。

---

① 刘怀德：《遥望郭庄》，《郭庄知青插队生活锁忆》，第 12 页。

参考文献

1. 萧县档案馆馆藏档案。

2. 中共中央文献研究室编：逄先知、冯蕙主编：《毛泽东年谱（1949—1976年）》（第5、6册），中央文献出版社2013年版。

3. 中共中央文献研究室编：《建国以来重要文献选编》（第14、15、19册），中央文献出版社1997年版。

4. 萧县地方志编纂委员会主编：《萧县志》，中国人民大学出版社1989年版。

5. 王俊山：《大寨村志》，山西人民出版社2003年版。

6. 黄道霞、余展等编：《建国以来农业合作化史料汇编》，中共党史出版社1992年版。

7. 谭成建：《大寨：中国名村纪实》，中原农民出版社1998年版。

8. 侯永：《当代安徽简史》，当代中国出版社2001年版。

9. 当代中国丛书编辑部：《当代中国的安徽》，当代中国出版社1992年版。

10. 孙启泰、熊志勇：《大寨红旗的升起与坠落》，河南人民出版社1990年版。

11. 李静萍：《陈永贵传》，当代中国出版社2009年版。

12. 陶鲁笳：《毛主席教我们当省委书记》，中央文献出版社2003年版。

13. 李静萍：《农业学大寨运动史》，中央文献出版社2011年版。

14．贾艳敏：《农业生产责任制的演变》，江苏大学出版社 2009 年版。

15．葛剑雄、左鹏：《黄河》，江苏教育出版社 2006 年版。

16．冯东书：《“文盲宰相”陈永贵》，中国文联出版公司 1998 年版。

17．吴思：《陈永贵沉浮中南海——改造中国的实验》，花城出版社 1993 年版。

18．朱荣、郑重主编：《当代中国的农业》，当代中国出版社 1992 年版。

19．光梅红：《集体化时期的村庄典型政治——以昔阳县大寨村为例》，社会科学文献出版社 2015 年版。

20．中共淮北市委党史和地方志研究室：《中国共产党安徽历史》第二卷（1949—1978），中共党史出版社 2014 年版。

21．张广友：《改革风云中的万里》，人民出版社 1995 年版。

22．宋连生：《农业学大寨始末》，湖北人民出版社 2005 年版。

23.《一朵盛开在淮北平原的大寨之花——萧县朔里公社郭庄大队》，安徽省革命委员会出版发行局 1979 年 9 月出版。

24．郭淑兰编：《不尽的哀思，无限的怀念——郭宏杰逝世三周年纪念册》，2011 年印。

25．相蓝欣、匡冬萍主编：《郭庄知青插队生活琐忆》，2019 年自印。

26．中华人民共和国国家农业委员会办公厅编：《农业集体化重要文件汇编》（下），中共中央党校出版社 1981 年版。

27．全国人大常委会办公厅万里论著编辑组编：《万里论农村改革与发展》，中国民主法制出版社 1996 年版。

28．周曰礼：《农村改革理论与实践》，中共党史出版社 1998 年版。

29．滁州市地方志办公室、中共滁州市委党史研究室编：《滁州农业大包干》，安徽人民出版社 2017 年版。

30.《人民日报》1963—1982 年。

31.《红旗》1970年。

32.《安徽日报》1964—1982年。

33.《拂晓报》1968—1984年。

34. 吴孝桐:《“安徽大寨”的兴与衰》,《江淮文史》1997年第6期。

35. 陈大斌:《“穷过渡”的最后挣扎—1977年11月“普及大寨县工作座谈会”的一段史实》,《炎黄春秋》1999年第10期。

36. 张广友、韩刚记录整理:《万里谈农村改革是怎么搞起来的》,《百年潮》1998年第3期。

后　记

我对农村问题的关注最早可以追溯至童年时期。我出生于 20 世纪 60 年代的豫东农村，并在那儿生活工作多年，无论是自己生活的记忆还是乡亲们的生活现实，从某种程度上来说都是我学术研究的活水源头。

萧县郭庄研究的选题最初是我给 2018 级的硕士研究生姚瑞丽的毕业论文的选题。但她认为这个选题有点小，看了资料后，她说想写萧县的农业学大寨运动，我同意了。姚瑞丽是一位认真踏实的学生，学位论文如期高质量地完成了，顺利答辩毕业，之后去安徽阜阳三中教书。但我一直没有放下萧县郭庄这个选题，于是在 2022 年 2 月初开始写作。写作期间，档案资料来自姚瑞丽在萧县查阅的萧县档案馆馆藏资料，部分内容是姚瑞丽的硕士学位论文的章节。因此，本书是师生的合著。

本书在收集资料和访谈的过程中得到安徽省宿州市、萧县、郭庄以及合肥下放、郭庄的知青等很多人的帮助，在此一并感谢！

感谢安徽大学创新发展战略研究院对本书出版的资助！

贾艳敏

2024 年 2 月 29 日

于安徽大学龙河校区